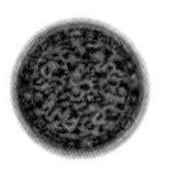

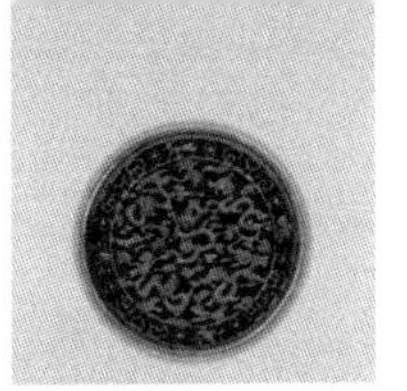

国学研究丛书

華中國學

张勇传题

主　编◎罗家祥

2018年·春之卷（总第十卷）

中国·武汉

内容简介

本书是华中科技大学国学研究院主持编辑的大型学术集刊，内容包括政治史、学术史、思想史、哲学史、社会史、古文字学及古典文学等国学研究的各个分支，涵盖了历史学、文学、哲学、语言学等四个学科，集中展现了海内外国学研究的部分最新学术成果。所选文章多立足学术前沿，注重新材料的发掘和新方法的运用，展现新视角、发明新观点，一定程度上代表了当前国学研究领域的先进水平。本书主要面向科学研究机构的专业研究人员，也适用于广大文史爱好者。

图书在版编目(CIP)数据

华中国学.2018年.春之卷:总第十卷/罗家祥主编.—武汉：华中科技大学出版社，2018.8
(国学研究丛书)
ISBN 978-7-5680-4475-2

Ⅰ.①华… Ⅱ.①罗… Ⅲ.①国学-文集 Ⅳ.①Z126.27-53

中国版本图书馆CIP数据核字(2018)第178106号

华中国学2018年·春之卷(总第十卷) 罗家祥 主编
Huazhong Guoxue 2018 Nian · Chun zhi Juan

策划编辑：周晓方 钱 坤
责任编辑：刘 莹
封面设计：原色设计
责任校对：何 欢
责任监印：周治超
出版发行：华中科技大学出版社(中国·武汉) 电话：(027)81321913
武汉市东湖新技术开发区华工科技园 邮编：430223
录 排：华中科技大学惠友文印中心
印 刷：武汉市金港彩印有限公司
开 本：787mm×1092mm 1/16
印 张：14.5 插页：2
字 数：443千字
版 次：2018年8月第1版第1次印刷
定 价：69.80元

总序

General preface

近30年来，尤其是进入21世纪以来，我国社会发生了翻天覆地的变化。举世震惊的经济成就，日新月异的科学技术巨大进步，飞速发展的国力提升，迎来了史诗般的中华民族伟大复兴的曙光，也为实现中华民族几千年文化的伟大复兴与飞跃发展提供了历史性的契机。神州大地蔚为大观的"国学热"，正是在这一宏伟的背景下出现的。

中华民族固有的文化之所以重新得到如此热烈的关注，原因就在于其本身具有不可估量的独特价值。纵观人类文明发展史，世界上唯有古老的中华文明经过数千年风雨坎坷，非但没有消亡，而且从未中断，成为当今世界人类共同珍视的宝贵财富和智慧源泉，这不能不说是人类文明史上的奇观！之所以如此，传统中华文化起了极为关键的作用。

中华文化又具有哪些独特价值？以中华原典中最具代表性的《老子》和《论语》为例，虽然它们具有的价值取向似乎有所不同，即所谓出世与入世，但却有着共同内核，这就是"和"的理念。在中华民族数千年历史长河中，这一理念在不同的历史阶段产生过积极的作用；而当代中国要构建和谐社会，《老子》和《论语》无疑也是最重要的本土的思想宝库。中华文化向来注重以人为本的"天人合一"，强调主观世界和客观世界的自然一体；讲究在认识和改造客观世界时遵循"相反相成，物极必反"和"守弱居柔"的规律；信守中庸之道，深怀忧患意识以及"不争"与"无为"，"不争"即"天下莫能与之争"的"不争"，"无为"即"无所不为"的"无为"，这些文化特质所表现出的整体观、变化观、本质观都是中华文化贡献给人类社会的宝贵财富。生物得到稳定的延续靠的是基因的遗传，又靠基因的变异得到发展，而人类社会的"基因"则是文化。文化本质上就是人化，即以文化人，以人化物。过去留下的东西就是文化，这里既包括有形的，又包括无形的，人类社会就是靠文化的传承才得以延续，又靠文化的创新才得以进步。民族文化是民族的基因。中华文化所凝现的民族精神蕴涵着丰富而深刻的民族文化哲理，在中华民族的发展历程中一直产生着巨大的作用，成为中华民族生生不息、团结奋进的不竭动力。

如今，中华民族以崭新的雄姿迈入 21 世纪，弘扬中华优秀传统文化便显得尤为迫切。从某种意义上讲，中华民族固有的优秀传统文化可以说是中华民族的身份证，是中华民族的根基。因为一个民族的特性不取决于遗传的自然基因，而是取决于人文文化，只有人文文化才能彰显一个民族的身份。如果一个民族遗弃了自己固有的文化，丢失了自己的传统，那将只是一个种族，不能称之为民族。在科学技术与物质文明高速发展和高度发达的今天，一个国家、一个民族如果没有先进科学，没有现代技术，就会落后，一打就垮，痛苦地受人宰割；然而，没有民族文化，没有人文精神，就会空虚和异化，则会不打自垮，甘愿受人奴役。因此，没有科学技术进步就绝没有社会进步，但只有科学技术进步，那这个社会就是很危险的；一个社会的精神文明很落后，这个社会也是很野蛮落后的；如果一个社会科学技术很进步，而精神文明非常落后，这个社会将是灾难性的。毫无疑问，科学技术是第一生产力，但是，人文文化是第一生产力的动力源、方向盘。中华民族要全面而迅速地实现伟大复兴，在新的历史条件下继承与弘扬中华民族固有的人文与传统，其意义不言而喻。

人们可能要问，在如火如荼的现代化进程中，中华优秀的传统文化是否能与现代社会兼容？中外无数事例表明，中华文化的独特价值、人文精神和智慧不仅不会与现代社会产生冲突，而且还会在新的历史条件下产生奇特的效果，即令在市场经济条件下，中华传统文化也可发挥出巨大作用。日本明治维新后，有一位著名企业家涩泽荣一，一生创办了 500 多家企业，被称为日本企业之父、金融之王，他 80 多岁退下来之后，在日本财团开办的讲习班上专门讲他如何用《论语》来办企业，堪称毕生将中华文化、《论语》与西方的资本主义经济完美结合的典范，也是中华原典在市场经济条件下发挥巨大作用的经典案例。直至今日，他的五世孙、日本著名的投资者涩泽健还在强调他的哲学名言："商业的发展必须以社会伦理为根基，否则会把人引入歧途。企业赚钱的目的不是为了中饱私囊，而是为了给社会创造财富。"这是利与义多么紧密的结合。此外，我国台湾地区、新加坡以及其他东方国家和地区的成功经验也充分说明，古老的中华文化与现代社会之间并不存在不可逾越的鸿沟。我们完全可以做到既背靠五千年历史文化，又坚持三个面向。

在未来的世界格局中，中华民族要形成强大的竞争力，要在世界民族之林中有更大的作为，就必须具备强大的创新能力；而要具备强大的创新能力，拥有大量的创新型人才和健全而良好的国民素质就是最基本的前提。在这方面，人文教育与科学教育相辅相成，缺一不可。我认为，人文对科学至少有三大作用。首先，人文为科学发展指引方向。科学求真，但科学不能保证其方向完全正确。无数的事例证明，20 世纪科技的高速发展在给人类带来巨大福利的同时也产生了许多严重负面影响。科学求真，人文求善，科学需要人文导向，人文的提升当然也需要以科学为基础。其次，人文为科学提供了动力。事实证明，只有将人文教育与科学教育进行完美的结合，才能结出符合现代化建设事业需要的高素质、复合型人才之果。在我国近代化进程中，这样的范例不胜枚举。20 世纪享誉中外的我国老一辈科学巨子如华罗庚、苏步青、茅以升、李国平等以及美籍华人杨振宁、李政道、陈省身、丘成桐等在国学方面均有极高的素养，这不仅深刻影响着其人格风貌、精神境界，也在一定程度上促成了他们在科学领域的巨大成功；而著名物理学家吴健雄教授，则将其在物理学领域取得的巨大成就直接归因于国学大师胡适。第三，人文为科学开辟原创性源泉。科学讲逻辑，讲分析、解决问题，但科学中最重要的是发现问题，提出问题，这就需要直觉和灵感，需要丰富的想象力。直觉、灵感、想象力从哪里来？科学教育固然有其重要的一面，但更多则来自于人文教育。人文教育可以培养出高尚的人性和高级的灵性，科学创造是离不开人的人文素养的。因此，中华民族优秀的传统文化在我国现代化进程中应该占有重要地位。

从处于转型过程中的我国社会现实需要看，通过汲取中华优秀传统文化来建设当代文化、构建当代中国的核心价值体系已刻不容缓。江泽民同志、胡锦涛同志近 20 年来在不同场合曾一而再、再而三地强调传统文化、民族文化的重要性，强调中华民族文化对创新的重要性，如在 2006 年 1 月，胡锦涛在全国科学技术大会上谈到人文文化和科学文化的关系时，深刻阐明了中华文化与创新的关系，提到中华文化含有丰富的创新内容，强调“天行健，君子以自强不息”。2006 年 11 月，胡锦涛同志在全国文联、作协代表大会上的讲话中指出，社会每一次飞跃、文明每一次升华，无不镌刻着文化烙印。不管从理论上还是从实践上看，中华文化对增强民族创造力、自信心和凝聚力，对促进中华民族的伟大复兴具有不可替代的功能与作用。

我国国民的思想道德素质、科学文化素质和我们的传统文化是紧密联系在一起的，随着社会转型的加速和中国社会主义现代化建设事业的纵深发展，社会上许多十分严重的隐忧与显忧正受到越来越多的关注，当代中国的道德建设和核心价值体系构建显得极为重要和空前迫切，而中华文化中的许多精华养分则是亟待继承、弘扬的。举例来说，我国几千年来强调信守仁、义、礼、智、信，显然是可以纳入现代社会的价值体系，予以继承和弘扬的。所谓“大忠大爱是为仁，大孝大勇是为义，修齐治平是为礼，大恩大恕是为智，公平合理是为信”，对社会的和谐稳定，对当前的诚信建设与道德建设显然特别有着无可置疑的积极意义。何况，通过弘扬优秀中华文化，陶冶国民感情，启迪国民智慧，提升国民素质，增强国民的凝聚力与创造力，其意义非同一般。

以上所讲只是我个人的一些体会与感受。当然，挖掘几千年中华优秀传统文化的内在价值，并使之产生积极影响，这需要社会各界的共同推动与共同努力，需要大批专业工作者扎扎实实的辛勤耕耘。同 20 世纪初比，当代意义上的国学具有更为丰富的内涵，它不仅指中华传统文化本身，而且还应包含近代以来借鉴西方学术、特别重要的是马克思主义对中华传统文化进行研究的成果，这也需要本学术领域的专家学者具有更开阔的视野、更博大的胸襟、更深远的抱负，肩负起继往开来、推陈出新的责任和使命，为当代我国的文化建设付出更多的努力。

近 10 年来，我校国学研究队伍不断壮大，整体实力不断增强，已成为

一道亮丽的学术景观；2009年4月，华中科技大学国学研究院宣告成立，本学科的发展更进入了一个新的历史时期。“潮平两岸阔，风正一帆悬。”值此凝聚着大家心血的《华中国学》问世之际，谨致衷心的祝贺，更寄以深厚的期望！

最后应声明一点，我只是一名工科教师，由于种种原因，介入了国学研究之内，然而毕竟大非内行，所讲的不对之处，希望读者特别是本领域专家批评指正，我不胜感谢。

是为序。

中国科学院院士

华中科技大学学术委员会名誉主任

杨叔子

二〇一二年九月一日

前言
Preface

华中科技大学于 2008 年正式发文成立国学研究院后，所有同仁便有一心愿，即编辑出版国学辑刊，使之成为反映国学研究成果的园地。最初的想法是分门别类，逐年一辑。于是，2008 年岁尾，国学研究院即组建国学辑刊编辑委员会，出版过一部主要反映我校历史学研究成果的集子，冠之以“中国历史文化论集——华中科技大学国学研究院辑刊第一辑”，由香港华夏文化艺术出版社出版。后来经过多次商议，编委会调整了原有思路，遂将辑刊改名为“华中国学”，自 2015 年起，每年春秋各出一卷，为半年刊，篇幅在 20 万字左右；在内容方面，除我校同仁的论文之外，也适当吸纳国内外学者的研究成果。

收录在这本集子的论文，鉴于目前学界对“国学”一词内涵和外延的诠释见仁见智，故未按经、史、子、集研究予以分类，也未按时下通行的学科领域进行处理，而是根据诸位同仁的学术专长、根据此次所辑论文的内容进行了大致的划分。若干篇近现代史研究的成果，因系本校历史所教师劳作的产物，也一并收录。这些成果中有些已在相关刊物上发表，有的则是作者提供的近作。如果这些作品能得到学界各位师友、各位同仁的关注、批评与指正，将不胜欣慰与荣幸！

从国学研究院的成立到《华中国学》的编辑出版，我们要深深感谢一批具有远见卓识的学界前辈、学校领导和学校有关职能部门对人文学科的关心、爱护、支持与扶持。我校国学研究院成立庆典举行于 2009 年 4 月 11 日，中国科学院院士、原华中理工大学校长、校学术委员会主任杨叔子先生当时正在北京参加中国科学院院士评选，为参加这一活动，退掉原先订好的返程机票，重新订票，赶回学校时已是凌晨，并在当天的成立大会上做了主题讲话；校党委书记路钢教授从百忙中抽出时间，参加成立大会并发表高屋建瓴、热情洋溢的致辞；校长、中国工程院院士李培根教授因 11 日要赴京参加中国工程院院士的遴选，于 10 日专门打电话到我家中对国学研究院成立表示祝贺，并对他不能与会表示歉意；原校党委副书记、对我校文科发展做出卓越贡献的刘献君教授更是全程参加了成立大会，并发表重要讲话；时任中国人民大学校长的纪宝成教授，原西北大学校长、哲学家、历史学家张岂之教授，复旦大学历史学家葛剑雄教授，武汉大学历史学家朱雷教授，武汉大学哲学家萧汉明教授，武汉大学语言学家宗福邦教授，华中师范大学语言学家邢福义教授，历史学家熊铁基教授等近 70 名著名专家学者或发来贺信，或莅临大会发表重要演讲；中国工程院院士、我国著名水电能源学家张勇传先生则欣然为国学研究院题写了院名。没有他们各种形式的关心与支持，我校人文学科是不可能发展到如今这一局面的。

在这里，我们要特别感谢一位德高望重、具有非凡人格力量的学界前辈，一位深具战略眼光和充满人文情怀的教育家，一位一辈子并不以人文学科为工作对象但又时时刻刻对人文学科念兹在兹、一往情深的卓越科学家，这就是前文已经提及的中国科学院院士杨叔子先生。杨先生毕生耕耘于机械工程领域，在同微电子技术、计算机技术、信息技术、网络技术等新兴技术领域的交叉研究中，特别是先进制造技术、设备诊断、信号处理、无损检测新技术、人工智能与神经网络的应用等方面均有独创性的贡献，在我国现代化建设事业中居功甚伟，1991 年获选中国科学院院士。但是，他对人文学科、对中华优秀文化的传承与弘扬始终倾注了满腔的热忱，真正是不遗余力地以各种形式予以关心和支持。除前述参加国学院成立大会的感人事迹外，杨先生为本辑刊的出版所展现的人格风范、人文情怀与高尚情操更使我们增添了难以言表的感戴之情。卷首这篇 3500 字的“总序”是杨先生在抱病卧床的情况下断断续续完成的，其间数易其稿，初稿及二稿上到处是密密麻麻的改动文字。须知，先生已是 81 岁的老人，且此类不情之请不仅不是他应做的工作，也为撰写“总序”时的健康状态所不容许，是完全可以避开的。先生独特的人格风范、宽广无私的胸襟、对弘扬中华优秀传统文化的满腔热情和古道热肠实在是摄人心魄，令人永远难以忘怀！

《华中国学》得以顺利出版，还得感谢华中科技大学出版社总编辑姜新祺先生，以及策划编辑周晓方女士和钱坤先生，没有他（她）们对中华传统文化的关注、热爱以及注重发展本校人文学科的情怀，这套辑刊纳入出版社的出版计划并如期问世，是不可能的。此外，辑刊的执行主编、历史研究所夏增民博士在论文整理归类、规范体例、编辑文本以及联系出版事宜等诸多方面也做了大量工作，谨此一并致谢。

华中科技大学国学研究院院长

罗家祥

二〇一二年九月三日

二〇一四年九月十日修订

目录 Contents

身命、群命与天命：结合中国哲学与现象学的思考……沈清松(1)

文本与政治：熹平石经《论语》研究发微……王　刚(19)

从“国家社会主义”到“民主社会主义”
——牟宗三社会主义思想的演变与完成……李　强(39)

民间信仰视域下的汉代五福仪式图像考释……郑先兴(49)

“独行”考释……胡秋银(103)

清代浙江台州海防述论……金梦霞　姚建根(113)

关于南海诸岛的历史主权问题……夏增民(125)

胡适与中国本位文化之争……王仓仓　田海林(135)

獾獾之臑：北大简（肆）《反淫》篇“臇臇之臑”试析……欧　佳　王华平(147)

两周青铜钟镈上动物类铭文分期断代及功能隐喻研究……王一凡(153)

明代学者《史通》批评研究……朱志先(165)

明王鸿儒《掾曹名臣录》的编纂特色与影响……朱　冶(185)

北京故宫博物院图书馆藏《中鉴录》的版本问题……吴兆丰(189)

《四库全书》的分类问题……司马朝军(197)

章学诚：辨章学术，考镜源流……雷家宏(207)

《汉志诸子略通考》序 …………………………………… 高华平(211)
从生活细处发现历史——《中国古代的乡里生活》评介 ……… 王燕捷(215)
走向生动鲜活的社会生活史
——《中国古代的乡里生活》读后 ………………………… 马子舒(219)

身命、群命与天命：结合中国哲学与现象学的思考

加拿大多伦多大学　沈清松

摘要：哲学家不变的使命，在于张载之言『为生民立命』，也就是为天下苍生百姓立定生命的意义。按照我的理解，欲立之命，始乎身体与自我的身命，中经社会文化的群命，终乎密契于终极真实的天命。换言之，人的生命意义可以分身命、群命、天命言之。所谓『身』有『身体』之意，也有『自己』的意思。意义兴起于人身体中迈向意义的欲望，发而为各种表象，成就于语言，语言既是身命所成最有意义之物，同时又在语言沟通中进入群命的层次。群命是指人在群体中交往，实践伦理，探询并实现共同有意义的生活。然身命与群命又隐然指向天命。所谓『天』是中国古代所指向的超越界，在本文中用以代表终极真实，也因此，所谓天命亦即人在终极真实关系中的生命意义。由身命，到群命，再到天命，实为人一体之发展，身命中已经蕴藏群命与天命，而天命亦可下贯至于身命，乃至全体圆满实现。

关键词：身命；群命；天命；中国哲学；现象学

一　身命的起点：人的身体

无论是当代西方的现象学，或古代中国的传统哲学，都非常重视“身体”在身心关系中的地位。的确，现象学是20世纪最富原创性的思潮，由胡塞尔(E.Husserl，1859—1938)奠基，到了海德格尔(M.Heidegger，1889—1976)更朝向实存的人转变。可以说，20世纪的西方哲学发生了根本的转折。简单地说，从笛卡尔(R.Descartes，1596—1650)的“我思故我在”变成胡塞尔的“先验自我”对于人的“主体性”(subjectivity)的强调，再转变成海德格尔的“此在”(dasein)，以特定时空中人的定在及其超越性来开显存有，着重的是人对存有的开显。其后，更由海德格尔的此在，转成梅洛·庞蒂(M.Merleau-Ponty，1908—1961)的“吾身”(corps propre)，以身体为我与世界的原初接触点，视身体为存有开显的原初所在。由人的主体性降至我的身体，可谓已经到了人存在的底基，同时也是到了必须翻升的谷底了。

其实，中国哲学甚早就重视身体。例如，新出土的战国时期郭店儒家竹简中“仁”字的写法，原作“㤏”，可见原始儒家是以身心合一为仁的，此外，也是以二人为仁的。当然，由身心为仁到二人为仁，其间仍有连续性，表示人身心合一，而后对他人、他物有感有应，于是而有仁。其后，道教经典《老子想尔注》和《老子中经》也说：“吾，道也”，“吾，身也”。[①]整体说来，古典儒家与道家，甚至道教，都重视人的身体。后来宋明儒学对身体采取较为压抑的态度，如程颢(1032—1085)区分天命之性(心性)与气质之性(身体)，而朱熹有所谓“去人欲而存天理”的说法。一直到了清代儒学，才对此加以反省，因而批评宋儒对“天理”与“人欲”、“天命之性”和“气质之性”的二元区分，这才出现了颜元(1635—1704)、戴东原(1724—1777)等人返回对身体的肯定，并以欲望为人追求意义的动力。颜元认为“舍气质无以存养心性”，认为心性的修炼必须通过身体来进行。既然身体为实践之基，便不能区分“天命之性”和“气质之性”，甚至尊此贱彼。颜元的讨论以身体做譬喻，尤其是以眼睛的功能为喻，来说明不必做如此的区分。[②]至于戴东原，他也主张不要区别“天命之性”和“气质之性”，并承继《礼记·乐记》“夫民有血气心知之性”之说，用“血气心知”来言“性”。所谓“血气”指的是人的身体；所谓“心知”指的是人的思维与认识的能力。“血气心知”合而言之，即是指人有身体、有头脑，能运动，又能思维。

可见，在中国哲学中，从郭店竹简以身心合为仁，到戴震对《礼记》“血气心知”的再诠释，有其连贯性，都是对心身关系在差异中有连续的强调。至于西洋哲学到了晚近身体现象学中突出身体的优位，虽然时间上较迟，但若不计较时间先后，也可谓中西贤者，所见略同。

---

① 见顾宝田、张忠利《新译老子想尔注》第四、十三、二十一、二十五、二十九等章，三民书局，1997年，第9、53、104、124、144页。“道者，吾也……”并在身体中予以定位。见《老子中经》，收入《正统道藏》，第37册，新文丰出版公司，1985年，第302、314页。

② 例如颜元说：“只宜言天命人以目之性，光明能视即目之性善，其视之也则情之善，其视之详略远近，则才之强弱，皆不可以恶言。盖详且远者故善，即略且近，亦第善之不精耳，恶于何加。唯因有邪色引动，障蔽其明，然后有淫视而恶始名焉。然其为之引动者，性之咎乎？气质之咎乎？若归咎于气质，是必无此目而后可全目之性矣。”见颜元《存性篇》卷一，“驳气质性恶”。收入《习斋四存篇》，上海古籍出版社，2000年，第36-37页。

二　体验的身体与机体的身体

本文要从身体中的欲望开始谈起。然而，在现象学中，梅洛・庞蒂重视的是“体验的身体”(corps vecu)，而不是“机体的身体”(corps organique)。梅洛・庞蒂的现象学区别了“机体的身体”与“体验的身体”。机体的身体是指由大脑、四肢、五官、百骸所构成的生理整体；至于体验的身体则是人在日常生活中实存地感受到或体验到的已身。梅洛・庞蒂强调人的“身体・主体”(body-subject)，指的是人体验的身体。现象学只注重体验的身体而不谈机体的身体。然而，中国哲学与中医主张两者不可分，身体兼“机体的身体”与“体验的身体”，两者虽有别而仍连续，这也是我的主张。在我看来，体验的身体与机体的身体关系密切，既联系又断裂，既差异又互补。譬如，戴震在《孟子字义疏证》中指出，人的身体中最重要的就是能兴起“知觉运动”，并认为人之所以会从自然的状态达到必然的目的，其究竟的动力是“欲”。[①]戴震彻底推翻了宋明理学“理”“欲”二元对立的思想，将“欲”解释为人迈向道德的善的基本动力，将“理”解释为“条理”。换言之，“欲”作为一种动力必然会迈向有意义的生命，甚至会迈向有秩序的宇宙，乃至德行的陶成。

且让我举心理学的例子来说明。例如，一个初生婴儿在机体身体方面仍然缺乏统合感，甚至都不知道如何运用其四肢，因此也谈不上主体的感受与体验。通常要 6 个月到 18 个月或两岁之间，婴儿的机体身体开始有了统合感，其运动机能有了整合性；也因此，在心理上，开始形成某种自我感。显然，体验的身体也随着机体身体而成长。拉康(J. Lacan，1901—1981)将这个时期的心理称为“镜子时期”，是因为此时的婴儿会在母亲的眼里看到自己，在母亲(或养育自己的亲人)眼中所映现的，是妈妈疼爱的我；然其所看到的其他小孩，往往也只是自己复制映现的形象(imago of the double)而已。虽然人都会经过这一时期，但总不能停留于此。人若停留于镜子时期，那是由于欲望的动力封限于自己的复制影像(double)，甚至将多元他者化约为所爱自我的同一性或其映像，封闭自己于其中，这是不正常的。正常的发展，应该是勇敢走向下一阶段，接受多元他者的差异，迈向多元他者。

又如，从四岁开始，男孩子会较喜欢母亲，女孩子会较喜欢父亲。弗洛伊德(S. Freud 1856—1939)称之为俄狄浦斯情结(oedipus complex)——恋父或恋母情结。弗洛伊德认为，这一时期是所谓“性器期”(phallus period)，孩童的注意力转移到性器部位，开始对自己或他人的性器产生兴趣。心理随着机体身体的发展而展开。埃里克森(E. Erikson，1902—1994)将这个时期称为“介入期”，是指人的逐渐成熟使其开始主动介入人际关系网络，“包括透过身体攻击以介入别人身体，借大声说话以介入别人耳朵与注意，透过活泼运动以介入空间，借不断好奇以介入不知道的领域”[②]。他又说：“三到六岁小孩比任何其他时

---

① 例如，戴东原说：“欲者，血气之自然；其好是懿德也，心知之自然，此孟子所以言性善。心知之自然，未有不悦理义者，未能尽得理合义耳。由血气之自然而审查之，以知其必然，是之谓理义；自然之与必然，非二事也。就其自然，明之尽而无几微之失焉，是其必然也；如是而后无憾，如是而后安，是乃自然之极则。若任其自然而流于失，转丧其自然，而非自然也，故归于必然，适完其自然。夫人之生也，血气心知而已。”(戴东原：《孟子字义疏证》，收入《戴震集》，里仁书局，1980 年，第 285 页。)

② Erikson，E.，1950，*Childhood and Society*，2nd edition，New York:W.W.Norton & Co.，Inc.，1963，p.87.

期更愿意快速学习，不厌倦地学习，且愿意将自己的想望转化为对社会有用的追求。”[①] 针对这个时期，拉康强调负面规范的学习，侧重“不可以这样”“不可以那样”。其实，在这一段时期更重要的是正面情感的发挥与学习。埃里克森强调“信任”，的确掌握了正面情感与价值的重要性。除此之外，我认为初步萌发的“爱”的意识，更是最基本的正面情感。小孩子从父母与周遭重要他人的爱中，学习到如何去爱别人。爱的能量在家庭的环境中累积并推展。基本上，俄狄浦斯情结只是对于爱力推展的窄狭式解读，将爱力化约为性欲。其实，爱力的累积与发展是从时空上最邻近的人开始的，逐渐外推，由近而远，由类似而转为差异，俄狄浦斯情结仅只是其中一个可能的形态，应该将它放在爱力累积与外推的更大过程中进行理解与诠释。

再如，在十二三岁之后，儿童由于身体的生长，尤其是性器官的明显变化，逐渐踏入青春期，开始了可能让父母与老师头痛的青少年(teenagers)时期。弗洛伊德认为青少年时期生理的变化很大，是因为性与攻击性的冲动再度因着成长而返回，且因着性能量的充满而动荡，为此重新燃起青少年的俄狄浦斯情结，使得青少年不容易待在父母的身边。至于埃里克森虽然同意弗洛伊德所言，接受冲力的增强确是问题所在，但他认为这只是问题之一。在社会的要求与冲突之下，更大的是青少年“自我认同”与“角色迷惑”的问题。[②]

在我看来，青少年的人格成长有三项基本特征：其一，生理力量与心理力量的发展催促他们探求亲密关系或新颖关系的建立。其二，在前面所说的镜子时期中，自我与非我影像的对立，在青少年时期明显化为善、恶的二元对立，虽然他们对于善、恶的诠释各不相同，而且并不一定正确，但是嫉恶如仇则是青少年的天性。其三，青少年由于探索自我认同，意欲形成自己的主体性，追求人格自主，这个时期兴起的价值理想是“正义”，心理朝向伦理价值的追求更为明显。可见，在此机体的身体仍与体验的身体密切相关，虽然说其价值面的发展更为重要，但也因此形成了更强烈的心理与伦理特征。

以上针对身心的发展，其心理学的解释应该有一个更为一致的奠基性论述，也就是哲学奠基。无论是由婴孩到青少年，甚至后来由青少年以至成年甚或老年，人之所以为人需要一个更为基础性的说法。也因此，让我换用现象学的语言来说：欲望是人迈向意义的最原始的动力，可谓吾人最原初的意义企向。欲望虽是人迈向意义的最原始动力，不过，人的欲望是呈现于机体兼体验的身体的场域之中的。既然如此，机体兼体验的身体也就被视为迈向意义的第一个企向所兴起的场所。从现象学观点来看，身体可以视为欲望借以呈现的现象学场域(champs phénoménologique)，在身体这个场域之中呈现了吾人迈向意义的最初虽无意识但活跃着的欲望。欲望是存在于身体之中并且透过身体的运动获得表达的。正如吕格尔(P. Ricoeur)针对梅洛·庞蒂所说的：

> 这位现象学家(按：指梅洛·庞蒂)所说的意思，并不是认为弗洛伊德所谓

---

① Erikson，E.，1950，*Childhood and Society*，2nd edition，New York:W.W.Norton & Co.，Inc.，1963，p.28.

② 埃里克森认为，青少年由于身心的成长太快，几乎不容易定下心来认识自己。为此，一个青少年常会照镜子，注意自己的模样，看看自己是否够好，是否符合别人的期待；而且，有时候身心的冲力好像不在自己的控制之下，会四处冲撞。由于在学校与社会中的多样接触，青少年往往有更多的选择和机会，因此不知道自己的将来会怎样，往往需要有个专注的焦点以辨识自我。为此，青少年容易加入团体，或结成帮派，甚至运用暴力，强力排除异己或差异 (Erikson，E.，*Identity and the Life Cycle*，in *Psychological Issues* (Vol.1，number 1)，New York:International Universities Press，1959，p.92.)。为了确定自我认同，他们往往把自己、自己的理想和自己的敌人给刻板印象化了(同上)。

> 的无意识就是身体。他只是在表明身体的存有模态，既非在我之内的表象，也不是在我之外的事物，而是任何吾人可以想见的无意识的存有者的模态。此一范式的地位并不是来自对于身体的生物性的规定，而是来自身体的存有模态的双重性，一个存在者的意义，正是在一个身体之内被把握到的意义，同时也是一个指向意义的行动。[①]

由此可见，身体赋予了无意识中的欲望以双重的存有学模态，它既是一个指向意义的原初行动，同时它也是表达意义的原本所在。换言之，身体中的原初欲望是指向意义的动力，同时身体也是意义表达的原初场所。当然，我所谓的身体，兼具机体与体验的身体之意。

三　能欲、可欲与所欲

在我看来，人打从起初身体中无意识的欲望开始，便有一个非决定、不确定的动力在寻求意义，此一动力不是固定的，却可以发展出各种形式的意义，并超越任何特殊形式的实现。在人欲望中的这一原初动力，起自内在，迈向超越，其起初的存在样态与动力，尚未及于当代新儒家牟宗三或唐君毅等人所谓的理想主义的超越精神——后者应该是人在后来的发展，而是一种原初呈现于人身体的无私欲望，作为人指向他人、别物的动力，而且人可以更求向上、更求圆满伸展，乃至转入并涵盖有意识的心理与精神层面。总的说来，人的心理与精神能力与活动，虽总称为“心”，但是就其动态、发展而言，就不是纯粹、静态的“心”了。这是心的原初状态，而且终人之一生不离者，正是欲望。

基本上，人探求意义的原初动力，是从身体中的欲望开始再逐层发展的。欲望作为意义动力，透过获取各种形式的表象，首先是非语言形式的，其后则是语言形式的，且在语言形式方面，先是口说的，其后才是书写的形式，使我们得以步步迈向有意义的生活，并预备其后更高级、更精致形式的语言，譬如艺术的、科学的、伦理的，甚或是宗教或灵修的，等等。总之，人的欲望蕴含着不可限定的意义动力，会不断发展并自行超越，这是人由内在而超越的动力根源。所谓“内在超越”并非意指牟宗三所说的唯心的过程，其实，人之所以能由内在而超越，起自欲望，发自身体，并在逐层上跻的发展过程里，进而贯穿心灵与精神。简单地说，是由身体中的欲望作为原初意义动力，进而呈现为表象，然后又超越种种表象，逼近终极真实，遂行其下学而上达的历程。

在我看来，人是出生、成长并发展于多元他者的脉络之中的，且生来具有指向多元他者的意义动力。人的原初意欲，在无意识中被称之为“欲望”，在有意识状态被称为“意志”，其实皆是同一走向可欲之善的动力，虽可表现于不同层面，其实皆是同实、续出而异名。关于人的原初意欲，法国哲学家布隆代尔(M. Blondel，1861—1949)称之为“能意志的意志”(volonté voulante)，以有别于已经意欲的“所意志的意志”(volonté voulue)。我认为，称之为“意志”恐怕仍嫌太早，在这之前应还有欲望同欲求意义，所以我称这种原初动力为“能欲望的欲望”(desiring desire)(简称“能欲”)，以有别于“可欲望的欲望”(desirable desire)(简称“可欲”)与“所欲望的欲望”(desired desire)(简称“所欲”)，

① Ricoeur，P.，*De l'interprétation，essai sur Freud*，Paris:Edition du Seuil，1965，p.372.

共计三层，以有别于布隆代尔的两层。

让我略为说明一下。原初欲望或能欲由于是在我身中指向他人、别物的原初动力，基本上是不自私的，是人自我走出的原初慷慨，或可称之为人的“本心”。人的本心在己是一种慷慨自我走出的动力，然其动也，必指向他人或别物的善，诚如孟子所言“可欲之谓善”。于是，由“能欲”转为“可欲”，从此欲望有了方向，是为欲望之初发，可称为“初心”。及其因为特定需求，如饥则欲食、渴则欲饮，或因习性而更有其他偏好，则有了明确而特定的对象，其所欲求的对象或所欲，是特定而有限的，并且人在努力获取以及享有该对象之时，很可能会转向自我封闭甚或变成自私，从此才有朱熹等人所谓“去人欲”的问题。换句话说，欲望在己为能欲，其初发而为可欲，都不是自私的，而是自我走出朝向他人、别物之善的原初慷慨；然而，当其定着于某一对象，在努力获取该对象甚至在享用该对象之时，主体会倾向于自我封闭，变成是为己的，也因而可能转成是自私的。这时便需节制之德，甚至去欲之功。

若从身心一致发展的角度来重新阅读，《中庸》所谓“喜怒哀乐之未发，谓之中；发而皆中节，谓之和”，其中喜、怒、哀、乐等皆是因所欲发而产生的心理状态，然就其未发而能发而言，则是“中”。按道理说，应该没有不能发之中，否则怎么会有后来所谓的发而皆中节可言？设若《中庸》有一不能发之“中”的设定，或一个纯粹静态的“中”的设定，那将是不可能达至的预设。然而，我重视的是能发之“中”，亦即人之“能欲”，且其因“可欲”之善而动，是一个重要的出口，旨在于善的认定，并因而发用出来。及至由“可欲”而定着在“所欲”上，则须调之以修养、节制，甚至礼教，才能使其发而皆中节，达至和谐。从今天看来，未发而能发的能欲是人存在的真实状态，它必须经过可欲、所欲而发，乃至发而皆中节。至于纯粹静态的未发，则不无疑问，《中庸》或将之设为一纯粹的、理想的状态。然而，孔子于此段文字最后说“中庸其不可能也”，似乎解构了一切人朝向作为理想、静态的“中”所做的设定与努力，从《中庸》文本上看来，中庸之所以不可能，不但是因为能使“天地位、万物育”的宇宙之“中”，单凭一般人的能力不可能达至，而且也是因为纯粹静态之中的不可能达至，除非有了圣人与天合一的密契经验，才能至此。也因此，《中庸》文本从此转向动态的、人人可达至的“诚”的论述。

在此意义下，我认为后来宋明儒家依据《中庸》所讲的“尊德性”或“德性”，或者先前道家所谓的“德”，或佛教所说的“三善根”，都可理解为指向人与万物的本然善性(儒家虽主要在指向人，然道家则还包含万物，佛家还包含众生)、本然动力或本心。至于老子所谓“失德而后义，失义而后礼。夫礼者，忠信之薄，而乱之首”；或孟子所言放失之本心，甚至“童山濯濯”所喻示的状态，或“人欲横流”所描述的堕落之状；或佛教所谓贪、嗔、痴三毒，所说的都是指原本善性或本心在逐层堕落、放失，甚或旦旦伐之，之后所造成的不同程度的自我封闭的自私状态。对于这些，人都必须常加以针砭，使心灵重获自由，重返本来面目，还回初心甚或本心，或孟子所谓“可欲之谓善”，甚或《中庸》所言未发而能发之中，或我所谓的“能欲望的欲望”不自私且慷慨自我走出之本心。

四　欲望与表象的形成

在日常生活中，我们可以感受到我的身体的原初亲密性与差异性之间的张力。我身体的亲密性表示我就是我的身体，或者，至少我的身体不同于我的房子、我的车子，而是与我的自我亲密的相关的且是自我的一个本真的部分。在这一层次上，而且只有在这一层次上，一个人可以说，“吾身便是自我”。但在另一方面，我的身体其实也不等同于我自己，因为它会抗拒我的意志，而且不断地朝向世界上的多元他者，也就是朝向他人、别物而开放。这一事实显示了我的身体与自我的差异性所在。

内在于我身体中的欲望，一直会指向多元他者，或如拉康所谓的“欲望是他者的语言”，是他者在我之内说话，这是因为我的欲望便是指向多元他者，以他人、别物为意义之所向。在此，我将“他者”改为“多元他者”。事实上，我是用“多元他者”一词来代替拉康或列维纳斯(E. Levinas 1906—1995)、德悉达(J. Derrida 1930—2004)、德勒芝(G. Deleuze，1925—1995)等人所谓的“他者”(the other)，这是因为我们都是出生于多元他者之中，并在其间成长发展。至于“他者”则仅是抽象之词，我们在实存状态中从未真实面对单纯而抽象的“他者”。就具体的存有论而言，其实我的身体作为欲望的源起与实现之场，总是指意于多元他者，并因此开始追求有意义的生活，且不断超越任何已经欲求的特定对象。具体地说，我们若时时想到多元他者，心理会比较健康。

我认为，身体的运动整合并超越了由身体的亲密性与差异性所造成的张力，并且借此开始产生意义。在此，我们可以理解意义在身体运动上的根源。能欲，作为我身之内意义的原始企图，首先是浸润在身体的动力与运动之中的。当身体的运动透过如表情、姿态、声音或图像等这些非语言式的表象加工运作之时，便达到意义形成的初步，这也是使吾人的欲望开始成为可理解的意义企图的初步，或者说，这是吾人的欲望通往意义的初步。成为表象，即是取得一个可理解的表达方式。姿态、表情、声音或图像等，即提供吾人将无意识的意义动力转译为有意识语言的基础，虽然这样的转译不可能完整，因为没有任何表象可以完整表达能欲的动力。欲望首先透过非语言的表象表达，即透过将 x 表达为 y 的方式，这表示它们具备一种海德格尔所谓的“宛然的结构”(as-structure)，就如同隐喻的情形一般。根据尼采(F. Nietzsche，1844—1900)的说法，所有的表象，虽出自无意识，然其一旦成为有意识的表象，已然是一种修辞。[①] 这里所谓的“修辞”，虽常常被用来指称一门作为学科的修辞学或者一种特殊的语言技巧，其实在此只用以表示呈现“实在本身”(reality itself)的某种表象而已。也因此我选择用“隐喻的”一词，而非“修辞的”，如此我们才可以保留欲望的自我开显与实在本身的模拟关系，既同又不同，既相似又差异，既连续又断裂，而不是把它们视为仅只是一种修辞的机制，如同尼采所提议的那样，其中仅侧重修辞的面向，然而却没有任何在实在界的基础。

吾人能欲的动力在无意识中便会倾向于要用可理解的表象来表达自己。不论其原先是多么隐晦不明、多么不理性或为意识所不及，它总是会倾向于运用表象来表达自己，由能欲迈向可欲，形成表象，首先借由非语言的表象，然后借由语言的表象。弗洛伊德在《梦的解析》(*The Interpretation of Dreams*)中讨论“梦思”(dream thought)与“梦作”(dream work)的关系时，就已经陈述了欲望的可表象性。除了浓缩(condensation)与转移(displacement)等机制以外，可表象性(representability)的机制是使梦思获得表达的最重要的

① Nietzsche，F.，*Cours de rhétorique*，traduit et présenté en français par P.Lacoue-Labarthe et J.-L.Nancy in *Poétique*，Numéro 5，1971，in English by C.Blair in *Philosophy and Rhetoric*，1983，pp.94-129.

梦作机制。[①]梦作机制使得某些特定的梦思得以显现，其中蕴藏特定欲望的秘密，将之转变为某种图像式的语言。这种可表象性是欲望表达的一种具体形式，它扮演着新形式表达与梦之残余内容之间中介的角色。即使这种表象性的表达要比概念性的表达来得具体，但它仍然可以与说和写的语言相配合，甚至会进一步为某些个别的梦思获取适当的语言转化。[②]

简言之，人的身体在指向多元他者之时产生运动，特别是经由视觉、声音或表情、姿态等形式的表象运作出来，成为意义动力的接引，而经由产出可理解表象之途，步步前进。人在指向多元他者并与之互动之中，先形成非语言的表象，进而形成语言的表象，并透过所形成的表象，进一步与他人、他物进行表达、沟通与互动。

透过不同的表象形式，例如声音、图像、姿态或表情等，人的意义企图获得了特定化，成为有某种可理解形式的身体运动，这是音乐、绘画、舞蹈、表演、书法、雕塑等艺术的共同来源。这样说来，身体的运动，特别是经由图像、声音或表情、姿态等形式加工者，便成为吾人欲望动力的可理解性的初阶，因为它具现了吾人朝向意义的初步，在产出可理解表象之途上迈出了重要的第一步。在这一层面之所以有所谓的“文化差异”，其最初的表达形式便是这些声音、图像或表情等可理解形式在性质上或规则上的差异。在这里，各个不同文化群体的音乐、绘画、舞蹈和表演艺术等，甚或是电影艺术——后者是综合了影像、音乐与身体行动来呈现在时间中运动的影像，借以诉说各种不同的故事——其实都是一种“欲望的诱动者”(inducers of desire)。它们借着声音、图像、表情等或其综合所说的故事，来说明并借此规定了欲望的意义动力，尽管所有这一切都假定了欲望的可表象性(representability)是由于它们才得以规定、说明并导引了人对于意义的欲求。欲望中意义动力的发展是人在不同艺术范畴中得以跨越界域的基本动力。

由身体的运动转入可理解的形式，不只是对于意义的形成与表达甚为重要，而且也是各种艺术形式的共同起源，无论是“塑出”可理解形式，一如绘画、书法、音乐等，或是“塑入”可理解形式，如陶瓷、雕塑、舞蹈和表演艺术等。从艺术哲学的角度来说，意义的欲望透过表象获取可理解的形式，它是音乐、绘画、舞蹈、表演、书法、雕塑、诗等艺术的共同意义根源，其间有着由非语言表象朝向语言表象的转进，无论如何，这些艺术形式其实都是“欲望的诱动者”，旨在诱出欲望朝向艺境的正向发展；同时，当人的意义动力有所窒碍而出现心理病征时，它们也有抚慰心灵的疗愈作用。借着声音、图像、表情、姿态直到下一节要讨论的语言等种种成象形态，艺术活动规定了、说明了、导引并传达了人对于意义的欲求。而当意义动力被扭曲或阻塞之时，这些艺术的活动也有打通管道的治疗作用。

也因此，对我而言，艺术创作是始自身体中走出自我的意义动力与原初慷慨，其中并无道、器对立，然其所追求的，则是道的揭露与道成肉身，并在其中企求扩充与圆满。

---

① “只要是抽象形式的梦思都是无法利用的；一旦它变成图像的语言(pictorial language)后，梦的运作所需的对比与仿同(如果没有，它也会自己创造的)在这种新的表达方式下就能够更容易地确定了。这是因为在每种语言的历史进展中，具体的形式(concrete forms)比概念名词(conceptual term)具有更多的关联。”(Freud，S.，*The Interpretation of Dreams*，translated by James Strachey，New York: Penguin Books，1976，p.455.)

② “我们可以这么想，在形成梦的中间过程中(为使得杂乱纷歧的梦思变得简洁而统一)，大部分精力是花在使梦思转变为适当的语言形式。”(Freud，S.，*The Interpretation of Dreams*，translated by James Strachey，New York: Penguin Books，1976，p.455.)

人的身体中涌动着无穷的意义动力。的确，意义的涌动是出自身体的，进而透过不同形式的表象，如声音、图像、姿态或表情等，在这一连串成象的过程中，意义的企图获得了特定化，也取得了某种可理解的形式。也因此，我同意荣格(Carl G. Jung)所谓“成象”(imaging)之法，尤其是在晚近由他的后人刊行的《红书》(*The Red Book*)一书中，揭示了许多心灵成象与艺术创作的奥秘。[①]不过，我认为人的身心所成之象，并不仅限于图像，而且还有声音的象，舞蹈与身体姿态所成的象，塑入与塑出的象，以及众象在动态中的综合。

总之，透过各种不同的非语言表象，身体中的意义动力获得特定化和分化，成为音乐、美术、舞蹈、戏剧等的艺术形式。这些不同形式的艺术的共同源起，是取得可理解形式的身体运动，至于它们彼此的差异，则在于所取得可理解表象形式的不同，如声音、图像、姿态、表情等的性质与规律，并因其差异而兴起艺术与文化表现上的不同，乃至形成各种艺术的界域。电影艺术综合了声音、图像与身体运动，在时间之流中呈现动态之诸象，借以述说各种故事。然而，不同形态的艺术都是“欲望的诱动者”，它们规定、说明并导引了人对于意义的欲求。欲望中意义动力的发展是人在不同艺术中得以跨越界域的基本动力。

五　语言表象的形成

如果迈向意义的初步是取得非语言式的可表象性，其进一步的意义，则是取得语言表象的形式。从童年时代开始，透过他人慷慨率先对我们说话、教我们说话，我们因而逐渐获取语言，学会说话，并借此为我们打开了一个有意义的世界。也因此，语言可谓多元他者对我们不求回报的赠礼(gift)。当我们逐渐长大，在学校、在社会中，又学习了其他各种各样的语言，于是得以进入其他形形色色的意义世界，从而丰富了我们自己意义世界的建构。由此可见，所谓成长不仅是一生理的或教育学的事实，而且也是意义形成与建构的超越历程，是一个接受与创造，内外兼备，或更好地说是内外交融、外推与内省兼而有之的辩证历程。

语言是表达性的(expressive)，这是说语言已经是经由某种诠释(interpretation)来进行的表达方式。举例来说，当我说“这一个苹果是红的”时，不只是表达我个人对这个苹果所拥有的感觉，“红色”这个语词也给予了我对于该苹果的知觉的整个生理与心理过程一个语言上的诠释，这一诠释允许我们看到某物宛若“红色”，虽然“红色”并不能完全地描述该物。忽略这一描述的不完全性，则会有执着于使用约定俗成语言的固着化的危险。

语言也是引发性的(evocative)，意即对于语言的某一特定用法的公开宣示，将会引发某种精神与身心状态的反应。语言因此是一种主体际之间的“心力共作”，在其间所表达出来的语言将会唤起某种特定的身心状态，可以是有意识的，也可以是无意识的。语言的这种召唤功能不仅曾经被使用于巫术之中，而且也曾被古希腊哲学家们所留意，他们早已理解到，对事物或个人的命名，不单单只是一个称呼而已。名字的呼唤，将会碰触

① Jung，C.，*The Red Book*，edited and translated by Sonu Shambadani，Mark Kyburz，John Peck，New York : W.W.Norton & Co.，2009.

到与该事物或个人有关的本质成分。呼唤一个名字，就是呼求于或致力于引发某一事态的出现。

从非语言的表象作为初步，到随后的语言习取，我视语言的表达功能为一种自我的扩展与延伸，或更确切地说是一种“外推”的方式。然而，就语言的引发功能而言，语言似乎也可以挑起在个人自我之内或多元他者之间的其他可能性。从心理治疗来说，一位病人当与心理医生交谈时，其自我叙述表达得越好，咨询效果也会越好，这是由于病人越能自我表达，越能发现产生问题的缺口或障碍所在。然而，心理医生所使用的语言，便须特别注意其引发性，这是由于医生的话语，势将引发病人的某种身心状态之故。

可以说，意义的追寻是一种在“向存在的可能性开放”与“体现已揭露的现实性”之间的辩证过程，在此过程中，能欲的隐微难明与其可表象性、语言的习取与意义的建构、语言的表达性与语言的引发性、人心的外推与自省的辩证，甚至解构、建构、重生或再建构的辩证，扮演了极为重要的角色。

由于在身体层面的意义建构是完成于语言的，而语言本身是沟通性的，也因此身体层面的意义建构，最终是成就于主体际(intersubjective)的互动。在此，人的性生活可视为此一层面的一个例证。既然意义的动力始发于身体，而且身体的运动是我们意义企向的起源地，即吾人产生意义之动力开拓出由内在而超越的道路之所在，现在我们应可就此一脉络来说明性生活的意义。一方面，健康的性行为让我们感觉到自我就是身体的存在，而不觉得身体与自我有什么距离，这种亲密感与完整性的经验完全不同于知觉或一般语言沟通的外在性、片断性与不完整性。另一方面，性的经验也使得作为身体行动的知觉与沟通，能经由表象和语言而获得升华。换言之，性行为也是一种身体的运动，在其中我们透过表象(想象的与真实的)与语言(例如甜言蜜语)的中介，在更进一步的亲密性与他异性的辩证中，去知觉到某位重要他者的身体，并与之进行沟通。

在我看来，身体层面的意义动力由前述种种成象过程，在语言和书写中取得其最富于意义的表达形式。在此，人所追求的意义取得其最精致与巧妙的表诠，是以书法在自由挥洒之际，综合了人身体的运动以及意义展演的痕迹。书法也因此具有抒发性情乃至治疗的作用。至于诗，则更是所有艺术形式的精粹，一如黑格尔所说。黑格尔因为语言所传达意义的非物质性与纯粹性，甚至把诗的艺术地位放在绘画与音乐之上。不过，我们不能忘了诗常运用隐喻的特征，从而联结心中的意象，并以音乐式的韵律来进行吟咏。书法和诗，是身体中意义动力得以任运成象的高峰，但仍与其他成象过程相连，不即不离。

类似的想法也可以应用到我们对其他更抽象事物的欲望上。例如，虽然我们对于追求意义的欲望，很有可能甚或事实上指向或固着在宰制他人的权力上，或者拥有更多的财富上，但是欲望的动力总是指向更为深沉的目标，远超过权力与财富。如果人有意识或无意识地将其对意义的欲望固着在权力与财富之上，并因而阻碍了欲望动力对于意义进一步的追求，这将会成为导致心理疾病的原因之一，也因此必须加以对治。其实，我们很可以将金钱视为人试图建立一套公认的象征系统，以代表在某一群体中利益交换的约定价值的制度。至于权力，尤其是政治权力，则可视为是人经由组织和体现群体的历史性，借以实现自己或群体的主体性的力量，虽说其滥用终将导致暴力，然而任何一个群体终不能没有这一力量。既然政治总是涉及自我与多元他者的历史性的实现，而金钱则涉及自我与多元他者的利益交换的象征系统，可见两者皆含有走出宰制、暴力与占有，而迈向沟通并共同建构有意义世界的契机，是推及更大多数的多元他者的共同善之动力。

其实，人心若是能对更超越的意义采取更加开放的态度，并且决心面对更丰富的意义开显，如此这般才可说是走进了健康人心智的康庄大道。性、金钱与权力，甚至因其滥用所衍生的暴力，都是我们现今电影最热门的主题，虽然我认为它们最多也只是“欲望的诱动者”，但总不能因此便视为理所当然地被它们所困惑，甚至对它们执迷不悟，以致心理困顿和疾病丛生，反而应该对其意义与限制加以理解，并且进而加以超越。换言之，在超越之中进行解构、重生与再建构。

六　由身命指向群命：相互沟通、实践智慧与共同理想

简单说来，人生的历程是一个不断在外推中进行自我超越与内省自觉的历程。外推(strangification)是一个不断走出自己、走向新境界、走向他者甚至陌生人(strangers)、走向多元他者的历程。然而，若只有外推而无自觉，则将会有逐万物而不返的危机。外推是人生极为重要的历程，中国哲学家多深能体会。例如孟子言“推”，尝谓“推恩足以保四海；不推恩无以保妻子。古之人所以无大过者，无他焉，善推其所为而已矣”《孟子·梁惠王上》。可见，孟子重视善推的重要性。然而，孟子更重视由尽心而知性、而知天的自觉历程，他说“尽其心者，知其性也。知其性，则知天矣”《孟子·尽心上》。这是特别强调尽心知性的内觉功夫。可见，一面有外推，另一面有内觉，两者之间的张力与辩证，构成了孟子修身与群命的基调。这类卓见清楚地指出，人生作为内心自觉与社会意义共建的历程，是不断既在外推过程中由内在而超越，且在反省过程中由自觉到真诚的历程。

人的原初欲望指向多元他者，并开始经营有意义的表象，这是“表达”与“沟通”在人性中的根本动力所在。人的原初意欲在与愈来愈复杂的多元他者互动过程中，其所建构的诸表象及其关系网络也愈趋复杂，这点诚如皮亚杰(J. Piaget，1896—1980)在其有关儿童的逻辑观念与人际互动成正比发展的研究结果所证实的一样。换言之，人有走出自我封限的动力，指向有意义的表象，以规定其所追寻的善，并指向多元他者，且在成就多元他者的善之时，完成一己之善。可见，人是在动态关系的存有论脉络之中，不断指向他人、别物，并在经营表象的过程中，形成有意义的世界，这是“沟通”行动的人性论基础，并因此而使得各种形式的传输成为可能。至于乔姆斯基(N. Chomsky，1928—)所谓“语言能力”或哈贝马斯(J. Habermas，1929—)所谓“沟通能力”，却将此一人性“动力”看成只是一种“能力”，而且都只限于语言层次，哈贝马斯甚至只集中于论辩式的沟通。我不赞成将此种立基于人的存有学“动力”，窄化成为只是一种心理学意义的“能力”，即使说是先验的心理能力，也仍不足。此外，我们也还需考虑其他非语言式或先于语言式的沟通，甚至有白居易所谓“此时无声胜有声”或庄子所谓“相视而笑，莫逆于心”的无言沟通却意义丰饶的境界。

人的伦理生活是透过沟通来与多元他者一同实现共同价值，建立共同善的生活的。就心理健康而言，也有其伦理道德的层面，却往往被忽视。对此一层面，儒家特别注意。例如孟子在《公孙丑上》中就曾说：“其为气也，配义与道，无是，馁也。是集义所生者，非义袭而取之也。行有不慊于心，则馁矣。”他明确指出，养气的道理通于道德生活，若心中道德空虚，那么气也就养不起来，甚至会感到气馁；相反而言，若是集义所生，则可浩气常存。若用更简单的语言来说，即是：如果伦理关系都没搞好，势将引起许多人

际关系与心理的冲突，安得健康？更何况修心养气？

伦理生活起自人与人的沟通。胡塞尔在《现象学观念》第二册中使用“沟通行动”(communicative act)一词，并将它定位在一个人与其他人通过沟通行动进行人的共在意义的共同建构。对我而言，这要比哈贝马斯的“沟通行动”概念更早提出，且更为重要。哈贝马斯认为，人与自然的关系是一种技术控制的关系；至于人与其他人的关系，则是沟通的关系。对哈贝马斯而言，沟通是通过论辩的语言来进行的，其中一方提出论题，另一方提出反对论题，然后双方彼此通过事实和论证寻找论据，以便在更高层次、共同可接受的命题中，寻求共识。然而，对于胡塞尔而言，沟通并不只是智性或语言性的沟通，此外更还包含某种评价和实践的历程，譬如爱和还爱、恨和对恨、信任和相互不信任。胡塞尔说：

> 隶属于社会集结的人对彼此而言都是同伴，他们并不是相对立的物体，而是相对的主体，彼此生活在一起，无论是现实地或是潜在地，透过爱和还爱的行动，恨和对恨的行动，信任和相互不信任的行动，等等。①

胡塞尔这些话清楚地说明了：沟通行动中存在着一种伦理向度，也因而沟通行动并不仅限于智性的、论辩的关系。比较起来，哈贝马斯所说的，是一种论辩性的沟通行动；而胡塞尔所用的“沟通行动”一词，主要是在表达一种社会性的存在意义的建构，表示人们透过伦理的方式共同建构有意义的生活。②正如同主体际的相互了解必须诉诸共同可理解的语言，同样的，社会生活共同意义的建构，也必须诉诸共同的理想和价值，才有可能通过伦理实践，去共同达成。

用我的话来说，人的能欲发展到了有意识的地步，称为意志。此一阶段的“心”，是一种有意识地指向他人、别物的善的动力。意志的对象是善，其中蕴含了可欲的价值。伦理所涉及的，是人在与多元他者的关系中实现共同善的生活。详言之，所谓伦理的善，是人在与多元他者的关系中，经由实践活动而实现共同可欲的价值于共同生活中，借以体现共同的善。人的意志只有在自我走出之时，才能辨视出多元他者的善，并且唯有当多元他者的善获得实现之时，才有一己善的实现。由此可见，意志本身是不自私的，意志会不断向外走出，是迈向他者的动力本身，是来自能欲的一种原初慷慨。在如此的原初慷慨推动之下，才会进一步成立“相互性”(reciprocity)的要求。伦理上关于所谓相互性的原理，一般称之为金律(golden rule)，大体上以各种不同的方式存在于各种文化圈、宗教团体和伦理群体之中。金律仍可区分为消极的和积极的两种。像孔子所谓“己所不欲，勿施于人”，并未明说人该做什么，而只说不该将己所不欲者强施于他人。这是儒家版的消极金律。至于孔子所谓“己欲立而立人，己欲达而达人”，则明说该做的正面方向，这是积极的金律。然而，在金律得以形成之前，需要先有意志无私的自我走出，指向多元他者的善与公共的善，才能进一步形成鼓舞相互性，以及约束相互性的金律。换言之，先有慷慨，才有相互性。

若要衡定原初慷慨、相互性与主体性之间的适当关系，实现伦理的善，便需要“实

---

① E.Husserl，*Ideen II*，Den Haag: Martinus Nijhoff，1952，p.193.

② 因此胡塞尔在《现象学观念》第二册中说：“社会性是经由一种特殊社会性的沟通行动所构成的，在这种沟通行动当中，自我转向他人，在其中自我也意识到他人正是自己所转向，且了解到自己这种转向，并且或许会针对此而调整其行为，且相互对应，透过同意和不同意的行动来转向另一自我。”(E.Husserl，*Ideen II*，Den Haag: Martinus Nijhoff，1952，p.194.)

践智慧”。亚里士多德(Aristotle，BC384—322)的“实践智慧”(phronesis)不同于康德(I. Kant，1724—1804)所谓的“实践理性”(praktische vernunft)。因为康德的“实践理性”强调的是人的意志自律地遵守道德义务，强调的是道德义务的遵守。然而亚里士多德的“实践智慧”，则指在不变的情境中，判断与实践整体之善，以便达至卓越，成就德行。亚里士多德说：“所谓实践智慧，也就是善于审决对自己为善和有益之事，但不是局部的，如对于健康、强壮有益之事，而是导向普遍的善的生活的事物。”值得注意的是：亚里士多德之所以主张有“普遍的善”，是由于其相信“形式”的普遍性。然而在今天，本质主义深受质疑，难以再主张有纯粹普遍的善(universal good)，但我们至少可以主张“可普化的善”(universalizable good)，也就是可以透过外推，使我认为的善，别人也可以接受、可以分享、可以视之为善。

我愿再指出，由于个人慷慨走出自我封限，走向多元他者，人才会进一步形成相互性。也就是说，原初慷慨的自我走出而走向他者，是先于相互性的成立。在两个人能形成相互性之前，必须至少先有一人自我走出，走向对方，才有可能进一步形成相互性。也因此，在我看来，在所有正面价值中，最为根本的是慷慨、仁爱与自由，在这些价值的基础之上，才能进一步形成并成就涉及相互性的其他价值，如平等、正义、相互尊重、友谊等。在我看来，基本的道德价值在于仁爱与正义。仁爱是对他人、他物的联系与感通，并因而顾念他人、他物的善，总归于耶稣所言“爱人如己”，或孔子所言“爱人”，或孟子所言“仁者爱人”。至于“正义”在道德哲学或伦理学上的最终要旨，在于尊重每一个人实现自我、主体性与自主的愿望。至于政治、社会、经济层面的“分配的正义”和“交换的正义”，也是基于道德的正义。其实，往往是由于施暴者不尊重别人，以至分配不公或交换不公，才会引起报复。换言之，报复的义源于分配正义或交换正义先被破坏了。然而，正是由于违反道德的正义，不尊重每一个人实现自我、自由的人格权，才会在政治、社会、经济上忽视了甚至破坏了分配或交换的正义。

人要有圆熟的判断，能在具体情境中知道该说什么、该做什么，而成就共同的善。实践智慧必须能顾及整体的善，甚至会为了整体的善而克制自己。这是亚里士多德所言的节制之德，也是孔子所谓的“克己复礼”。关于节制，人由于要实现他人之善与共同之善，意志有时必须对自己的欲望有所节制。节制是致力于使他者之善与公共之善得以实现，并使得人的情感能力卓越化的一种德行，其目的不在于禁止情感的发泄或扼杀感性的快乐，使自己享受得更少，而是使自己更为卓越，以便享受得更多，且是在与他人的适当关系中享受。

成年人参与社会生活的本质，在于意义的共同建构，其中共同的理想扮演着十分重要的角色。如果没有共同的理想，只有共同的利害关系，往往会造成公共领域中互为主体关系的恶质化。没有理想，只有利益，将会使个人陷落在自私的自我当中。社会生活成为自私的个人或占有式的个人彼此的杀戮战场。由于封闭的主体性自我膨胀，使得政治、教育、学术论坛甚至公共游乐场所中，人际关系恶化，到处有安全顾虑，到处需要监控录像。缺乏共同理想的隶属感，不但使得社会生活变质，更造成人际基本信任的消失，使得个人和群体皆失去建构足以安身立命的意义世界的能力。

我将社会中人们对于价值理想的信念称为“人文信仰”，并且认为成年人格最需要培养的就是人文信仰。所谓“信仰”是指个人或群体对于生命意义的最后基础的一种心灵上的投注。对于社会生活中共同意义的建构而言，人文信仰所提供的理想是凝聚人心、

促成人们互信的心灵价值。理想价值也属于超越界，由于其抽象性、理想性与可普性，而吸引人们共同携手，朝向它们竞奔，一起建构有意义的生活世界。质言之，“人文的信仰”是将生命的意义投注在像仁爱、正义、真、善、美、和谐等这些出自人性的要求，且人性可予以实现的价值。对于人的社会生活的意义而言，共同理想是非常重要的。

七　由群命而天命：宗教信仰与灵修生活

一般说来，人到晚年更容易体会到人间价值的有限性，甚至会体会到“空”“无所得”的感受。[①]值得注意的是，人文价值与理想往往有其宗教根源。西方的人文价值多来自基督教的传统，而华人的人文价值则往往来自儒家、道教、佛教的宗教情怀乃至民间信仰传统的俗世化与内在化。人文信仰的确能使人们的个人生命与社会生命(身命与群命)有意义，然而，成年人十分容易遗忘人文信仰的超越性，因而自我封限于社会的内在性之中。不过，随着生命的成长，世事日趋复杂，人会发现每个人都是有限而且脆弱的，最后说来，每个人，包含自己在内，都可能背叛原先自己的理想，使自己原本所追求的仁爱、正义、真理、和谐等变成一场空，于是觉察到：人本身并不是人文信仰的最后保障。人文理想中的超越向度往往来自更为深远的基础，如此一来，人就需要向宗教信仰延伸。如果不知道基础与根源，人往往停留于人的内在性，转而封闭在世俗之中。成年人总会面对着朝向宗教开放或封闭于内在性的抉择。理论上，人终究会追问：“到底理想从何而来？”如果说，我这有限而脆弱的人性不是人文理想的最终基础，深加反省便会将人们带向宗教的层面。

人的生命成长的最后阶段，是在与超越界的关系之中形成精神生命。这是“心”的更高层发展。一般而言，这往往会发生在人的老年时期，虽然作为一种生命形态也有可能出现在其他阶段。的确，有些禀性纯真的儿童、青年或本应忙于社会生活的中年人，对于宗教或超越界的事理具有特别的敏感度，甚至更优于其他才干。不过，大体说来，宗教情操主要会发生在人的生命成长的成熟阶段，尤其到了转趋晚年之时，已然历经五味杂陈、曲折复杂的人生，由于阅历广博，体验甚深，心中更期盼去妄返真，向往终极真实。如果在成年时期没有一去不返地自我封闭在个人的主体性或世俗的内在性之中，则无可避免地终会将生命意义投注在超越者身上。此时，在其对生命意义的探索与意义世界的建构中，宗教信仰将扮演日愈重要的角色，前此所获取的宗教知识与宗教经验，将会在拥有者的心灵中发挥最大的效用。

诚如前述，人文信仰是人们在社会中凝聚、团结，共同建构有意义世界的触媒与黏着剂。然而，人文理想的超越性往往会被主体性或社会的自我封闭所遗忘。人的脆弱与有限无法赋予价值理想以终极基础。宗教信仰不把价值的最后基础只放在人身上，而是投注在超越者的身上。此所谓超越者，是上帝或天主，是佛，是阿拉，是老天爷，等等，或一“不知名的神”，或最后说来，在遥远的远方，一切虔诚的心灵终会相遇。无论如何，对于超越者的投注是宗教信仰最根本的基础，也因此宗教信仰有其“超越性”。“超越性”是对比于“内在性”来了解的，所谓“内在性”是指生命存在意义的根源及其证成是内

① 关于佛教所谓“空”，我认为可归结为三义：其一，从存有论讲，“空”意指缘起性空；其二，从灵修讲，“空”意指不执着，甚至无执于“空”，所谓“无所得”属此；其三，从语言上讲，名实无当，语言乃人所建构，无固定指涉于实在界。

在于人的主体、社会和世界之中的；至于“超越性”则指存在于意义的根源与证成不能仅仅由诉诸人的主体、社会和世界而获得，却必须诉诸一完美的存在者，才能获得终极解释。换言之，这时候的生命，是超越的生命、属灵的生命、探触神圣界的生命，或简言之，是天命。

正是由于人相信超越者，所以人所相信的终极价值，包含宗教价值与仁爱、正义、真、善、美等人文价值，才会成为神圣的，因而有别于世俗价值。在此“神圣性”是相对于“世俗性”而言的。所谓世俗性是特指满足于、封限于社会日常生活内在运作之中的，至于神圣性则由于其与人的日常生活的距离或与人力操控之物有某种深邃难言的精神性差距，因而值得人心向往，甚或自觉渺小。总之，“超越性”和“神圣性”正是宗教信仰的本质特性，并因此使人的情意生活有了终极的归宿与提升，不会自囿于有限的人性，也不会引发人的主体性的骄狂。

为达至终极真实，人需要进行灵修。我将“灵修”定义为，“自我修身与止于至善的种种观念与实践方法”，其目的在于针对人迈向意义的欲望及其实现，通过身心提升的种种步骤，借以滋养、活化并实现人的生命及其与终极真实的关系。简单地说，灵修便是圣女大德兰(St. Teresa of Avila)所谓的“止于至善之道”(the way to perfection)。为此，灵修所基本关心者，是通过自我修养与自我实现，来达到一种健康完整、意义丰渥、止于至善的生活。基本上，基督宗教比较强调在迈向与终极真实(上帝、天主)的密契过程中来看待灵修，而中国哲学里的儒、释、道三教则更关切养生、修心与成德，将密契经验纳入灵修过程中，但它们皆重视灵修，则是不争的事实。

八　重返身体：灵修生活中身体的地位

晚近，灵修与治疗的关系受到广泛的注意，本文由于篇幅所限，不拟进行讨论。倒是有一个问题，我想在本章的最后加以探问：到底在灵修生活与密契经验中，身体有没有任何正面的、积极的地位？我之所以会问这个问题，是因为有不少苦行论述主张必须弃绝身体，实行苦修，才能使灵魂超脱。例如，在西方中世纪发展出来的某些否定身体的灵修主张，甚至极端到自我鞭打，苦行到了自虐的地步。在我看来，如此否定身体，与其说是表现灵魂的坚忍，不如说正好表现了灵魂的软弱，因为如此轻虐天主所赐的肖像才能提振灵魂，其中不但在存有论上假设了心身二元论，在伦理学上采取“去人欲”始能“存天理”的偏颇原则，而且在神学上没有了悟“道成肉身”的要义。

然若没有假定上述的错误预设，只将身体的刻苦视为一种方法，应该也是可以积极看待的灵修方式。在这一点上，我们可以举基督教和道家的例子来说明。就基督教而言，例如圣十字若望在《登上加尔默罗山》中唱道：“一个暗夜/点燃着爱的急切渴望/哦，纯然的恩典/我出走/未被瞧见/我的殿堂现在一切静止。”[①]然后，他在《登上加尔默罗山》一书中对这第一节诗的评注是：“在这第一节诗中，灵魂渴望以撮要的方式宣称自己在暗夜中出走，被上帝所吸引，且点燃着唯爱主之火。这一暗夜是一种对俗世外物的感性欲望、肉身的喜好和意志的满足的剥落和炼净。这一切剥落是在感官的净化中进行的，也

---

① St.John of the Cross，*The Collected Works of St.John of the Cross*，translated by Kieran Kavanaugh，O.C.D.and Otilio Rodriguez，O.C.D.，revised edition，1991，p.68.(本人中译)

因此，此诗宣称灵魂在殿堂(按：指身体)静止时出走，因为感官部分的欲望静止且在灵魂中睡着了，而灵魂也在他们中睡着了。人无法从欲望的痛苦和焦虑中解脱，除非欲望被节制而且睡着了。也因此灵魂宣称，未被瞧见地出走，是一纯然的恩典，没有来自肉身欲望或其他一切的阻挠。"[①]可见，圣十字若望没有主张身心二元论，他说"感官的欲望静止且在灵魂中睡着了，而灵魂也在他们中睡着了"，这句话道出了两者虽有张力但仍和谐之道。之所以有必要超越身体，只是因为在方法上有必要如此，才会"从欲望的痛苦和焦虑中解脱"。

在中国哲学方面，道家的灵修主张也与此类似。道家的灵修方法始自守神练气，以物观物，终而能融入于道，随道流转。老子所言，"载营魄抱一，能无离乎？专气致柔，能如婴儿乎？涤除玄鉴，能无疵乎？爱民治国，能无为乎？天门开阖，能为雌乎？明白四达，能无知乎？"[②]指出道家的灵修实践首先要"守神"，将身心持守为一，不致分离。进而"练气"，通过呼吸的控制，借以返回生命力根源，柔顺宛如婴儿。"守神""练气"都与身体的姿态有关。然后进一步将人的意识视为一玄镜，能照见万物本质，尤其要"以身观身，以家观家，以乡观乡，以国观国，以天下观天下"[③]。让身体成其为身体，以观见身之本质；让家、乡、国、天下等皆各按其层级显示自身，以观见其本质。特别要注意其中"以身观身"一语对于身体本身的尊重。之后，应以"无为"的原则"爱民治国"，进而"顺从天道"。顺从天道的根本原则，在于采取阴性、被动、柔弱的原则，不坚持个人意志，不强调宰制的欲望，为道之过站，随道流转。在此，可以看出道家哲学所言深刻的密契经验，是以最高的被动性接受道，任道的韵律将自己带走，随道流转。此种对于被动性的强调，中、西密契论皆十分相似。[④]

可以看出，道家的灵修有着"以身观身"对身体的基本肯定。在基督教中，也可以身心合一的方法来体现耶稣所肯定的人性当中的神性。耶稣在《若望福音》中说："在你们的法律中不是记载着：'我说过，你们是神'吗？如果那些承受天主话的，天主尚且称他们是神，而经书是不能被废弃的。"[⑤]可见，身心合一的灵修是以身体的圣化为旨，而不是以身体的弃绝为务，是以耶稣在他伯山上显圣容，使身体成为天主光明的显现，作为典范的。[⑥]

---

① St.John of the Cross，*The Collected Works of St.John of the Cross*，translated by Kieran Kavanaugh，O.C.D.and Otilio Rodriguez，O.C.D.，revised edition，1991，p.74.(本人中译)

② 见顾宝田、张忠利：《新译老子想尔注》，三民书局，1997年，第131页。

③ 见《老子四种》，大安出版社，1999年，第47页。

④ 最后，关于"明白四达，能无知乎"，所谓"四达"即"四大"，亦即《老子》廿五章所言："故道大、天大、地大，王亦大。域中有四大，而王居其一焉。"(其中两句本人曾主张应读为"人亦大""而人居其一焉"，理由在此不赘)由事天而随道流转，"道"既然遍在万物、穿透万物，人自然可以明白"四大"，亦即明白存在的四大范畴——道、天、地、人。不过，"明白四达，能无知乎"表示其并非理智性的推理和表象性的认知。

⑤ 《若望福音》10：34-35，见《圣经》，思高圣经学会，1992年，第1660页。

⑥ 如果要增加一些跨文化比较的例子，我们还可以提到，例如，在伊斯兰教中出现的苏菲派(Sufiyyah)和犹太教中出现的卡巴拉派(Kabbalah)，在十二三世纪时皆出现了某种重视身体的密契经验。苏菲派中有些人使用音乐和舞蹈来提升精神的专注，在舞蹈中达致身心平衡，并纳主于心怀。其中被称为"旋转的托钵僧"的毛拉维耶派(Mawlawiyyah)，更强调用舞蹈集中精神，泯除自我界限，体验空无，在旋转中使身心宛若献主的灯台。同样的，卡巴拉派的西班牙犹太密契家阿布拉菲亚(Abraham Abulafia)也发展出一种犹太式的瑜伽，运用呼吸、祈祷与特定身体姿态，借以开启灵魂封口，达致自我解脱。和中国道家的凝神练气与佛教的参禅打坐一样，其意义都是从身体的动作与运用开始灵修，也将灵修的高峰经验最后返回到身体中来。

由以上例证看来，若说对身体的否定仅具有方法学的地位，那么对身体的肯定不但也可成为达致密契经验的手段，而且更可以突显身心合一的存有学意义，最后将心灵所达至境拉回到身体并反映在身体的表现上，用以例证身体显圣和道成肉身的神学意义。

其实，不只基督教有所谓人的神性的说法，在其他宗教中也有。例如，佛教所言“众生皆有佛性”或道家所言“万物皆各有其德”，而所谓“德”就是在万物中的道，道教甚至有所谓“道性”之说。至于儒家，基于人文主义的想法，至多只说到“人人皆可成为尧舜”，然也是勉励人应成圣成贤，止于至善。

结　语

以上，我先论身命，从身体中的“能欲”说起，以及能欲之迈向“可欲”之善，到实现于“所欲”，落实在各种表象的建构及其限定中，然而又趋向于超越所有限定的实现。这一说法更切合于心的发展。心的作用始自慷慨自我走出的能欲，然后再发展为“意识都是先意识到什么”的意向性，再发展为能意志与所意志的辩证互动，成熟于社会伦理生活，也就是群命。然后，再而上跻于天命，而完成于灵修与宗教生活，甚至与终极真实的密切契合。这一过程，显示人在各个层面，逐层上跻、不断超越的过程，其实是同一生命的不断外推、超越乃至朝向止于至善之途。为了止于至善，我们必须不断超越、用理想来共同提携，并且不断返回身体，而且择善固执，不断改过迁善，乃至日新又新，始能真正止于至善。

参考文献

[1] 《十三经文》，台北：开明书局，1965 年。

[2] 《正统道藏》，台北：新文丰出版公司，1985 年。

[3] 《老子中经》，《正统道藏》，第 37 册，台北：新文丰出版公司，1985 年。

[4] 《老子四种》，台北：大安出版社，1999 年。

[5] 《帛书老子》，台北：河洛图书出版社，1975 年。

[6] 《圣经》，台北：思高圣经学会，1992 年。

[7] 沈清松：《老子的知识论》，《哲学与文化》第 20 卷第 1 期，台北：哲学与文化月刊社，1993 年。

[8] 荆门市博物馆：《郭店楚墓竹简》，北京：文物出版社，1998 年。

[9] 戴东原：《孟子字义疏证》，《戴震集》，台北：里仁书局，1980 年。

[10] 颜元：《存性篇》，《习斋四存篇》，上海：上海古籍出版社，2000 年。

[11] 顾宝田、张忠利：《新译老子想尔注》，台北：三民书局，1997 年。

[12] Aristotle，*Complete Works of Aristotle*，edited by Jonathan Barnes，Princeton：Princeton University Press，1984.

[13] Armstrong，K.，*A History of God*，New York：Random House，1991.(中译本：蔡昌雄译，沈清松校订：《神的历史》，台北：立绪文化事业公司，1996 年。)

[14] Erikson，E.，1950，*Childhood and Society*，2nd edition，New York：W. W. Norton & Co.，Inc.，1963.

[15] Erikson，E.，*Identity and the Life Cycle*，in *Psychological Issues* (Vol. 1，number 1)，New York：International Universities Press，1959.

[16] Freud，S.，*The Interpretation of Dreams*，translated by James Strachey，New York：Penguin Books，1976.

[17] E. Husserl，*Ideen II*，Den Haag：Martinus Nijhoff，1952.

[18] Jong，C.，*The Red Book*，edited and translated by Sonu Shambadani，Mark Kyburz，John Peck，New York：W. W. Norton & Co.，2009.

[19] Nietzsche，F.，*Cours de rhétorique*，traduit et présenté en français par P. Lacoue-Labarthe et J.-L. Nancy in *Poétique*，Numéro 5，1971，in English by C. Blair in *Philosophy and Rhetoric*，1983.

[20] Ricoeur，P.，*De l'interprétation，essai sur Freud*，Paris：Edition du Seuil，1965.

[21] Spinoza，B.，*Ethics*，in *The Collected Works of Spinoza*，Edited and Translated by Edwin Curley，Princeton：Princeton University Press，1985.

[22] St. John of the Cross，*The Collected Works of St. John of the Cross*，translated by Kieran Kavanaugh，O. C. D. and Otilio Rodriguez，O. C. D.，revised edition，1991.

（本文为本人将于2018下半年出版的新书《为生民立命：从身体到密契》中的一章，因应华中科技大学哲学系廖晓炜之热情邀约，先行在本刊刊出，以飨读者。）

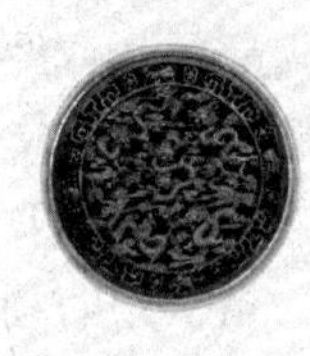

文本与政治：熹平石经《论语》研究发微

江西师范大学　王　刚

摘要：以政学关系为切入点，对熹平石经《论语》的文本问题进行再考察。认为：⑴熹平石经在经数问题上应该是『六经七种』，即五经加上《论语》，构成六经系统，附之于《春秋经》之上的《公羊传》不入经。石经诸儒以宣帝时代的石渠会议为理想，以学术思考替换今文官学的政治考量，由此将《论语》引入，从而建构出了熹平石经系统所特有的经学观。⑵汉末是汉晋之际学风之变的关键点。随着学术范式的日渐转移，在一系列的政学斗争中，《论语》成了士林中新的知识武器。依凭《论语》资源来争夺孔门正统，尤其在与鸿都门学之争中，不仅刺激了石经诸儒援引《论语》入经，更使得他们重订经书行格。⑶在石经《论语》的底本和校本选定中，不仅有着对太学规范的某种遵从，更受到石经诸儒们的学术态度和政治立场的限定。石经诸儒通过摒弃东汉本，以及不以张侯本为底本，不仅表现出对当时五经官学系统的某种否定与纠偏，并因政、学斗争的影响和刺激，将自己扬清激浊的情愫带入其间，使得文本问题蕴含着丰富的政治意蕴。

关键词：《论语》；熹平石经；文本；政治

汉灵帝熹平四年(175)，东汉政府下达诏令，决定立碑于洛阳太学旁，刻经书文字于其上，史称“熹平石经”。作为古代中国重要的文化工程，后世对此评价甚高，皮锡瑞誉之为“一代大典”；王应麟则将其视为“两汉崇儒”之举。[①]然而，习汉史者皆知，汉灵帝时代是儒生或经学之士与汉廷关系紧张，或者说是极为微妙的时段。在石经刊刻前，代表皇权的宦官集团已兴起了两次针对士人的“党锢之祸”，在石经刊刻过程中，更有被士大夫们深为厌嫌的鸿都门学得以创设。质言之，这一文化事件实质上是在经学之士与朝廷关系紧张的局势下逐渐展开的。很自然地，这一经学文本的生成就不可避免地要打上政治的烙印。

我们注意到，关于熹平石经与政治之间的关系，学界已有相关讨论。而这一讨论的基础材料，主要见于《后汉书·儒林列传上》，它简要交代了刊刻熹平石经的直接动因，其文曰：

> 党人既诛，其高名善士多坐流废，后遂至忿争，更相言告。亦有私行金货，定兰台漆书经字，以合其私文。熹平四年，灵帝乃诏诸儒正定五经，刊于石碑。

由此可知，石经的出现，直接起因在于太学生私改经文，这本是文献学方面的问题。但由于当时特殊的政治环境，它又可视为“党人既诛”的直接后果，与政治斗争纠葛颇深。范文澜由此认为，熹平石经的设立，是因为“太学生来纠缠经学”，“五经石碑一立，宦官得到清静了”。[②]对此，杨九诠、顾涛等皆提出了不同看法，并有进一步的延伸和讨论。[③]但由本论题来看，以上研究大致都是从宏观角度所做的事件性探究，结合文献本身所做的讨论还不够充分。在笔者看来，这一课题如要更进一步，就应以政学关系为切入点，深入文本内部进行个体化的再研究。事实上，就学术传统来看，对于熹平石经的研究，主流本就是对文献的细部讨论，但遗憾的是，这种研究往往限于文献本身，多不及于政治动因之上。易言之，在具体的研究中，政治与文本之间的融合度还不够。

有鉴于此，笔者选择石经《论语》作为考察对象，以这一文本生成的政治动因及学与政的互动关系为背景，做一个文献和历史的梳理。由小处入手，力求发微钩沉，希冀能在见微知著中，获得对汉末及中国古代政学关系的进一步认知。[④]

一　石经经数之争与《论语》入经问题

熹平石经所刊刻的经书数量，在文献中有不同的记载，分别有五经、六经、七经说。七经说来自于《隋书·经籍志》：“后汉镌刻七经，著于石碑，皆蔡邕所书。”五经、六经

---

① 皮锡瑞：《经学历史》，中华书局，2004年，第77页；王应麟：《困学纪闻》卷十六，辽宁教育出版社，1988年，第319页。

② 范文澜：《中国通史》第二册，人民出版社，1978年，第191页。

③ 可参看杨九诠：《东汉熹平石经平议》，《文史哲》2000年第1期；顾涛：《熹平石经刊刻动因之分析——兼论蔡邕入仕》，《史林》2015年第2期。

④ 在学界，对于石经《论语》的专门性研究比较少，就笔者目力所及，以前的成果主要有武内义雄的《汉石经及论语残字考》(江侠庵编译：《先秦经籍考》中册，上海文艺出版社影印本，1990年)。当下成果则有胡鸣：《两汉〈论语〉文本源流研究》(博士学位论文，南京大学，2006年)；杨丽君：《历代石经〈论语〉考》(硕士学位论文，曲阜师范大学，2007年)的相关部分；田春来：《汉石经〈论语〉的性质和特点》(《孔子研究》2015年第2期)；等等。但它们是较为单纯的文献学方面的研究，没有更多地涉及文本与政治之间的问题，这就使得本论题具有了研究的空间和研究的必要性。

说则主要来自于《后汉书》。其中，五经说除了前引的《儒林列传上》，亦见于《孝灵帝纪》："四年春三月，诏诸儒正五经文字，刻石立于太学门外。"《宦者列传》则叙其始末道：

> (李)巡以为诸博士试甲乙科，争弟高下，更相告言，至有行赂定兰台漆书经字，以合其私文者，乃白帝，与诸儒共刻五经文于石，于是诏蔡邕等正其文字。自后五经一定，争者用息。

而六经说则主要来自于《蔡邕列传》，其文曰：

> 邕以经籍去圣久远，文字多谬，俗儒穿凿，疑误后学。熹平四年，乃与五官中郎将堂谿典、光禄大夫杨赐、谏议大夫马日磾、议郎张驯、韩说、太史令单飏等，奏求正定六经文字。灵帝许之，邕乃自书丹于碑，使工镌刻立于太学门外。

此外，《儒林列传上》亦载："(张驯)与蔡邕共奏定六经文字。"可与之相映证。

随着民国初期熹平残碑全部被发现，熹平石经所刊之书已确定为七种，除了《论语》之外，尚有《周易》《诗经》《尚书》《仪礼》《春秋》《公羊传》。由于它们皆属于所谓的"十三经系统"，从后世的眼光来看，《隋书》的记载似乎是准确的，所以有学者这样评述道："民国以还，汉石经残碑稍出，七经之目始定。""《隋书》七经之目，与汉石经合。"[①]但问题是，在更为权威的《后汉书》中，有五经、六经之说，却绝无七经的提法。难道这仅仅是行文随意所致？答案应该是否定的。需知五经、六经之说不仅多次出现，而且《帝纪》中的文字一般都来源或直接抄自于政府公文，用词应该是谨严的。

以笔者所见，问题的关键在于，所谓的七经之说，反映的乃是魏晋南北朝以后的经学概念。就汉儒观念而言，熹平石经应该是"六经七种"，即五经加上《论语》，构成六经系统，再加上附之于《春秋经》之上的《公羊传》，从而建构出熹平石经系统所特有的经学观。在这一系统的建构过程中，关键点就在于《论语》的入经。这一状况的出现，固然有着历史的依凭，但更多的因素，来自于汉末政治与学术的纠葛。下面，具体论之。

(一)《论语》与汉代的"六经""七经"问题

前已论及，在汉代经学观念中，熹平石经应为"六经七种"，《论语》可入经，而《公羊》则不属于"经"的范畴。究其原因，一个很重要的学术背景在于，相较于先秦和魏晋之后，汉代的"六经""七经"观念，在内容指称上颇有差异，这其中的一大关键，就是《论语》的入经。

我们知道，在经学史上，先有六经，后有五经。六经指的是《周易》《诗经》《尚书》《仪礼》《乐经》《春秋》。汉以来，随着《乐经》的不传，五经不仅成了固定的概念，而且是汉代博士官学所在。与此同时，以五经为核心的汉代新"六经""七经"概念也开始出现，但由于在指称上未能完全统一，由此常生歧义，成为后世文献解读的一大障碍。

要解决这一问题，需从汉代六经、五经的泛称和实指说起。

在汉代，泛论经学时，广义上的六经与五经常常无别，但到了具体实指时，问题就

① 郜积意：《汉石经〈春秋〉残字合证与碑图之复原》，《文史》2015年第4期，第5页。

出现了。在代表汉代官方意识形态的《白虎通》中，卷八《五经》作为经学阐述的权威文本，一方面以“五经”为核心，来对应所谓的“五性”“五常”，看起来五种经书似乎很有固定性；但另一方面，《乐经》时入时出，如在“五经何谓”的提问后，虽有“《易》《尚书》《诗》《礼》《春秋》”加以对应，但接下来的文字中，却是五经加上《乐》，由五种演为六种经籍。而在讨论孔子定五经时，则又在原五经、六经系统之外，添加了《论语》与《孝经》。总的来看，在《五经》一文中，经书数目游移不定，逻辑表述亦比较混乱。王朝权威官书尚且如此，其他的论述就可想而知了。但如果细绎文本，可发现的是，乱中亦有不乱处，那就是五经，即五种经书的固定性。质言之，在汉代话语系统中，无论是沿袭先秦成说，还是后来有所变化的“六经”表述，以及在此基础上添加而成的“七经”之说，都是依托于“五经”之上的概念延伸。

由此，可注意的是，汉代的六经系统，在表述上除了原有的《周易》《诗经》《尚书》《仪礼》《乐经》《春秋》，我们可称之为“旧六经”之外，还有五经加上《论语》的“新六经”系统，前者为泛称，后者是实指。

这种经学系统的建立，又与当时的“七经”概念密不可分。《三国志·蜀书·秦宓传》载，武帝时代“文翁遣相如东受七经”。而萧统《文选》收录的司马相如《封禅文》则云：“五三‘六经’载籍之传，维风可观也。”“将袭旧六为七，摅之亡穷。”东汉服虔注曰：“旧为六经，汉欲七经。”由此，学者钟书林指出：

> 司马相如《封禅文》中自叙“六经”、“七经”，据此可以证实《三国志·蜀志·秦宓传》记载的真实性。因而，从汉武帝时期开始，就已经有“七经”了。“七经”的出现，显然是为适应汉武帝独尊“六艺之科、孔子之术”的统一需要酝酿并产生。[①]

一直以来，关于汉代的“七经”，学界多认为是由“五经”加《论语》《孝经》而建构的。[②]但由“旧为六经，汉欲七经”云云，可以知道：(1)汉代在先秦六经系统之外，既有减去一经的“五经”表述，同时还在有意识地建立“七经”的概念。(2)所谓“将袭旧六为七”，为六加一，而不是五加二。也就是说，汉代的七经系统，一开始乃是建立在“旧六经”之上的“新七经”，而不是由五经增加两种经籍变化为七经的。

在这样的知识基础上，还可注意的则是，在五经、六经系统之外，除了《论语》外，《孝经》也是一部非常重要的书。但随之而来的问题则是，为什么后来要采取五加二的形式，而不可以六加二构建出八经系统呢？在笔者看来，一个很大的原因在于“七经”概念的固定性。质言之，七经并非因习惯性的数字拼凑而产生，它们实质上有着某种政治赋权。七经出现在《封禅文》中，以所谓“摅之亡穷”云云加以概述，具有恒久性的意义，显得很不寻常。而且“将袭旧六为七”这样的表述，在《论衡·宣汉》中还被加以沿用，[③]证明它们已成为汉代意识形态的新话语。在这样的背景下，一般来说，只能有七经，而不会有所谓的八经。另外可注意的是，《论语》在汉代经学系统中的地位高于《孝经》，在《汉书·艺文志》中，六经之后，先是《论语》，《孝经》次之。这就使得“袭旧

---

① 钟书林：《从子书到经书：〈论语〉地位的升格》，《孔子研究》2015年第3期，第73页。

② 关于这一问题，可参看朱维铮编：《周予同经学史论著选集》（增订版），上海人民出版社，1996年，第849-850页。

③ 《论衡·宣汉》曰：“使汉有弘文之人，经传汉事，则《尚书》、《春秋》也，儒者宗之，学者习之，将袭旧六为七，今上、上王至高祖皆为圣帝矣。”

六为七”的首选，应该是《论语》。这一点，根据汉代最重要的石渠经学会议也可以看出，钟书林指出：

> 《论语》类单独说“《议奏》十八篇。石渠论”，《孝经》类却含混说“《五经杂议》十八篇。石渠论”，可见《论语》是作为单独的门类加以讨论和整理的；而《孝经》是混入“五经”之中，没有像《论语》那样单独成类。据此也可以推测：当时《论语》已经完全和“六经”(乐经消亡)并重。[①]

由此，在汉代新的经学系统内，《孝经》要进入其间，既不能排挤《论语》，与六经相配，又不可能突破七经之设，那么，其选择就只有五加二，与《论语》一道携手五经，建构出另一种七经系统。但这实质上是从六加一的新经学系统中演化而来的，汉代真正的“七经”系统，乃是“将袭旧六为七”，也就是六经增加一种而成，而这一种经书，一般来说就是《论语》。也由此，我们注意到，《后汉书·张纯传》载：“乃案七经谶、明堂图。”李贤注曰：“七经谓《诗》、《书》、《礼》、《乐》、《易》、《春秋》及《论语》也。”正可与我们的结论相契合。

而循此理路，可进一步的问题则是，由于《乐经》已亡佚，汉代的经学传承以五经为核心。既然可以因《论语》的加入，通过“六加一”演化出七经，那么，“五加一”，即五经加上《论语》，转化出新的“六经”，所谓“将袭旧五为六”，不也是一种可能与选择吗？这样，汉代的“六经”就是不仅仅有泛称，更可以是有实指的“新六经”。就本论题而言，最典型而直接的例子就是熹平石经。当蔡邕提出“正定六经文字”时，因每一典籍都需落实于文字与文本之上，这里面的“六经”就不是泛泛而论，而应是具体的六部经籍。质言之，与“旧六经”相较，没有了《乐经》，《论语》填补上来后，遂构成了新的六经。

这里需要进一步辨析的是，《公羊》入经的问题。前已提及，在汉代，《公羊》并不入经。当然，这并不是要否定它在汉代所具有的重要地位，但总的来看，其地位是通过依傍《春秋》而成的，并不能说其可以独立为经。[②]在此可注意的是，在《汉书·五行志》中，两见《公羊经》的提法，但一则在《五行志》中，《公羊传》亦反复出现，同一文本中出现两种称谓，而且以《公羊传》为主流，即便不是后世文字窜乱所致，至少也不是广为接受的观念；二则它还曾与《穀梁》一并提出，实在更为可疑。因为在《汉书》著成的东汉，《穀梁》不要说入经，甚至连官学博士的地位都已失去，又怎么可能升之为经呢？总之，在汉代经学系统中，无论《公羊》还是《穀梁》，都不能与《论语》相提并论，所以在《白虎通·五经》中，胪举五经或六经之外，还可以看到《论语》或者《孝经》，而绝没有《公羊》，这可以算是最权威的证明了。而就本论题出发，可以注意的则是，在蔡邕等人明言“六经”的前提下，石经中的七种著作，五经是固定的，剩下的《论语》和《公羊》，必有一为经，一为经之附录，很显然，二选一只能是《公羊》被淘汰。

也所以，由于《公羊》不能入经，在汉代，对于石经的论述中，绝无“七经”的提法。《公羊》等正式称经，是在魏晋南北朝之后，属于《春秋》三传和三礼扩展之后的九

---

① 钟书林：《从子书到经书：〈论语〉地位的升格》，《孔子研究》2015年第3期，第72页。

② 如在《史记》中，《外戚世家》曰：“《春秋》讥不亲迎。”《太史公自序》曰：“夫《春秋》上明三王之道，下辨人事之纪，别嫌疑，明是非，定犹豫，善善恶恶。”所用皆为《公羊》之文义，但这并不能说明《公羊》可以入经，恰恰相反的是，它是在代《春秋》立言立义，是附属于经之上的。

经系统，如《北史·列女传·魏房爱亲妻崔氏》云："亲授子景伯、景光九经义。"而《旧唐书·文宗本纪下》则载："依后汉蔡伯喈刊碑列于太学，创立石壁九经，诸儒校正讹谬。"由此，《隋志》所谓的"七经"，实质上是以魏晋南北朝的观念来看石经的。要讨论石经的经数，自当以"六经七种"为准。

(二) 从"五经"到"六经"：《论语》的引入与政学斗争

由前已知，熹平石经中的"六经"乃由"五经"增加《论语》而成，由蔡邕等人提出，是可落实的实指名词。然而，由《宦者列传》所载，尤其是"于是诏蔡邕等正其文字"云云，又可以知道，蔡邕虽是公认的刊刻石经的核心人物，但刻经乃是宦官李巡倡之于前，蔡邕诸儒成之于后。[①]在此值得特别注意的是，在李巡等人的刊刻动议中，所关涉者，只是博士官执掌的五经及其考核系统，"诸博士试甲乙科，争弟高下"，应为直接起因。也就是说，为使得官员选拔不出问题，校正官学文本，为最初目标。毫无疑问，它更多的是一种出于政治上的考量。而通过《蔡邕列传》等，可看到的却是，蔡氏所论，其核心已不在任官资格问题上，所强调的是"经籍去圣久远，文字多谬，俗儒穿凿，疑误后学"，是立足于学术之上的发言。尤值一提的是，在侧重点发生微妙转移的同时，原本所针对的博士官学的"五经"，演而成了增加《论语》的"六经"。笔者以为，这种变化并非随意为之，而是潜伏着政治和学术的交织斗争。或者也可以说，随着《论语》的进入，石经系统发生了某种结构性的改变，其背后的推动力为政治，而表征则为学术。

这种斗争的出现，要从今古文经学的盛衰说起。熟悉汉代经学史的人都知道，西汉是今文官学的天下，随着古文经学的繁盛，东汉时代，尤其是中后期以来，今文官学急剧走下坡路。这一转折在安帝时代已较为显明，再历经顺、桓、灵三朝，虽有所反复，但总的来说是江河日下，今文官学最终和汉王朝一起，化为了历史的尘埃。

《后汉书·儒林列传上》载："自安帝览政，薄于艺文，博士倚席不讲，朋徒相视怠散，学舍颓敝，鞠为园蔬，牧儿荛竖，至于薪刈其下。"至顺帝时，因大臣翟酺的建议，似乎有所复兴，但今文博士及太学生们与经文之间的隔阂成了最大的问题，所谓"章句渐疏，而多以浮华相尚，儒者之风盖衰矣"。而桓、灵之后，随着"党锢之祸"的兴起，"党人既诛，其高名善士多坐流废"。太学生们在学术上更是名不副实。由本论题出发，特别重要的就是私改经文，由此刺激了石经的刊刻。范文澜认为，这实质上是党锢之祸带来的直接后果，具体说来，士人中"剩余的全是卑贱无耻的庸人"，"偷改兰台(皇室图书馆)经书文字，符合自己的私说，藉获高第"。[②]我们知道，熹平石经全用隶书刊刻，为典型的今文官学系统，但从某种程度上来看，熹平石经的刊刻，又实为今文官学极端衰微的结果。与当时繁盛的古文经学相较，且不说价值或义理上的争胜，在熹平石经刊刻前，今文官学对于文本居然都不能精确掌握，出现各种混乱，建基于其上的汉代政治文化大厦可谓摇摇将倾。

在这样的背景下，仅仅希望通过经书文字的勘正，平息"诸博士试甲乙科，争弟高下"的争议，而最终解决今文官学问题，可谓治标不治本。因为今文官学出现文字篡改，

---

① 关于这一问题，清儒臧琳曾明确指出："刻经之首倡者恐非蔡邕，而为宦者李巡。"此说得到了大多数学者的认同。参看顾涛：《熹平石经刊刻动因之分析——兼论蔡邕入仕》，《史林》2015年第2期，第23页。

② 范文澜：《范文澜全集》第七卷，河北教育出版社，2002年，第111页。

看起来是学术事件，实质上却是政治问题。质言之，随着学术日益成为富贵之源，汉代官学的繁盛，早已化为政治的泡沫，异化了学术本原。所谓“一经说至百余万言，大师众至千余人，盖禄利之路然也。”[①]仅从功名利禄上去提振经学，在当时已无太多的正面意义。与政治拉开差距，回归学术本质，遂成为汉末经学发展的一个重要趋向。这种趋向又可分化为两种路径，一种是替换式的，主要由古文学派发起；另一种则是回归式的，属于今文学派的自我整肃。蔡邕等人采取的是后一路径，并且与前者的斗争交织在一起，对于最终确定石经的六经体系，起到了相当的促进作用。下面，进一步展开论述。

由本论题出发，先从古文学派与今文官学的关系说起。

东汉以来，古文经学虽属民间学派，但影响反而日益超过了属于官学的今文派，这不仅反映在民间修习者日盛，官方对其也持欢迎容纳的态度。尤为重要的是，古文学派以文字训诂为基础，较之今文派空谈“大义”，在文本的可信度和严谨度上有着较大的优势。所以，随着今文派的“章句渐疏”，古文派的优势日益彰显，不仅获得了民间的信从，在上层也越来越获支持。据《后汉书·儒林列传上》记载，邓太后时，“学者颇懈”，今文官学可谓疲态尽显，但与此同时，古文学派却因在语言文字上的优势，颇受青睐，与今文的衰败，恰成反比。《后汉书·文苑传·刘珍》载：“邓太后诏使与校书刘騊駼、马融及五经博士，校定东观五经、诸子传记、百家艺术，整齐脱误，是正文字。”由特定视角来看，这种“正文字”与熹平石经的刊刻一脉相承。可注意的是，所“正”的五经文字，属今文官学范畴，但里面的关键人物是属于古文学派的，尤其是东汉中后期古文派宗师马融置身其间。古文派人物的介入，一方面说明今文派“章句渐疏”的事实；另一方面，反衬了官方对今文派正在日渐失去学术信任。古文派在经学系统中逐渐替换今文官学，日益成为潜在的可能与趋势。

在这样的知识背景下，细审《蔡邕列传》中所列的石经主要参与者，就可以发现，其中不仅有蔡邕这样的今文派学人，如杨赐世习《欧阳春秋》，为今文经学名家；韩说应该也属于今文学范畴。与此同时，马日磾为当时著名的古文大师马融的族孙，以修习古文经学为主，张驯则今古文兼习。[②]此外，在《蔡邕列传》中，一位古文派学者卢植被遗漏，他是马融的弟子，也曾参与了石经工程。

《后汉书·卢植传》载，“时始立太学石经，以正五经文字”，卢植上书要求“裁定圣典，刊正碑文”，于是“与谏议大夫马日磾、议郎蔡邕、杨彪、韩说等并在东观，校中书五经记传”。卢植上书，应是李巡奏议之后的事情，为石经“始立”之时，当时石经之称以“五经”面目出现，蔡邕等人还未改为“六经”，卢植亦循其师马融在邓太后时的校书之例，参与其间。但可注意的是，不久之后，卢植被调离，在“帝以非急务，转为侍中，迁尚书”这样的文句下，似乎风平浪静，是一次正常的人事调整。然而，如果细绎卢植的上书，或许可发现问题并非这么简单。在那通上奏中，卢植特别说到了古文经的问题，对其“近于为实，而厌抑流俗，降在小学”的状况，表达了极大的不满。他提出：“今《毛诗》、《左氏》、《周礼》各有传记，其与《春秋》共相表里，宜置博士，为立学

① 《汉书》卷八八《儒林传》，中华书局，1962年，第3620页。

② 翻检《后汉书》，据《杨震传》，可知杨赐的学术立场；而韩说的情况，载于《方士传下》：“博通《五经》，尤善图纬之学。举孝廉。与议郎蔡邕友善。”应该偏于今文经；单飏情况不明。马日磾的情况可参看《马融列传》，另外《后汉书·孔融传》注引《三辅决录》曰：“少传融业。”张驯的情况则见于《儒林列传上》所载：“张驯字子儁，济阴定陶人也。少游太学，能诵《春秋左氏传》。以《大夏侯尚书》教授。辟公府，举高第，拜议郎。与蔡邕共奏定六经文字。”

官，以助后来，以广圣意。”

从一定意义上来看，刊刻石经文字，是对于今文官学五经系统的一次大盘点。当此之际，对于经学系统当然可以有新的通盘考量和调整，所谓“以助后来，以广圣意”，实为建立新规范的一大契机，西汉时代的石渠会议在这方面就做出了示范。在那次奠定汉代经学规模的会议上，不仅评议五经异同，还增设了新的博士官学。《汉书·宣帝纪》载：“诏诸儒讲五经同异，太子太傅萧望之等平奏其议，上亲称制临决焉。乃立梁丘《易》、大小夏侯《尚书》、穀梁《春秋》博士。”我们注意到，在东汉论及经学问题时，石渠会议是最为津津乐道的范式所在，章帝时代的白虎观会议即仿效于此。但较之石渠会议，白虎观会议有两大不同，一是石渠会议时，没有古文经学的参与，评议今文派之间的异同为重点所在，而白虎观会议则开始有了今古文之争；二是石渠会议后增设了《穀梁》等博士官，而白虎观会议则无官学博士的变化。也就是说，东汉时代古文经学虽日受重视，但由于因循惯例，白虎观会议没有为古文经学设置博士。

而当熹平年间提出刊刻石经的动议时，作为一次史无前例的经学事件，这一次可以开创历史吗？在古文学派看来，要做到“以助后来，以广圣意”，增设古文博士很是顺理成章。虽然这犹若宣帝时代增设《穀梁》等，为五经系统之下的一次调整，但更关键的问题在于，它隐含着对今文官学的排挤与替换。我们注意到，在卢植之论中，“《毛诗》、《左氏》、《周礼》”作为古文经学的代表，被认为可以“与《春秋》共相表里”，而一直以来，代《春秋》立言的《公羊》被有意忽略了。习经学史者皆知，西汉以来，今文官学一直以《春秋》为核心，认为它“为汉制法”，而具体阐释这一理论的就是汉代的《公羊》家，[①]这不仅使得《公羊》学在汉代成为显学，尤其是在西汉，它几乎有着宪法一般的权威，范文澜曾说：“汉武帝独尊儒家，归根到底是尊《公羊》。”[②]质言之，在今文经的学术谱系中，本来《公羊》才是“与《春秋》共相表里”的典籍，其他文本的进入，无疑要演为一种权力话语的抗衡与剥夺。石渠会议时，《穀梁》得立学官，及至东汉后旋又被废，就是贯穿着这种斗争。从这个意义上来说，卢植之论其实已经是在对今文官学发起了进攻，而且更甚于当年今文派阵营内部的争斗。他的离职，很可能是激起了蔡邕等人的反弹，所谓“以非急务”而迁职，应该只是一种借口而已。

从特定意义上来看，古文经最终未立博士，石经全以今文经刊出，可以看作是今文经学的一次胜利。但前已论及，对于今文经学而言，这是一次回归学术本质的尝试，而非再次回到“藉获高第”的官学系统上来。今文官学的破败，已是一种铁一般的事实。蔡邕等人要捍卫今文经学，借助以谋求利禄为目标的官学系统，不仅势不可行，甚至必须要分道扬镳才能走上新生之路。在《后汉书·蔡邕列传》中，蔡氏曾自评：“覃思典籍，韫椟六经，安贫乐贱，与世无营。”这与当时另一位今文学大师何休“精研六经，世儒无所及，……不仕州郡”[③]，颇有几分精神上的相通之处。就本论题而言，可注意的有两点，一是蔡、何皆标榜“安贫乐贱”，不以学问作为利禄之途；二是皆以“六经”来涵盖学问。结合前面的论述，我们知道，这里的“六经”应该是五经加《论语》，为一种实指。如需

① 关于这一问题，可参看陈苏镇《〈春秋〉与“汉道”：两汉政治与政治文化研究》(中华书局，2011年)第二章第二节第一部分的内容。

② 范文澜：《经学讲演录》，中国社会科学院近代史研究所编：《范文澜历史论文选集》，中国社会科学出版社，1979年，第310页。

③ 《后汉书》卷七九下《儒林列传·何休传》，中华书局，1965年，第2582页。

再做进一步的讨论，则需要注意的是，这其中颇有与当时五经官学体系做分裂的寓意在内。而这一分裂之后的归途，则是石渠经学系统。

前已提及，石渠会议是东汉儒林津津乐道的一大盛事，包括前所论及的卢植之论，也依稀有着石渠的影子。坚守今文立场的蔡邕诸儒既要抛弃当下的五经官学系统，又焉能不梦想着回到当年的辉煌上去呢？但可注意的是，在《汉书》中，讲论“五经同异”的石渠会议，在《后汉书·翟酺传》中，被蔡邕之前的翟酺表述为“孝宣论六经于石渠，学者滋盛，弟子万数”。李贤注曰：“宣帝甘露三年，诏诸儒讲五经于殿中，兼平《公羊》、《穀梁》同异，上亲临决焉。时更崇《穀梁传》，故此言六经也。”李贤将翟氏所言的六经理解为五经加上《穀梁传》，实为大误。据《翟酺传》，翟氏此论是因今文官学衰败之后，太学“至为园采刍牧之处”，由此上奏“宜更修缮，诱进后学”。建议被采纳后，“学者为酺立碑铭于学”。翟氏作为太学生们推重之人，反映的是当时今文系统的心声。而在东汉时代，《穀梁》甚至都被从今文官学系统中驱逐出去，并不受到重视，翟氏怎么可能会以其为“六经”之一呢？需知，翟氏所谓“学者滋盛，弟子万数”，并非是宣帝时期的情景，而是东汉曾经所拥有的盛况，翟氏在此实为借古喻今，此论以“六经”替换“五经”，反映的正是东汉以来的思维。汉末赵岐在《孟子题辞》中曾言：“《论语》者，五经之錧鎋，六艺之喉衿。”加上之前所论及的种种例证，此处的六经之一就只能是《论语》。

笔者以为，翟酺之论作为示范性的存在，应该影响了熹平时代的诸儒。尤为重要的是，它反映了东汉中后期以来今文学派的一种学术取向，即在对东汉官学系统忧心忡忡的基础上，以宣帝时代的石渠会议为理想，将《论语》引入，建构一种新的六经系统。而在汉末熹平石经刊刻的过程中，因古文经学的压力，引入《论语》，并明确其为“六经”之一，不仅可以重树今文经学的学术权威，也是在新调整中，对今文五经官学系统的一种弃置。在这种复杂的政学斗争中，《论语》学不仅显示出其重要价值，更因历史的演进，使得石经经数出现了认识上的纠葛。当我们重返历史现场，对这一问题进行厘清与讨论时，不仅可以展现出《论语》学的曲折沉浮，对于理解汉代及中国古代的政学关系亦颇有助益。

二　从清议到鸿都门学：学风之变中的《论语》及石经刊刻问题

习文史者皆知，汉晋之间是学风丕变的时代，反映在学术性格上，二者的旨趣、偏向迥乎不同。但从文化演进的角度来看，魏晋以来的“异象”，并非由某种偶然性的因素突变所致，而恰恰是汉之士风、学风发展的必然结果，或者可以说，魏晋的文化果实，其根基就深埋于汉代。也就是说，比之于汉，魏晋以来的种种文化现象，早已在汉代学术文化自身的变化中潜伏了基因。由此，要通晓魏晋，就应对汉代学术文化做动态探研。而作为汉晋之间的衔接点，东汉，尤其是汉末以来的学风之变，成了关注的焦点。

结合本论题，可注意的是，在这一变化过程中，《论语》有着异常突出的表现。众所周知，与汉代重经学不同，魏晋以玄学清谈为特色，这一学术路径以“何晏、王弼”，即所谓“何王”为直接的学术生发点。然而，“何王”与后世空谈玄理者大为不同的是，他们承袭和发展着汉代经学之风，而不是明显立异。其中一个重要表现就是，他们对于《论语》极为重视，并做出了精彩的阐释，尤其是何晏的《论语集解》，更是《论语》学史上

的一大里程碑。由此，钱穆誉之为“魏晋时代之新儒学”[①]。此外，就思想的理论内核来说，汉代经学，尤其是今文官学偏于神学目的论；而魏晋玄学则主要围绕着哲学本体论来立说。这种思想可追溯至汉代的扬雄。具体说来，他融贯《易》《老》，以“玄”的概念来补充和对抗当时今文经学的哲学空疏，这种本体论的提出，对于神学目的论是重大一击，也在学术上直接启发了魏晋玄学家，扬雄因而被一些学者认定为“本体论哲学的奠基者”，并认为“‘玄’本体论的建立，彻底否定了目的论”。[②]然而，在扬雄的学术典范之作中，除了仿《易》而成的《太玄》，亦有仿《论语》而撰就的《法言》。[③]从特定视角来看，如果说《太玄》建构了性理之辩的学术基础；《法言》则为清谈的言说方式做了知识的铺垫。总之，在汉晋间的学风之变中，《论语》是不可绕过的一环，对它的挖掘和重视开辟了后世学术的新境界。限于篇幅和主题，在此无法，也没有必要对所关涉的问题进行全面的展开，笔者的关注点将主要聚焦于汉代经学变化之上。以熹平石经为基点，我们的问题是，《论语》进入石经这一经学系统与当时的学风之变有什么重要关联？它又如何反过来影响了石经的刊刻呢？

在笔者看来，这一问题与汉代学术阐释的范式转移密切相关，并由此影响和带动了正统之争。在这一过程中，既有文本层面上的问题，主要表现为今古文经学不同范式的纠缠与争斗；更有言说方式的重大转化，也即是，士林的主流话语及论述范式由经学辩难逐渐向清议转化，并由此使得《论语》成了重要的思想文本。在这一知识背景下，可注意的是，随着汉末的今文官学日渐失去话语权和正统性，鸿都门学成为学术转型的先声和表征，蔡邕诸儒在抗拒和斗争中，援引《论语》为知识武器，使得石经刊刻中隐留着重要的历史烙印。下面，具体论之。

我们知道，今文官学的衰微是在东汉时期，作为学界所公认的常识，在前面已多有论及，在此需要进一步申论的是，倘深入考察，这种衰微与今文经学的诠释方式有着重要关联。具体说来，当今文经成为官学之后，各家学派随之建构了所谓的章句与家法，这种建构既有对历史传统的继承，更有对经籍的个性理解，从而形成了各自不同的师说。后世学者在严守家法的基础上，分文析字，转相发明，从中挖掘微言大义。这种诠释路径固然有着一定的合理性，至少使得经学在各守条例的基础上门派清晰，规范有序。然而，这样的学术取向易于疏离元典和生活，从而造就出似是而非的烦琐诠释，所以其目标虽是经修行明，直抵大义，但结果反倒渐行渐远。尤为重要的是，随着官学之路的发展，这种习经方式与利禄之途结合之后，各派既要从政治中讨生活，又要在学术上争正统，遂在左顾右盼中不断迎合着政治的需求，曲学阿世不可避免地成为实际所需；而在学术上，则逐渐锻造出壁垒森严、严守章句的风尚。总之，自今文独霸官学地位以来，官气十足，在虚空的大架子下，排他和浅陋，日渐成为特色，构建和维系着热闹的学术表象。

就本论题来看，这种走向末路的学术至少有两大缺陷：(1)就文字文本而言，由于各经籍、各家学派之间互不相通，在谨守自家章句的过程中，时日一长，往往坐井观天，“专

① 钱穆：《魏晋玄学与南渡清谈》，《中国学术思想史论丛》(三)，东大图书有限公司，1981年，第72页。

② 王克奇：《从汉代经学到魏晋玄学》，《东岳论丛》2001年第9期。

③ 《汉书·扬雄传下》载：“以为经莫大于《易》，故作《太玄》；传莫大于《论语》，作《法言》。”

己守残”“破碎大道”成为写照。[①](2)由功用上来看，家法系统内的诠释文字虽多，甚至“章句多者或乃百余万言”，但它们纷纭聚讼，使得“学徒劳而少功，后生疑而莫正”，[②]对于世风和学术两无价值，逐渐变成了一种无聊、无用的文字游戏。可以说，因这两种缺陷，东汉以来，经文章句之儒已走向了末路，经学要重新焕发生命力，摆脱困境，成为趋势所在。

就前者而言，古文派“尚通”，即由文字训诂入手做研究的优势日益明显，遂成为补救甚至替换今文解经传统的一大路径。在此值得注意的是，王国维在考察熹平石经的体例时发现，各经籍开始兼采众家，“与康成注《礼经》、《论语》体例略同。知后汉之季，虽今文学家亦尚兼综，而先汉专己守残之风一变，家法亦不可问矣”[③]。从特定视角来看，蔡邕等人的做法，实质上虽是回到西汉武宣时代今文起点的一种表现，但对于严守家法壁垒的今文官学来说，在当时还是意义非凡的，这证明今文派内的重要人物已在向古文派路径靠拢，在汉末明确迈开了打破壁垒的步子。而这不仅动摇了今文官学的陈旧系统和根基，尤为重要的是，在这种“尚通”的要求下，经学视野扩展和容纳《论语》等经籍，变得水到渠成。

而就后者而言，则需关注清议问题。尤需注意的是，因学风之变，《论语》成了士林重要的典籍依托。前已论及，今文经学在东汉以来日渐成为一种于事无补的文字游戏。如果着眼于学术与政治的关系来看待这一走势，可以看到的是，此种变化并非天然注定，它不仅有着今文官学自身的问题，更隐然存在着政治权力的参与及影响。

我们注意到，在汉代政权建设的过程中，今文官学绝不仅仅是学术，也是政治。具体说来，当汉从秦的政治废墟中走出后，一个极其重要的问题出现了，那就是合法性。与秦崇尚暴力不同，汉王朝特别重视理论上的合法性问题，并循此理路逐步向经学中去找依据，所谓的“为汉制法”就是典型代表。这一盛行于西汉的政治文化模式，不仅使得今文经学，尤其是《春秋公羊》学得以繁盛。尤为重要的是，在这套解释系统中，在很长一段时间内，孔子高居于上，成了汉代政治的指导者。从某种程度上来看，在学与政的关系上，学统管控了政统，政权正统性的获得，有赖于五经系统的展开。然而，这也使得孔子俨然成为高居皇权之上的思想代表，与皇帝集权的专制政治，有着不可言说的内在矛盾。

为了摆脱这一困境，政统开始了对学统的反控制，在经学日益成为政治附庸的前提下，皇帝开始亲自裁定经义，孔子及《春秋》学日益失去了独立性，在为汉政权鼓与呼的过程中地位日轻，最终成了政治的点缀。尤其是东汉以来，经学虽繁盛，但对于政治逐渐失去了震慑作用。就本论题出发，尤需注意的是经学辩论中的所谓“论难”，这种辩论对于世事，甚至学术都于事无补，故其成为一种空疏的自娱自乐。在此问题意识下，我们看到，士林中人在厌倦甚至抛弃它的过程中，日渐将重心转向了另一种经学功用方式——以品鉴人物为中心的清议。

揆之于史，清议并非汉末的特定产物，而只是汉代政治生态中的一颗果实。唐长孺

---

① 《汉书·刘歆传》载：“专己守残，党同门，妒道真。”《汉书·夏侯胜传》载：“建所谓章句小儒，破碎大道。”

② 《后汉书·郑玄传》载：“异端纷纭，互相诡激，遂令经有数家，家有数说，章句多者或乃百余万言，学徒劳而少功，后生疑而莫正。”

③ 王国维：《书〈春秋公羊传解诂〉后》，《观堂集林(外二种)》，河北教育出版社，2001年，第100页。

指出，它与当时的察举制度密切相关，具体说来，“东汉以征辟察举之制选拔统治者所需要的人才，而乡闾清议乃是征辟察举的根据；于是人物批评为当时政治上极为重要的事情”[①]。但随着汉末党锢之祸起，清议被党人和士大夫所利用，成为学术影响政治的一大利器。《后汉书·党锢列传》载：

> 逮桓灵之间，主荒政缪，国命委于阉寺，士子羞与为伍，故匹夫抗愤，处士横议，遂乃激扬名声，互相题拂，品核公卿，裁量执政，婞直之风，于斯行矣。

就文史研究来说，清议是一个牵涉面甚广的课题，笔者在此无意进行全面的论述。但从本论题出发，可注意的是，随着西汉以来“为汉制法”的影响和实际作用逐渐消退，原本的经学系统在日渐丧失批评属性的前提下，从某种视角来看，东汉清议的盛行，恰恰是士大夫们对这种抗议精神的一种继承。在学政关系上，“学”再度拥有了话语权力。但这一模式表现在方式或工具上，需要的是以简约的语言直指要害。当年那套着眼于推演经义的“论难”，在往复交锋中，烦琐而枝蔓，几乎毫无用处。质言之，要“品核公卿，裁量执政”，“论难”方式已失去了效用。不仅如此，在清议建立和发展的过程中，“论难”所依托的五经系统，因相对枯涩艰深，婉而成章，故很难提供语辞方面的素材。而《论语》不仅文字清简，文本中更是存在着大量典范的人物品鉴之语，对于清议有着直接而巨大的帮助。

我们知道，汉末清议直通魏晋以来的清谈，而记载魏晋言谈风度的《世说新语》就移用了《论语》中的“孔门四科”等体例，关于《论语》对《世说新语》的影响，已有学者做了专门研究，本文不再展开。就本论题出发，它的要害在于，《论语》为清议以来的言谈方式提供了典范，诚如有学者所指出的：“汉末魏晋时期，士人在言谈中不时化用《论语》典故，……这使得他们的谈话机锋迭出。”[②]由此，我们注意到，汉魏时代的刘邵在《人物论·序》中对孔门品鉴人物大为赞赏，并说：“是以敢依圣训，志序人物。”刘增贵说：“刘邵即将批评人物推始于孔子。”“孔门人物评论，是后汉末人物评论模仿的对象。”[③]也由此可知，东汉中后期以来，《论语》借着清议之风，在士风扭转中，成了士林中极为重要的知识武器。

习汉史者皆知，蔡邕等人为汉末清流，与善于品鉴人物的党锢领袖郭泰等人亦相交甚密，并为之撰有碑文。从这个角度来审视本论题，就需要注意，清议不仅抬升了《论语》的经学地位，亦是蔡邕诸儒以资利用的重要文本。由此，在石经刊刻的过程中，援引《论语》入经，既为时势所推动，亦可隐隐展现自己的态度立场。这种态度立场的核心是什么呢？在笔者看来，应该就是，在今文官学五经系统及其言说方式崩解后，一部分今文学者一方面借鉴古文派的长处，以“尚通”来消解家法壁垒；另一方面，在阐释方式上以清议来替换“论难”，使得“学”不坠地，对于“政”可再次施加影响力。从一定意义上来说，这是一种对经学正统的扶正与争夺。

这样的一种知识理路，不仅为《论语》进入石经系统做了铺垫，更为其在政学斗争

---

① 唐长孺：《清谈与清议》，《魏晋南北朝史论丛(外一种)》，河北教育出版社，2000年，第277页。

② 如彭昊：《论〈论语〉对〈世说新语〉人物品评的影响》，《船山学刊》2008年第1期；强中华：《从〈世说新语〉看〈论语〉与士人的言谈艺术》，《延安大学学报(社会科学版)》2017年第1期，第102页。

③ 刘增贵：《论后汉末的人物评论风气》，《“国立”成功大学历史学系历史学报》第10号，1983年，第163页。

中发挥核心影响力提供了条件。其中一个典型表现，就是与鸿都门学的正统之争，并隐然影响着当时的石经刊刻。

据《后汉书·蔡邕列传》，鸿都门学正式设立在光和元年(178)二月，此前，灵帝已经招揽了一批才艺之士，使之待制鸿都门下。史载：

> 初，(灵)帝好学，自造《皇羲篇》五十章，因引诸生能为文赋者，本颇以经学相招，后诸为尺牍及工书鸟篆者，皆加引召，遂至数十人。侍中祭酒乐松、贾护，多引无行趣势之徒，并待制鸿都门下，喜陈方俗闾里小事，帝甚悦之，待以不次之位。

从上引材料可知，灵帝好学，并且能够造字书，对于文学艺术有着相当的爱好与修养，故而在鸿都门下招揽了一批能够作文赋之人。这一群体虽不是纯粹的经学之士，但一开始与经学相关，后来则扩大到了尺牍等书法领域，这种举动惹恼了士大夫们，蔡邕、杨赐等石经诸儒由此成了他们的对立面。《后汉书·蔡邕列传》载："光和元年，遂置鸿都门学。画孔子及七十二弟子像。其诸生皆敕州郡三公举用辟召，或出为刺史、太守，入为尚书、侍中，乃有封侯赐爵者，士君子皆耻与为列焉。""耻与为列"的原因不止一端，但主要与身份的抢夺相关联。质言之，封侯赐爵本是经学之士的职分，现在鸿都门学生不仅与之相提并论，更重要的是，他们竟然比拟七十子之徒，俨然成为孔门正统，这种文化僭越应是蔡邕等人的痛心之处。而由本论题出发，值得注意的是，鸿都门学在凸显自己的文化身份时，应该是利用了或至少偏重于《论语》所提供的知识资源。理由在于，一则它们是在原五经系统之外争正统；二则与《春秋》由孔子独立完成不同，《论语》乃是"门人相与辑而论篹"之作，与七十子密切相关。[①]

我们知道，在经学系统中，与孔子有着直接关联的典籍为两部，一是《春秋》，二是《论语》。要尊孔和探寻孔子思想，它们是最基本的文本依托。但作为有着不同个性的文本，又诚如钱穆所说："《论语》乃孔子门人弟子记载孔子平日言行的一部书，而《春秋》则是孔子自己的著作。"由此，他进一步提出，隋唐以前，尤其是汉代"尊孔子，《春秋》尤重于《论语》"。[②]钱氏所论基本可信，但由本论题出发，可稍加补充的是，《论语》在汉末以来，地位已经抬升，要尊孔或接续孔门资源，不复是《春秋》独擅。由此鸿都门学"画孔子及七十二弟子像"，就很有象征意义，在经学"论难"逐渐被清议置换的文化氛围下，这一举动颇有与清议之士争夺文化正统的意味。

作为鸿都门学的对立面，石经诸儒当然不会无动于衷，在文化措施上，应有针对性的行动。在这样的问题意识下，我们注意到，熹平石经每行刻字为七十余字，而且七种书籍统一齐整，为预先安排的规制。我们知道，东汉时虽然已经发明纸张，但依然以竹帛，尤其是竹简来书写经籍。按照简册制度，经书往往要以六十字的长简加以书写，关于这一点，出土的武威汉简可得以证明。陈梦家曾经由此推断道：

> 武威汉简大多数是六十字为一简，一简分三段，每段约二十字，……其后

---

① 《史记·孔子世家》载："至于为《春秋》，笔则笔，削则削，子夏之徒，不能赞一辞。"《汉书·艺文志》曰："《论语》者，孔子应答弟子时人及弟子相与言而接闻于夫子之语也。当时弟子各有所记。夫子既卒，门人相与辑而论篹，故谓之《论语》。"

② 钱穆：《孔子与春秋》，《两汉经学今古文平议》，商务印书馆，2001年，第263、264页。

熹平石经每行七十字或七十三字，魏正始石经每行六十字，则本乎五经简册。[①]

揆之于常理，碑文在刊刻之前，应该有整理好的底本，然后书写到石碑上。陈氏所论，正是由这一事实出发，提出了自己的创见。但遗憾的是，这一结论验之于魏石经完全成立，对于汉石经来说，似乎有些凿枘难合。我们注意到，魏石经“正式经碑每行二十字，每字三体则为六十字。每三体直书于长方形界格之内”。[②]不仅六十字的规制与简册相合，甚至还出现了界格，这无疑是仿照简册而成。而汉石经则无界格，笔者怀疑，它是先整理在帛之上，然后上石誊抄。但汉代无论是简册还是帛书规制，都未闻有七十字的常规行格。而且七十字与简册的六十字规制，颇有距离，不宜随意化约等同。退一步说，假使石经真的仿效了六十字的简册规制，七种典籍，20余万字，何以整齐划一地都为七十余字，而未闻有一条六十字左右的刻石呢？此外，按照汉代的简册制度，《论语》往往用八寸简，为其他经籍简的一半左右，在字数上也随之要少很多。而在熹平石经中，《论语》不仅字数不少，为每行七十四字，还在其他各经之上。[③]由此，我们认为，七十字的行格不是简册制度的延伸，而是一种刻意的安排，内中应有深意。结合以上所论，笔者揣测，这很可能暗含隐喻，与七十子相配，以与鸿都门学相抗衡。

当然，可能有人会说，鸿都门学的设置晚于提出刊刻石经的熹平四年，石经刊刻怎么可能会受到它的刺激和影响呢？但据《水经·谷水注》的记载：“汉灵帝光和六年，刻石镂碑，载五经立于太学讲堂前，悉在东侧。”马衡指出：“此巨大之工作，起于熹平四年，讫于光和六年(《水经注》言光和六年，当有所据，疑是刻成之年载在碑文者)，凡历九年而始告成。”[④]也就是说，石经的刊刻动议虽早，但最后刻石却是在鸿都门学六年之后，在历时八、九年的时间里，校正和整理文字等为基础工作。而正是在这一时段内，创设了鸿都门学。在这样一项浩大的文化工程中，各位主持、参与者本是带着神圣和荣耀，承袭和发扬孔门学风的。现在鸿都门学生俨然成为接续正统者，他们焉可安然不动？而当时最实际有力的行为，莫过于利用《论语》资源，以石经来体现正统，并由此表明，自己所秉持的经学系统才是孔门嫡传。也由此，我们有理由认为，熹平石经七十字的行格别有深意。

总之，如着眼于汉晋之际的学风之变，可以发现的是，《论语》乃是转换的重要知识依凭。这一现象的出现，固然有着各种复杂的因素，但立足于东汉以来的政学斗争做考察，今文经学的言说方式由“论难”走向“清议”，无疑是一大关键。而在这一关键点上，石经诸儒援引《论语》入经，不仅是对“清议”的学术路径加以延伸，更使得他们在鸿都门学争正统的文化刺激下，重订经书行格，在蕴藏深意中，展现自己的文化抱负。

三　底本与校本选择中的政、学问题

熹平石经是在对以往文本进行“正定”的基础上整理而成的，因而在文献生成过程中，需要有底本和校本来进行互勘。而熹平石经所处的特殊环境，使我们有理由相信，

① 陈梦家：《汉简缀述》，中华书局，1980年，第301页。

② 马衡：《魏石经概述》，《凡将斋金石丛稿》，中华书局，1977年，第223页。

③ 马衡：《汉石经集存》，科学出版社，1957年，第56页。

④ 马衡：《从实验上窥见汉石经之一斑》，《凡将斋金石丛稿》，中华书局，1977年，第199页。

选择什么样的底本和校本，不仅有着学术上的考量，还不可避免地渗透着政治的因素。我们知道，熹平石经刊刻于汉末，此时的《论语》已传承了数百年，无论是传本还是注本，种类都较为丰富。此时对底本和校本的选定，固然要遵从制度范围内的某些规定，但更重要的是，它还应该体现着石经诸儒的政治立场和学术旨趣。那么，揆之于史，其具体情况如何？有哪些学术和政治因素在其间渗透互动，从而推动了文本的生产呢？由本论题出发，笔者以为，有如下几点特别值得注意。

(1) 石经《论语》的底本摒弃了东汉官本，用的是西汉本。

《论语》文本发展到东汉，在文字上已有若干的修饬。就本论题而言，有两点最为关键：一是西汉文本多有避讳，而东汉文本一般不避讳。①二是在通用字上，西汉多加混用，而在东汉时，则逐渐统一整合为规范的通行字。但查核石经《论语》，一则避刘邦之讳，明显不同于东汉的一般惯例；二则有些沿用已久的通用字，被改回了原字。其中最明显的就是，“子贡”皆写为“子赣”，这不仅与东汉时代的书写特点不符，更重要的是，与东汉政府的权威官本也大相径庭。

根据现有研究，汉代的经籍避讳主要在武帝之前，此后随着“经学时代”的到来，可不避讳，由此存在着非避讳本。但在西汉，《论语》的非避讳本主要流传于民间，在官方层面，因今文经学有不得“改乱旧章”的要求，避讳本一直贯穿到西汉末期。也就是说，西汉官本是避讳的。②与此相异的是，东汉官本不再避讳，最典型的例子，就是东汉经学的权威官本《白虎通》。它被侯外庐等学者称之为“国宪”③，但翻检此书，可发现其中的经籍，尤其是《论语》是不避讳的，如《爵》篇引《论语·季氏》曰：“邦君之妻，君称之曰夫人，国人称之曰君夫人。”这不仅与其他东汉文本相通，更重要的意义在于，它说明官方已改变了西汉以来的通行规则。

而在通用字问题上，我们看到，孔子学生子贡最早应作“子赣”，但由于在汉代，“赣”可读为“贡”，因声音相近，“子赣”逐渐退出，“子贡”成了固定的习惯称谓。④这一称谓转换的分水岭应划定在西汉、东汉之间。审视《论语》文本，可注意的是，今本虽统一写作“子贡”，但这是东汉以来的习惯。在西汉时期，既有作“子赣”者，如南昌海昏侯墓出土的“孔子衣镜”中就是如此。⑤更有“子赣”“子贡”混用者，如比海昏本稍晚的定州本《论语》中，“子赣”与“子贡”不加区分，异名同指。这与成书于西汉的《礼记》和《史记》的情形相一致，以此可证明，在西汉中后期以来，“子赣”“子贡”混而不分。但在这种混同之中，趋势是明显的，那就是，“子贡”的用法越来越普遍，写作“子赣”者越来越少。据有关学者统计，在定州简《论语》中“子贡”频率最高，其次是“子贛”，而“子赣”只有2例，⑥正说明了这一趋势所在。而到了东汉时代，无论是官本的

① 关于这一问题，可参看拙文：《从定州简本避讳问题看汉代〈论语〉的文本状况——兼谈海昏侯墓〈论语〉简的价值》，《许昌学院学报》2017年第3期，第10-11页。

② 关于这一问题，可参看拙文：《从定州简本避讳问题看汉代〈论语〉的文本状况——兼谈海昏侯墓〈论语〉简的价值》，《许昌学院学报》2017年第3期，第14-15页。

③ 侯外庐等：《中国思想通史》第二卷，人民出版社，1957年，第232页。

④ 在《说文》段注中，段玉裁在解释“赣”字时认为，虽然一方面“赣之古音、古义皆与贡不同”，但后来赣“读同贡，则音之转也”。

⑤ 关于这一材料，可参看王意乐等撰：《海昏侯刘贺墓出土孔子衣镜》，《南方文物》2016年第3期。另外，这一出土材料中的文字，多与《论语》吻合，应是以墓主刘贺所藏本为底本钞撮而成。

⑥ 李建平：《从定州简〈论语〉看“子贡”与“子赣”》，《文史杂志》2012年第3期，第61页。

《白虎通》，还是民间学术权威郑玄本中，皆统一写作“子贡”，“子赣”之名不再出现。

毫无疑问，写作“子赣”，乃是保留原本面貌，而“子贡”则是跟从汉人的读音习惯变化而成。就严谨性来说，当然应写作“子赣”。所以可注意的是，在“孔子衣镜”中，无一例写作“子贡”的，很可能在西汉时代，追求严谨的《论语》文本，只有“子赣”，而无“子贡”，它的用意应以保留原貌为目标。而在西汉最为重要，也可说奠定了后世今传本基础的“张侯本”，也是写作“子赣”。 据《汉书·张禹传》，张禹在上奏时引《论语》道：“性与天道，自子赣之属不得闻。”而东汉时代的桓谭在引用同一文句时，则作“子贡”。[①]这既说明了张禹所用文本的状况，也反映了西汉、东汉的明显变化。也由此，可确证的是，石经《论语》在文本上不用东汉之例，而同于西汉权威本。

但现在的问题是，石经诸儒为什么要抛弃东汉本？我们知道，东汉的白虎观会议，是对石渠会议的仿效，所以，在东汉二者往往并立，都号称“讲议五经同异”[②]。蔡邕在给皇帝的上奏中，亦论道：“昔孝宣会诸儒于石渠，章帝集学士于白虎，通经释义，其事优大。”[③]但石渠与白虎会议之同，只在于谋求政治对经文的统一，就文本本身而言，二者实在是异大于同。至少就本论题而言，两次会议所使用的《论语》文本，就有所不同。就一般常理而言，在东汉体制之下，石经诸儒应接续“白虎经学”来正其文字，尤其是它与《白虎通》同为展现官学以及官方意识形态之物，此种立异，应有所寄托。熹平石经作为宣示经学规范的文本，抛弃白虎本，或者说展示与朝廷权威本相抵牾的文本，从某种意义上来说，乃是对东汉经学系统某种程度上的否定，至少有纠偏的意义存焉，在底本选择中体现着冲破时代束缚的要求。

(2) 底本不用张侯本，很可能反映着当下的政治关怀。

习经学者皆知，今本《论语》的最初渊源，应追溯到西汉元、成时代张禹所整理的“张侯本”。此前齐、鲁、古三《论》并立，待张禹以《鲁论》为基础，整合《齐论》而建构新的文本之后，局面为之一变。作为“《论语》结集史上的里程碑式的著作”[④]，它的出现，使得《论语》学其他各家衰微，《汉书·张禹传》载：“最后出而尊贵。诸儒为之语曰：‘欲为《论》，念张文。’由是学者多从张氏，余家浸微。”此后，《论语》学成为张氏的天下，在郑玄本出现之前，《论语》文本大多依从于“张侯本”，尤其是官本，更是以其为圭臬。当然，在此必须指出的是，随着时代的推移，张侯本系统并非一成不变，如东汉初年的包咸作为张禹支脉，在文句上用的却是非避讳本，[⑤]较之张侯本有所调整。这既反映了西汉、东汉的变化，也说明包咸本依照东汉的一般习惯，对张侯本做了修饬。要之，东汉的《论语》文本大多是在“张侯本”的基础上演进而来，虽因时代的推移在文句上有所不同，但不可否定的是，“张侯本”是这些文本的基本依据和生发点。

在这样的背景之下，刊刻《论语》时，要回到西汉，以“张侯本”为底本似乎很是

---

① 《后汉书·桓谭传》载：“自子贡以下，不得而闻，况后世浅儒，能通之乎？”

② 《汉书·宣帝纪》载：“诏诸儒讲五经同异，太子太傅萧望之等平奏其议，上亲称制临决焉。”《后汉书·肃宗孝章帝纪》载：“及诸生、诸儒会白虎观，讲议五经同异。”

③ 《后汉书》卷六〇下《蔡邕列传》，中华书局，1965年，第1997页。

④ 唐明贵：《〈论语〉学的形成、发展与中衰——汉魏六朝隋唐〈论语〉学研究》，中国社会科学出版社，2005年，第72页。

⑤ 《后汉书·儒林列传》载：“建武中，(包咸)入授皇太子《论语》，又为其章句。”这一章句是建立在“张侯论”的基础之上的，何晏《论语集解叙》云：“所为章句，盖用禹说，而敷畅其旨。”而在《史记·仲尼弟子列传》中，《集解》引包氏曰：“在邦为诸侯，在家为卿大夫。”按照经学的称谓习惯，此处的包氏就是东汉初年的包咸。

顺理成章。尤为重要的是，石经《论语》早已被学界确定为《鲁论》本[①]，加之在校记中，出现了“盖、毛、包、周”四家异文，据何晏《集解叙》，包、周俱出张禹门派之下，则石经文字的确与《鲁论》的张禹系统密切相关。由此，武内义雄论道：“由时势考之，汉石经为张禹《鲁论》，略可想像。”[②]然而，事实并非如此。在石经《论语》的校记中，一残石在“盖、毛”前有一从“弓”偏旁的残字，马衡接续罗振玉之说，断其为张禹的“张”字，由此，“校记中又添一家矣”[③]。张侯本既然为校记，那么，就不是作为底本而存在了，武内等的说法显然不能成立。石经底本到底采哪一家，现因材料所限，难以确证。但在底本选择中弃张侯本，无论如何不是单纯学术上的原因所致。张侯本久受推重，仅就学术角度来说，在新的权威本出现之前，又没有特别的学术瑕疵被发现，在不说明重要缘由的前提下，本无替换的理由。

在笔者看来，这一原因只能在学术之外，而且只能到石经诸儒对张禹的评判中去找。我们注意到，在熹平石经的刊刻过程中，除了蔡邕外，杨赐亦为关键人物。他几代传经，贵为帝师，与子杨彪一起参与其中，与蔡邕立场相同而地位更尊。据《后汉书·杨赐传》记载，他在接受朝廷质询时，有一段这样的话：

> 吾每读《张禹传》，未尝不愤恚叹息，既不能竭忠尽情，极言其要，而反留意少子，乞还女婿。朱游欲得尚方斩马剑以理之，固其宜也。吾以微薄之学，充先师之末，累世见宠，无以报国。猥当大问，死而后已。

习汉史者皆知，张禹虽贵为帝师，但人品常为汉儒所诟病。同为帝师和士大夫的杨赐，以张禹来警示自己，表达了一种很正面的态度。张禹的品行不在本文的讨论范围内，但由此可以看到的是杨赐对士大夫德行的重视。杨赐作此语，正在“党锢之祸”期间，党人自诩为清正之士，与宦官集团之间的斗争持续不断，并连带着对于鸿都门学的厌恶，与杨赐一起接受质询的还有蔡邕，他们面对着受皇帝委托的大宦官曹节，不避凶险，借灾异大肆攻击宦官弄权和鸿都门学，其结果当然是悲剧性的。《杨赐传》载：“书奏，甚忤曹节等。蔡邕坐直对抵罪，徙朔方。赐以师傅之恩，故得免咎。”在这样的情势下，可以想见，不采张禹，不是因为张氏的学问，而在于对其人品的厌嫌。石经作为经学典范，不仅是学术，更是杨赐、蔡邕等人的情感寄托，不欲以其为底本，其原因主要不在于“学”，而在于“政”，并因汉末的党锢、鸿都门学等事件，放大了这种情绪和抉择。在当时的具体环境下，张禹易于让他们想到和比附当下的丑类，从某种程度上来看，石经诸儒在政治文化刺激下，其实是在以张禹的去就，来浇胸中的块垒。

(3) 在太学系统内选择校本，由此《齐论》本被排斥。

前已提及，汉代《论语》文本有齐、鲁、古三《论》，石经底本用的是《鲁论》系统。我们知道，石经刊刻需经过严格的文献校勘，在这一过程中，广采异本是基本的学术要求。从这个角度来看，一般而言，未能作为底本的《齐论》等，应纳入校本之中。然而，石经校本皆为《鲁论》系统。张侯本在《鲁论》范畴内自不待言，盖、毛、包、周不仅是《鲁论》系统，甚至就是张侯一脉。也就是说，石经《论语》不仅是底本用《鲁论》，

① 马衡在《汉石经集存》(科学出版社，1957年，第56页)中指出“石经之所刻，确为鲁论”。

② 武内义雄：《汉石经及论语残字考》，江侠庵编译：《先秦经籍考》(中册)，商务印书馆，1931年，第51页。

③ 马衡：《汉石经集存》，科学出版社，1957年，第56页。

校本亦未出此范畴。

由此，一个很重要的问题出现了：由于今古文经学的分际，不用《古论》可以理解，何以同属今文的《齐论》在校本中都不能出现呢？审核石经中的其他经籍，可注意的是，《诗经》以《鲁诗》为底本，虽不用“古学”范畴内的《毛诗》，但“校记中往往有齐言、韩言等字”[①]，证明其是以同属今文的《齐诗》等作为校本来比勘正文的。相较之下，石经《论语》似乎不循《诗经》之例，用《齐论》来校《鲁论》，是否有些异类呢？也由此，王国维提出：“石经所刊《鲁论》，虽不知为谁氏之本，而其校记但列盖、毛、包、周异同，不复云《齐》，盖、毛虽无考，然包、周则固张氏之学也，疑当时《齐论》已罕传习。”[②]接续这一思路，有学者“推想《齐论语》大概在东汉就已经失传了”，理由在于：“熹平石经虽以施、孟、京三家《易》校梁丘《易》，以《齐诗》、《韩诗》校《鲁诗》，而《论语》只以《鲁论》各家自相校。”[③]

然而，如果仔细查核，无论是“《齐论》已罕传习”，还是“《齐论语》大概在东汉就已经失传了”，不仅在理据上有所未安，甚至很可能不符合历史实情。具体说来，王国维所揣测的“《齐论》已罕传习”，或许有此可能，但问题在于，只要《齐论》还存在，以中央官府的实力和能力，以其作为校本，并非难事。或许也就是因为此说难以坐实，所以有学者索性更进一步，由较为审慎的“罕传习”之论，直接武断为“已经失传了”。这样的事实如果成立，当然可以圆满地解释石经不用《齐论》的原因，但遗憾的是，这一事实是不能成立的。《齐论》在魏晋南北朝时尚且存世，何况在汉末？在梁朝皇侃所撰的《论语集解义疏叙》中，皇氏不仅指出郑玄“就《鲁论》篇章考《齐》验《古》”，而且对三《论》进行了较详细的比较，其中说道：“《齐论》题目与《鲁论》大体不殊，而长有《问王》、《知道》二篇，合二十二篇，篇内亦微有异。”我们相信，皇侃时代甚至还有《齐论》，所以他可以对其特点娓娓道来。由此，石经《论语》中不采《齐论》，就不是失传所致，而是另有原因。

以笔者看来，这与石经的学术系统或体例有关。前已论及，石经的刊刻，是从太学五经系统开始的，《论语》是扩展而来的经籍。也就是说，在刊刻石经时，主体部分是太学的五经系统。这一系统的经籍除了数量限定，还有一个很重要的问题，就是它自成一个系统，查核史事，东汉的五经系统有十四家博士，其他各家皆排除在这一系统之外。查验熹平石经，《论语》之外的其他六部典籍，就是依照这一系统，选定底本和校本进行刊刻的，具体说来，“以一家为主，而罗列诸家异同于各经之末，此汉石经之例也”[④]。而《论语》虽也在太学中研习，但与这些钦定者在性质上有所不同，王国维说：“除《论语》不在经数，不立博士外，余皆立于学官之经，博士之所讲授者也。”[⑤]由于这样的原因，《论语》在底本和校本的选择过程中，固然比五经更为自由，但也必须向太学系统靠拢，或者说，二者要统一体例。由此，我们注意到，《论语》虽不是专经，但由于其也是太学修习的内容，所以它也必须遵从太学规范。

也由此，我们在石经残碑中发现，校记中有“诏书与博士臣左立、郎中臣孙表”云

---

① 马衡：《从实验上窥见汉石经之一斑》，《凡将斋金石丛稿》，中华书局，1977年，第203页。

② 王国维：《书〈论语郑氏注〉残卷后》，《观堂集林(外二种)》，河北教育出版社，2001年，第101页。

③ 王铁：《试论〈论语〉的结集与版本变迁诸问题》，《孔子研究》1989年第3期，第63页。

④ 马衡：《从实验上窥见汉石经之一斑》，《凡将斋金石丛稿》，中华书局，1977年，第202页。

⑤ 王国维：《魏石经考三》，《观堂集林(外二种)》，河北教育出版社，2001年，第597页。

云，说明石经《论语》文本的勘定，是在皇帝指令下，具体由博士官负责的，马衡论断道："后汉博士之所授，石经之所刻，确为《鲁论》也。"[①]博士左立的具体行迹已不可考，但他既主持《鲁论》系统的文本校正，则可证明《鲁论》是学官系统本。《经典释文•序录》曾载："张(禹)以《论》授成帝，后汉包咸、周氏并为章句，列于学官。"而《齐论》自应在这一系统之外。了解这一点，石经不采《齐论》也就清楚了，《论语》虽与今文《诗经》一样，皆有齐、鲁之学，但《齐诗》《鲁诗》可以相互比勘，乃在于它们俱入学官，而不是同属今文。同理，这一问题可以参照的例子还有《公羊》，我们注意到，《公羊》在东汉的太学中有严、颜之学，它们俱传眭孟之学，并相互比勘，但在严、颜之外，其他各家一律不得进入这一系统。

在这一理路下再次审视这一问题，就可以发现，当石经《论语》以张侯本，以及"盖、毛、包、周"四家来加以校勘时，不仅是《齐论》被排斥在外，它也没有揽尽《鲁论》各家。看起来，是太学规矩在里面起着作用。现在的问题只在于，我们已知"包、周"列入了学官，"盖、毛"的情况并不清楚，按照排序，它们所处时代应在"包、周"之前。而前已提及，包氏为东汉初年之人，那么，"盖、毛"应主要生活在西汉晚期，他们应该都是张侯一脉。那么它们也入了学官系统吗？因未见记载，难于确证。但张禹在《论语》学中虽地位高，就犹如《公羊》的董仲舒，"严、颜"可由眭孟推至于此，但他们的文本俱不列入学官，张禹文本也应如此，甚至"盖、毛"也很可能未入学官。那么，石经《论语》在用太学规范的同时，又有所扩展，比之五经，还是自由宽松一些。

总之，在石经底本和校本的选定过程中，固然要遵从当时的学术规范，尤其是太学体例，但较之其他经籍，由于《论语》文本的选定更为宽松一些，由此，石经诸儒将自己的立场和态度带入其间，使得这一文本夹杂着复杂的政治因素。

结　论

通过上述讨论，我们已经了解，在熹平石经的刊刻过程中，《论语》文本的生成与政治关系甚密。对其所进行的文本考察，既可直接反映汉末的政学斗争，更可为了解汉晋以来知识与政治的纠葛及互动提供一个切入口。由此，本文得出如下结论。

(1) 熹平石经历来存在经数之争。本文以为，准确的表达应该是"六经七种"，即五经加上《论语》，构成六经系统，附之于《春秋经》之上的《公羊传》不入经。《论语》能够入经，除了汉代的"六经""七经"观念为此打下了基础，还在于今文五经官学系统的衰微，引发了古文经学的直接挑战，从而刺激了石经诸儒对今文经学进行内部整肃。他们以宣帝时代的石渠会议为理想，以学术思考替换今文官学的政治考量，由此将《论语》引入，从而建构出熹平石经系统所特有的经学观。

(2) 汉末是汉晋之际学风之变的关键点。在这一过程中，随着经学言说方式由"论难"向"清议"的转化，学术范式在日渐转移，《论语》由此成了士林中新的知识武器。也由此，依凭《论语》资源来争夺孔门正统，成了趋势所在。而在一系列的政学斗争中，他们与鸿都门学之争尤为引人注目，它不仅刺激了石经诸儒援引《论语》入经，更使得他们重订经书行格，在蕴藏深意中，展现自己的文化抱负。

① 马衡：《汉石经集存》，科学出版社，1957年，第54、56页。

(3) 在石经《论语》的底本和校本选定中，不仅有着对太学规范的某种遵从，更受到石经诸儒们的学术态度和政治立场的限定。石经诸儒通过摒弃东汉本，以及不以张侯本为底本，表现出他们对当时五经官学系统的某种否定与纠偏，并因政、学斗争的影响和刺激，将自己扬清激浊的情愫带入其间，使得文本问题蕴含着丰富的政治意蕴。

从『国家社会主义』到『民主社会主义』

——牟宗三社会主义思想的演变与完成

西北大学　李　强

摘要：牟宗三『国家社会主义』主张既有对中国国家社会党理论宗旨继承的一面，又有突破的地方。而正是由于对国家计划的『理性』『自觉』原则的强调以及对私有财产、个人权利的重视，牟宗三最终从『国家社会主义』合理地过渡到『民主社会主义』。总结地说，牟宗三对社会主义的理解前后有所变化，关注的重点、论证的方式也有所不同，其『国家社会主义』从『造产』的角度理解社会主义，但其中存在的『经济民主』与『政治民主』如何协调的理论纠结，依然需要我们在批判的基础上继续思考。

关键词：牟宗三；国家社会主义；民主社会主义；道德理想主义

引　言

牟宗三是现代新儒家第二代的杰出代表，在中国哲学的现代诠释及中西哲学会通等方面所取得的理论成果，成为后来者无法绕过的高峰，提出的相关主张成为研究者反复探讨的主题；学界前此的研究焦点，也主要集中在这一方面。至于他对儒家政治哲学、儒学与现代化之间关系等问题的思考，学界目前也有不少关注，取得了相当可观的成果。但是，对于牟宗三政治哲学中的社会主义问题，学界则始终没有给予足够的重视，不能不说是一大遗憾。

前此学界对现代新儒家与社会主义关系的研究，多集中在梁漱溟、熊十力以及张君劢等人的身上，对于牟宗三乃至于唐君毅、徐复观，则囿于意识形态的限制，几乎没有给予应有的关注，更遑论对其理论的吸收、反思和批判。[①]不止于此，学术界普遍的看法是认为当代新儒家与社会主义之间水火不容、不存在彼此沟通融合的可能性。“若站在‘当代新儒家’(或港台新儒家)自从1949年以来所发展的政治哲学角度(此处‘当代新儒家’主要是指唐君毅、牟宗三、徐复观、张君劢所打开的思想格局，不包含熊十力、梁漱溟等人)，以上的问题(指儒家与社会主义的问题——引者注)几乎是无法思考的。”[②]其实这完全是误解，对此，李明辉引用张君劢、牟宗三、徐复观、唐君毅的相关材料，简要叙述了他们对社会主义问题的关注和思考，并且认为他们皆属于张君劢所开启的“民主社会主义”阵营。而对于康德哲学与社会主义无法调和融通的说法，李明辉引述20世纪上半叶德国新康德主义者对康德伦理学和社会主义进行融通的努力，形成伦理社会主义的做法，进行了详细的分析，从哲学的角度论证了新儒家立基于儒家性善论、道德理性基础上的民主社会主义主张的可能性和合理性。[③]李明辉的这篇文章使学界的研究目光首次聚焦到当代新儒家唐君毅、牟宗三、徐复观的社会主义主张上，其提示的研究路径对我们进一步的探讨有很大启发，但其这篇文章属于演讲性质，相关论述并没有展开，尤其是对牟宗三的社会主义思考，前后期有没有变化、受到了哪些理论的和现实的影响、其思考的特色何在等问题，皆没有展开说明。

我们知道，牟宗三1933年大学毕业，1934年秋天到天津，与张东荪、罗隆基过从甚密，并受张东荪之介，列名国家社会党，此时或前后，在罗隆基任主笔的天津《益世报》以及国家社会党机关刊物《再生》杂志发表多篇文章，深受罗隆基自由主义思想以及国家社会党理论宗旨的影响。此后于1936年主编《再生》杂志，直到1941年4月，并一直有文章在上面刊出，成为有学者所概括的以张君劢、张东荪“二张”为中心、以《再生》杂志为阵地的“再生派”学人群，逐渐形成其早期的“国家社会主义”主张。[④]魏万磊即从此一角度，探讨了“再生”派学人群的国家社会主义主张，其中提到了牟宗三的相关看法，例如牟宗三对中国社会性质的分析，为“国家社会主义”的主张提供了现实

① 关于梁漱溟社会主义的研究，学界多从其“乡村建设理论”入手，例如黄国辉《梁漱溟乡村建设理论对社会主义新农村建设的启示》(《中北大学学报(社会科学版)》2007年第3期)即是，而关于熊十力的社会主义研究，可参看聂民玉博士论文《熊十力经学思想研究》(河北大学，2012年)第五章。

② 何乏笔：《新儒家、自由主义与社会主义能否会通？》，载《思想》第29期，联经出版公司，2015年，第296页。

③ 李明辉：《关于“新儒家”的争论：回应〈澎湃新闻〉访问之回应》，载《思想》第29期，联经出版公司，2015年，第280-283页。

④ 魏万磊：《20世纪30年代“再生派”学人的民族复兴话语》，中国社会科学出版社，2011年，第63-81页。

基础，以及牟宗三所主张的国家社会主义应该"站在民主、法治、有国的地位上"，也即是说国家社会主义必须有民主法治为其坚实的基础，成为20世纪30年代"再生派"学人群所主张的国家社会主义的重要内容。①魏万磊的相关研究对我们启发很大，为我们继续探讨牟宗三的社会主义主张，打下了坚实的基础，但是他的研究依然有不足之处，他研究的重点并不在牟宗三，牟宗三的论说只为他的某些观点提供了有用的材料，而对于牟宗三社会主义主张的来龙去脉、全盘图景、所受到的理论的和现实的影响、其间有怎样的变化，则没有涉及，这为我们留下了可资探讨的空间。

一　社会主义成为时代共同价值诉求

要探讨牟宗三的社会主义主张，我们首先需要面对的一个问题即是他为什么会关注社会主义，哪些因素——其中肯定包括理论的和现实的两方面——促使他对社会主义问题产生兴趣并进行自己的思考和探索的？只有把这个问题梳理清楚了，才有助于我们接下来探讨他的国家社会主义主张以及从国家社会主义向民主社会主义过渡等问题。

首先，社会主义思潮成为20世纪30年代中国不同思想倾向知识分子的共同诉求，成为对各种思潮都有感染力、辐射力的"共同价值"。有学者认为，五四以后，在中国知识界曾经兴起过两次社会主义思潮，一次即是在30年代初。为什么在20世纪30年代中国社会会出现一股社会主义思潮，他认为可以从以下三个方面来说明。第一即是世界资本主义经济危机的影响。"危机不但重创了资本主义世界的经济，使其陷入绝境。同时也使资本主义深陷政治危机中，资产阶级的统治地位大大动摇。随着经济危机的日益恶化，资本主义以往的吸引力在不断丧失。"第二是苏联"一五计划"的影响。在英美等资本主义国家深陷经济危机泥淖中的时候，苏联却顺利地进行了大规模的经济建设，展现出一片欣欣向荣的景象，从落后的农业国一跃而发展为先进的工业国。由苏联"一五计划"的成就，显现出社会主义的巨大吸引力，知识分子向往社会主义则成为顺理成章的事情。第三即是中华民族危机的加深。由于世界资本主义危机，中国成为资本主义转嫁国内矛盾的东方场所，或者直接进行商品倾销和原料掠夺，如英美，或者直接进行赤裸裸的武装侵略，如日本，中国的民族矛盾空前增强。在这一社会时代背景下，知识分子急切盼望找到一条既不同于英美的资本主义道路又吸收苏联社会主义优点的道路，以摆脱困境、挽救民族危难。由此知识分子向往和思考社会主义，出现社会主义思潮的高涨，就是自然的事情。②在这一时代背景、理论风潮的影响下，牟宗三甫出校门，即参加中国农村问题论战，试图找到复兴农村的出路，进而摆脱民族危机、实现国家独立富强，从而接受社会主义的主张，并进而对其进行自己的理论思考，也就是必然的了。③

其次，参加"中国国家社会党"，"二张"的理论启发可以说是牟宗三接受和思考社会主义问题、形成其国家社会主义主张的直接原因。我们在上一节中曾提到，牟宗三于20世纪30年代从北京大学哲学系毕业后，即受张东荪之介，列名由张君劢、张东荪、罗

① 魏万磊：《20世纪30年代"再生派"学人的民族复兴话语》，中国社会科学出版社，2011年，第225-226、236页。

② 郑大华：《中国近代社会主义研究的几个问题》，郑大华、邹小站主编：《中国近代史上的社会主义》，社会科学文献出版社，2011年，第13页。

③ 有学者也注意到这一点，即牟宗三的"国家社会主义"主张，是以他对中国农村问题的探讨、对中国社会分析为基础的。参看魏万磊：《20世纪30年代"再生派"学人的民族复兴话语》，中国社会科学出版社，2011年，第225-226页。

隆基所创立的中国国家社会党之中，并在后来长期主编其机关刊物《再生》杂志，由此，牟宗三受“二张”社会政治思想以及国家社会党理论宗旨的影响而接受社会主义、思考社会主义，从而形成自己关于社会主义的主张，就是必然的了，而“二张”此时的社会政治思想及国家社会党的理论宗旨概括地说即是“国家社会主义”。

我们知道，中国国家社会党是1932年由张君劢、张东荪、罗隆基等人创立于北平的一个党派，其理论宗旨由《再生》杂志集中体现，即是“国家社会主义”的主张。有学者即从“国家社会主义”的角度对20世纪30年代中国国家社会党的理论宗旨进行了概括。“中国国家社会党所主张的国家社会主义将社会主义与资本主义、经济民主与政治民主、机器化大生产的愿景与小农经济的社会现实有效结合起来，这是一套安排国家、社会、个人关系的国家哲学、意识形态和经济政策，表现出政纲多元化的特点。”①由此可以说明国家社会党的“国家社会主义”理论宗旨，牟宗三主编其刊物，受其理论影响，认同它的政党理念，从而思考社会主义问题、形成社会主义主张，也就是顺理成章的事情了。至于此一时期“二张”的社会政治思想，可以说完全体现在国家社会党的宗旨中了，这也是他们创立国家社会党、宣扬其“国家社会主义”的目的所在。②

不仅如此，在牟宗三早期发表在《再生》杂志上探讨“国家社会主义”的文章中，也时时提到“二张”对他的影响。他在《从社会形态的发展方面改造现社会》一文最后论述其“计划经济时代的国家社会主义”主张时，即说：“在本段里不想多说话，因为这种主张与计划在本志(指《再生》杂志——引者注)第一卷诸期上已有张东荪与张君劢两先生的详细论列……”，“凡此种种，张东荪先生在第一卷第一期中有详细的论列”。③如果再加上我们下一节对其国家社会主义主张的分析可以看出，他的许多主张即是直接从张君劢的说法而来的，其关注、思考社会主义问题，受到“二张”及国家社会党理论宗旨的影响，彰彰在目。

最后，儒家思想中“不患寡而患不均”“天下为公”等社会理想，也是促使牟宗三面对社会现状、民族困境，思考社会主义的原因。牟宗三早期主要是以西方哲学、知识论、逻辑学为研究对象的，经过抗战时期在大后方的辗转流离、动心忍性，特别是与熊十力先生的朝夕相处，逐渐从后者那里认识到中国文化中“向上开辟的文化生命之源”，接续上宋明理学的“心性之学”，回归儒家传统，而对于儒家传统中的“均平”理想、“天下为公”“民胞物与”的襟怀，也产生了深刻而明确的认识，由此逐渐接受和思考近代中国由西方传进来的社会主义，来试图为积贫积弱、矛盾重重的现实中国，找到一条可以解决问题的道路。

我们知道，儒家一直所有的“不患寡而患不均”“天下为公”的理想，在近代成为中国知识分子接受社会主义主张的传统文化方面的有利资源。徐复观对此曾专门做过总结，

---

① 魏万磊：《20世纪30年代“再生派”学人的民族复兴话语》，中国社会科学出版社，2011年，第199页；王毅、罗阳：《论30年代〈再生〉国家社会主义思想》，郑大华、邹小站主编：《中国近代史上的社会主义》，社会科学文献出版社，2011年，第317-342页。

② 具体可参看郑大华《张君劢的社会主义思想及其演变》，梅乐、张绍军《张东荪社会主义思想的演变(1931—1949年)》，前文载《浙江学刊》2008年第2期，后文载《科学社会主义》2015年第3期。也可以从作为《再生》发刊词、由张东荪执笔，融合了张君劢、胡石青等人思想的《我们所要说的话》一文中看出“二张”的国家社会主义主张。

③ 牟宗三：《从社会形态的发展方面改造现社会》，《牟宗三先生早期文集》(下)，《牟宗三先生全集》第26册，联经出版公司，2005年，第736、737页。

他说：“孔子的‘不患寡，而患不均’，及孟子的‘井田’思想，发展而为《礼运·大同》篇的‘货恶其弃于地也，不必藏于己；力恶其不出于身也，不必为己’的明确形态，正可与社会主义之经济观念相合。”“由孔、孟发展至宋明理学之‘存天理(存共同之理)，去人欲(去个人的私欲)’，正可支持社会主义认为社会重于个人的愿望。”[①]再加上中国传统文化中一直存在的“鄙弃金钱”“重义轻利”的社会心理，这些都跟社会主义的价值观念有相通之处，成为牟宗三等近代知识分子接受社会主义、进而思考社会主义问题的直接桥梁。

不仅如此，最后这点更是促使他从早期“国家社会主义”发展到“民主社会主义”，从儒家道德理想主义实践论的角度论证民主社会主义必然性的原因。

以上这些理论的和现实的因素，共同构成了牟宗三思考社会主义问题的因缘，其中最重要，或者说最直接的，则是参加国家社会党、与“二张”亦师亦友进而受“二张”以及国家社会党的“国家社会主义”宗旨的影响，促使他思考社会主义，认同“国家社会主义”主张并对其进行深入的思考，在此基础上，逐渐形成具有自己理论特色的“国家社会主义”，进而从“国家社会主义”向“民主社会主义”演变和发展，深化着自己对社会主义的理解和认识。

二　从“国家社会主义”到“民主社会主义”

牟宗三阐述其国家社会主义主张是以他对 20 世纪 30 年代中国农村问题的分析为基础的，是他为农村问题的出路所提出的解决方案，但又不仅仅有解决中国农村问题的意义，更是牟宗三为解决当时中国社会政治问题、实现国家独立、解决民族困境所提出的全盘性方案。[②]

(一) 国家社会主义

牟宗三认为当时经济问题争论的焦点主要集中在两个方面，一个是公有私有问题，另一个是计划经济的问题。[③]针对前一问题，他认为关键并不在财产权利的改变，而是在如何利用、如何统筹此一财产权利，以增加生产。无论是公有还是私有，如果在一个计划得当的经济制度之下，都可以形成社会普遍繁荣的景象，所以问题的关键在于计划经济。这一点可以说完全吸收了张君劢的看法，也可以说是 20 世纪 30 年代国家社会党主张“国家社会主义”的普遍共识和理论基点。[④]

这点明确之后，剩下的问题即在于计划经济。但需要说明的是，按照牟宗三的说法，

---

① 徐复观：《学术与政治之间续编》(一)，《徐复观全集》，九州出版社，2014 年，第 274 页。

② 关于此一“国家社会主义”对 20 世纪 30 年代中国农村问题的解决，彭国翔已经做了很细密的论述和分析，参看其《牟宗三早年对中国农村问题的研究》一文，见《清华学报》(新竹)2006 年第 1 期，本文只在总体上论述牟宗三的“国家社会主义”主张，不特针对其农村问题。

③ 牟宗三：《国内两大思潮之对比》，《牟宗三先生早期文集》(下)，《牟宗三先生全集》第 26 册，联经出版公司，2005 年，第 837 页。

④ 在《国家民主政治与国家社会主义》一文中，张君劢说：“所有权仍归原主，而经营方针则立于国家计划支配之下。苏俄因没收政策予反对者以口实，因而工厂闭歇技师逃亡，一九一七后生产率之下降，不及战前之一半，此吾人所以不欲夺人民之所有权，而认为但限制营业权与分利权，已可达到统一的控制之目的矣。”见翁贺凯编：《中国近代思想家文库：张君劢卷》，中国人民大学出版社，2014 年，第 250 页。

此一计划经济并不是社会主义的计划经济，因为社会主义计划经济有其弊端，而是融合了资本主义私有制、自由经济和社会主义计划经济的优点，在摒弃各方缺点的基础上，所形成的国家计划下的社会主义，也可以说是一种国家社会主义。

按照牟宗三的说法，自由经济、私有制基于人性的“自然的合理主义”，那么我们要把它和社会主义的计划经济融合起来，首先一个问题就是必须把自由经济、私有制与资本主义分开，确定两者之间没有逻辑的必然性。所以牟宗三开篇即说：“资本主义虽由自由经济与私有制而来，然与自由经济私有制乃截然两事。自由经济与私有制可以到资本主义，亦可以不到资本主义。”①这样就为他在计划经济下吸收资本主义与社会主义的优点而避免双方的缺点，从而形成国家计划之下的“国家社会主义”主张提供了哲学基础。

牟宗三把自由经济称为“自然之合理主义”，而把社会主义的计划经济称为“当然之合理主义”。“社会主义由拘束而来，拘束节制亦合理主义也，亦基于人性也，吾可名之曰‘当然之合理主义’。”②在此基础上，牟宗三对两种合理主义各自的优缺点进行了对比，对其理上的必然性进行了分析说明。

> 自然之合理是合科学之理，当然之合理是合道德之理。……前者是利性，后者是义性。前者是无所为，后者是有所为。前者是放任，后者是拘束。放任而有流弊，必须拘束以辖制。社会主义之计划经济即基于此拘束之辖制，然拘束而过当，必有害而无益。盖人不能纯理而无欲也。③

这段话可以说从“理上”对融合自然的合理主义与当然的合理主义进行了形而上学的论证，也即是对建立在这两者基础上的“国家社会主义”主张的合理性，进行了形而上学的证成。正是在此一哲学分析的基础上，牟宗三提出了吸收两者优点、摒除两者缺点的国家社会主义主张。此一主张牟宗三概括为以下五点：

> (一) 因自然之合理主义，基于人性而不可磨灭，故确定自由与私有之限度：凡在均富或均贫状态范围内，而无可以造成特殊之富与特殊之贫者，皆允许其在自由与私有的范畴之下活动。
>
> (二) 因当然之合理主义，基于人性而不可压抑，故确定公有与拘束之限度：凡在均富或均贫状态范围内，有可以造成特殊之富与特殊之贫者，皆收回使其在公有与拘束的范畴之下活动。
>
> (三) 凡个人所不能办不宜办，并足以妨害社会公道者，皆在公有范畴下活动；凡个人所能办所宜办，而不妨害社会公道者，皆可在私有范畴下活动。
>
> (四) 无论在私有范畴下活动，或在公有范畴下活动，要必按照国家一贯计划而施行而发展。当计划则计划，不当计划不必无事忙。需要计划与不需要计划，皆使其在自觉而一贯之状态下活动，此为计划经济之特色。此特色即在理性二字。

---

① 牟宗三：《国内两大思潮之对比》，《牟宗三先生早期文集》(下)，《牟宗三先生全集》第26册，联经出版公司，2005年，第839页。

② 牟宗三：《国内两大思潮之对比》，《牟宗三先生早期文集》(下)，《牟宗三先生全集》第26册，联经出版公司，2005年，第839页。

③ 牟宗三：《国内两大思潮之对比》，《牟宗三先生早期文集》(下)，《牟宗三先生全集》第26册，联经出版公司，2005年，第839页。

> (五) 在除消私有制，或使私有观念日形薄弱，而运用计划或组织，以致生产科学化、机械化时，私有制固已消灭无余，然在享受上、使用上，仍可承认其私有与自由之权利。此可见私有与自由屹然常在，而不必产生资本主义者明矣。不必在均富均贫，各个独立之势均力敌时，可以存在，即在极度发展而组织化、科学化时，亦仍可存在也。①

首先需要指出的是，牟宗三这里所概括的"国家社会主义"五点原则，是从国家社会党的纲领性文件《我们所要说的话》中关于经济问题的五条原则演变而来的。②经过对比我们可以看出，牟宗三的五点原则对后者有进一步补充之处，有自己强调的重点，例如国家要在自觉、理性下活动，私有观念、自由权利的保障等。由此可以看出牟宗三即使在"国家社会主义"中，依然强调对个人权利的保障、国家活动的理性原则，而不让个人完全淹没在国家之下。始终以个人权利的保障为依归，这一点可以说是牟宗三始终坚持的，也是促使其社会主义向民主社会主义形态发展的内在动力。

接下来我们具体分析牟宗三"国家社会主义"的五条原则。第一、二、三点分别说到了在何种情况下允许自由经济与私有制的发展，在何种情况下应该实行社会主义的计划经济。由此我们也可以看出，牟宗三的国家社会主义是以承认人的私有财产权利为基础的，也就是说是以自由经济、私有制为基础，计划经济并不在于改变财产权利关系，而是对其进行计划统筹，合理安排，这是首先必须说明的一点，是牟宗三国家社会主义的基底。

接着，其国家社会主义的第四点，即实行此一社会主义主张的、对其进行计划运用、合理安排的主体，必须是国家，而不能是其他的团体、组织或政党，由此才可以说是国家社会主义。这是"国家社会主义"中"国家"一词的第一层含义，也可以说是从实行社会主义的主体方面来说的。另外也可以从实行社会主义的目的方面来说，"国家社会主义"最终是为了国家的繁荣富强、民族的独立自主和人民的公道平等，用国家社会党的说法即是"民族自活"和"社会公道"。

在论述了执行计划经济活动的主体及目的之后，牟宗三谈到了执行的原则，即是自觉的原则、理性的原则。第五点更说明了牟宗三国家社会主义主张是以承认、尊重个人的私有财产权利、个人的自由享受、使用的权利为前提的。此和第一、二、三点相互呼应，并预示着牟宗三国家社会主义向民主社会主义的演变和发展。唯此需要进一步强调的是，牟宗三国家社会主义主张中的"国家"，实行计划经济遵守的原则为"自觉"与"理性"，只能是有民主法制基础的现代民族国家，而不能是其他形态的国家，"吾人之计划经济之施行又必以治天下之政治系统为基础，而不以打天下之政治系统为基础"③。由此，牟宗三的国家社会主义，一转即为民主社会主义的主张。

我们知道，牟宗三的立国之道，以"民主""法治""有国"为立场，即建立在民主

---

① 牟宗三：《国内两大思潮之对比》，《牟宗三先生早期文集》(下)，《牟宗三先生全集》第26册，联经出版公司，2005年，第839-840页。

② 《我们所要说的话》的具体论述，参看左玉河编：《中国近代思想家文库：张东荪卷》，中国人民大学出版社，2015年，第291页。另需说明的是，在张君劢写于抗战时期的《立国之道》一书中，对其经济原则亦概括为此五点，参看《立国之道》，文海出版社，1979年，第172页。

③ 牟宗三：《国内两大思潮之对比》，《牟宗三先生早期文集》(下)，《牟宗三先生全集》第26册，联经出版公司，2005年，第840页。

政体基础上的现代民族国家，如果与以上所述联系起来，则牟宗三的国家社会主义主张即是民主政体建国意识基础上的社会主义，也即是在现代民主国家计划、统筹下的社会主义。但这里需要强调的是，国家社会主义主要还是经济主张，既然已经涉及国家，则政治与经济如何协调，即为牟宗三接下来必须思考的问题。使二者之间产生一种谐和，形成一种相互的支援，政治方面的自由民主与经济方面的均平公正的融合，也即民主社会主义的主张，既是国家社会主义必然的发展，也是其指向的必然趋向。

(二) 民主社会主义

牟宗三国家社会主义是如何过渡到民主社会主义的？经济方面的社会主义如何与政治方面的民主主义相融合，以及在什么样的基础上可以实现二者的融合，此一融合是否有理上的、精神上的必然性，如何对其进行哲学的形而上学的论证，以形成其民主社会主义主张，成为其社会主义思想的最后形态呢？

牟宗三民主社会主义主要是在民主主义基础上融合社会主义，虽然有时候他也会说到在社会主义的做法中吸收民主的内容，但或者我们可以这样说，在何者为前提、何者为根本的问题上，牟宗三始终认为应该以民主主义为前提和基础，也即是在民主主义基础上吸收社会主义的做法，建立民主社会主义的主张。此首先可以从上文所述牟宗三国家社会主义必须以承认自由经济、私有制、个人财产权利为基础得到说明，因为其是以这些基本权利为基础的，所以必须承认每个人是独立的政治经济的主体，以及由此而来的各种权利，因此民主政治是其必须首先承认的，也即是其基础所在。再者，上文也说到牟宗三的国家社会主义必须以治天下的政治系统为基础，也即计划经济、社会主义的做法必须以民主政治为基础和前提，由此也可看出牟宗三的民主社会主义是以民主主义为基础，来吸收社会主义的做法。

在此基础上，牟宗三论证了只有依据道德理想主义的实践论，才能使民主主义与社会主义成为相成的而非相反的，也即是，只有在道德的理想主义之下，民主社会主义才有其精神的、理上的根据，也才能得到其最终的形而上学的证成。

他首先分析了儒家道德理想主义实践论在现代社会必须承认民主政治，必须是民主的。“现在既有民主政治，此虽发源于西方，然总是人类一大进步。我们既处在现在这个社会里，则我们的社会总已进至与世界其他民族的社会息息相关的境地，总不会完全是以往那个样子，所以民主政治也适宜于我们。无论我们运用的方式及所做到的程度为如何，然民主政治的切实内容，如思想、言论、集会、结社、宗教、信仰等之自由，及其依宪法而施行的制度基础(此制度基础保障那些自由)，却为普遍而永久的真理。这个真理，在儒家的理想主义之实践上，必然要肯定。它若不肯定这个政治制度，则人的尊严，价值的实现，即不能保存。”[①]从中我们可以看出，牟宗三在之前用儒家的道统、精神实体等论证了民主政体建国的意识，而这里更具体到儒家道德理想主义的实践论，理性在客观实践中的展开，从这一角度，来论证这一实践论对于具体政治生活中各种自由权利的保障，对于民主政治的价值，由此也对民主政治进行了形而上学的贞定。

牟宗三叙述完此一实践论首先是民主的之后，接着论证了其同时也必须是社会的，必须承认社会主义。牟宗三说：

---

① 牟宗三：《道德的理想主义》，《牟宗三先生全集》第9册，联经出版公司，2005年，第62页。

以儒家的理想主义之实践而接触到的社会主义决不是空想的社会主义。一、儒家以尽伦尽性践仁的实践之积极性为基础，他们本质上就是实践的，而他们的实践富有原则之积极性，决不是一时的灵感……他们的理想主义是内在地必然要行动：所谓“内在地”是说他们在尽性践仁中所显示的悱恻之感，心理合一之仁，不容已地要推动他去实践。……二、从客体方面说，要达成其实践，必须还要了解社会方面之问题性，以及该问题的历史发展之客观性，即外在的某方面史实发展之客观性。①

牟宗三这里首先谈到了使实践可能的基础，即儒家的悱恻之感、心理合一的仁心，因为这一仁心不容已地推动人们去实践，所以当面对现实的社会问题，如经济不平等、社会不公正的时候，即自然地要去解决这些问题，发为行动，从而肯定社会主义的主张，因此，儒家道德理想主义的实践论，即自然地容纳和展现为社会主义的主张。

接着，牟宗三进一步说，唯有道德的理想主义才能使民主主义与社会主义成为相成的而非相反的，它能综合此两者，而且成就此两者，因为“凡是真理皆当有关系。相辅助以尽其美，相制衡以祛其弊”②。由此牟宗三确立了其民主社会主义的主张。

结　语

以上我们探讨了牟宗三的国家社会主义及其如何进一步发展、过渡到民主社会主义，完成其社会主义理论建构的过程。在此基础上，我们对其主张的理论特色及其所存在的理论困境提出几点观察，庶几对我们当前构建中国特色社会主义理论体系，可以有增益的价值。

首先，牟宗三“国家社会主义”主张吸收资本主义自由经济、私有制和社会主义计划经济的优点，而避免前者的财富分配不均导致贫富差距过大、阶级矛盾突出的问题以及后者的阶级斗争、共产革命和全盘国有等做法。在这一主张中我们可以看到，牟宗三并不认为计划经济是社会主义的本质属性，与社会主义不能分离，他的做法是取苏联的计划经济，而与资本主义的私有制相结合，在国家的统筹计划下，实现“造产”的目的，也即是以实现国家的富强、民族的独立和社会的公道为目的，相对于计划经济来说，这可以说是其“国家社会主义”的本质所在，也即他是以生产力的发展水平而不是以生产关系的改变为社会主义的本质特质。近代中国由于受到苏联社会主义计划经济的影响，一直以公有制、计划经济、全盘国有为社会主义本质，直到改革开放后，才对此有所反省。

其次，牟宗三早期国家社会主义主要是从政策建构、工农业发展的制度设计角度来论述的，主要针对现实问题，如国家的积贫积弱、贫富不均、民族矛盾突出而提出的实现民族自活、社会公道的政策性主张，而到了民主社会主义阶段，则更多地把社会主义当作一种价值目标，一套社会理想，即社会公道、平等均富，或者说即是儒家的“大同理想”，从哲学形而上学的角度，对其进行道德理想主义的证成，而很少再关注现实方面的政策问题。当然，牟宗三在这一阶段，并没有否认国家社会主义主张中的许多政策论

① 牟宗三：《道德的理想主义》，《牟宗三先生全集》第9册，联经出版公司，2005年，第69-70页。

② 牟宗三：《政道与治道》，《牟宗三先生全集》第10册，联经出版公司，2005年，第64页。

说，而是把论述的侧重点有所转移，考虑更多的是如何通过政治平等来实现经济平等，或者说如何在道德理想主义实践论的基础上，实现政治民主与经济民主的融合协调，把民主政治作为实现社会主义的手段，在民主政治的基础上进而实现社会公道、贫富均等的社会价值；这可以说是牟宗三前后期对社会主义理解的不同所在，也是其社会主义主张推进和发展的地方。作为一个哲学家，他在后期思考更多的是如何从建构儒家政治哲学的角度，在儒家道德理想主义基础上，以民主政治为前提，吸收和安顿社会主义的价值观念。

最后，牟宗三国家社会主义中亦有其不可克服的理论纠结，即是计划经济与民主政治之间的矛盾。牟宗三的国家社会主义乃至“再生派”国家社会党的国家社会主义，试图吸收社会主义的计划经济和资本主义的私有制，融合两者的优点，但是经济方面的统制计划不一定可以与政治方面的民主相协调，或者说两者之间根本是不协调的，经济的统制必然导致政治权力的集中。因为进行计划经济的是政府和国家，而按照哈耶克的说法：“政府一旦负起筹划整个经济生活的任务，不同的个人和集团都要得到应有地位这一问题，事实上就一定不可避免成为政治的中心问题。由于只有国家的强制权力可以决定‘谁应得到什么’，所以唯一值得掌握的权力，就是参与行使这种管理权。一切的经济或社会问题将都变成政治问题，因为这些问题的解决，只取决于谁行使强制之权，谁的意见在一切场合里都占优势。”[①]由此经济的计划必然导致政治的集中，而并不是牟宗三等国家社会党人所认为的经济上的计划与政治上的民主可以相协一致，甚至可以通过政治方面的民主，来进行计划经济，实现社会公道和经济平等。这一点可以说是牟宗三国家社会主义本身存在的最大理论困境，而正是有此理论纠结，导致其主张在近代中国社会的现实性、可操作性无法保证。如果我们继续考察牟宗三社会主义的最终形态——民主社会主义，其中依然存在这个问题，而不是如牟宗三一笔带过那么轻松，“凡是真理皆当有关系。相辅助以尽其美，相制衡以佉其弊”。两者之间的关系，还需要更深入的分析探讨。

以上我们考察了牟宗三早期国家社会主义的具体内容、理论特色和贡献以及其间存在的理论纠结，在此基础上分析了其国家社会主义向民主社会主义一步步发展和完善的过程，为什么会从之前的国家社会主义发展到民主社会主义以及两者之间有怎样的继承发展关系。至于其民主社会主义理论本身的具体内容，牟宗三是如何一步一步展开论证的，其间有无进一步的发展，其理论特色何在，其与新康德学派融合康德伦理学与马克思主义所形成的“伦理社会主义”主张有何异同，建立在儒家道德理想主义实践论基础上的民主社会主义，其本身有无理论纠结，有没有可能的克服之道，则需要以后继续探讨。

（本文系陕西省教育厅专项科研计划项目“牟宗三社会主义思想研究”（17JK0721）的阶段性成果。）

① 〔英〕哈耶克著，王明毅等译：《通往奴役之路》，中国社会科学出版社，1997年，第105页。

民间信仰视域下的汉代五福仪式图像考释

南阳师范学院　郑先兴

摘要：汉画像作为汉代美术作品，无论其所绘制的内容或者绘制的风格，都从不同方面折射着汉代的社会生活，具有仪式的特征。五福作为中国传统社会民间信仰的核心内容，在汉画像中有着众多的表现。祈福仪式图中有亭台楼阁、凤鸟和猴子，其实就是祈福的意思；而侍者形象如撅张、执棒、驾车、喂马、耕地、侍女等则是作福图。祈禄仪式图中有秀官威、秀官尊和秀官荣，有体现察举制与军功爵制的拜谒(察举)与战争(军功)画像，有体现官的仪式的帝王与臣相图像，有讥讽争夺政权的捞鼎图像。祈寿仪式图中有制度保障养老的持鸠杖者的画面，有物质保障的庖厨图与医疗保健的针灸医疗图，有长寿图像的『西王母』与『拜见西王母』。祈禧仪式图中有四喜，游艺之喜的少年玩『鸠车』、成年玩『投壶』和『六博』；乐舞之喜的舞乐百戏；性爱之喜的男女拥抚、激吻和媾合；升仙之喜的灵魂仙境。祈财仪式图中的五铢钱与摇钱树，象征财富的鱼儿与莲花，体现普通民众那种能够不劳而获、得天而食的『天仓』；而耕作和纺织图则表明，财富的获取只有通过勤奋的劳作。

关键词：民间信仰；汉画像；五福；仪式美术

学界对于汉画像的研究已有较多，但是从民间信仰的视角揭示汉画像中的仪式图式内涵，换句话说，就是将汉画像作为民间信仰的仪式图式进行考察，却是汉画像研究的一个新话题。

所谓仪式图式也可以说是仪式美术，当是指绘画、雕塑等作品反映了社会历史生活的某个侧面，让人们一望而生无限的情愫。所以，仪式是社会历史行为的凝聚与固化，是文化传承中的细胞与精髓，是活跃在现实生活中的传递着历史文化信息的东西。如果用精神分析学派的观点来说，仪式就是凝结了悠久历史信息的载体，是集体无意识的展现。仪式的内容很繁杂，举凡绘画、雕塑、装饰、戏曲、乐舞、寓言、神话、叙事等，一旦有其内在的规定性，或者说形成范式，就成为普遍的理解社会历史的钥匙。正如学者指出的："仪式美术是一种文化的实在形式，是对特定文化事象的一种描述话语"，"仪式美术是将仪式与美术结合起来进行研究的一种新思路，既可以推进仪式研究走向深入，也可以扩大美术的形态使之有更为广泛的认知"。①

汉画像作为汉代美术作品，无论其所绘制的内容或者绘制的风格，都从不同方面折射着汉代的社会生活，具有仪式的特征。笔者曾经指出，汉画像是汉代中下级官员为实现视死如生、将现实生活场景搬迁并绘制在图像中以展示其思想倾向的艺术作品，所以，汉画像具有民间信仰的性质。换句话说，汉画像是汉代的仪式美术，是理解汉代社会历史尤其是民间信仰的直观材料。

汉代民间信仰的内容很复杂，如代表着祖先崇拜的伏羲女娲，代表着神仙信仰的西王母东王公，代表着神灵信仰的四神，等等，但从社会历史的价值趋向来说，无非是传统信仰的五福。所谓五福，古籍所说的内容，与现代民间所传稍有不同。《书经》指出，五福是指"长寿""富贵""康宁""好德""善终"。《尚书·洪范》所记载与之大致相同："寿""富""康宁""好德""考终命"。今天民俗所谓的五福，主要包括："福""禄""寿""喜""财"。如果与古籍所载相较，则"福"相当于"康宁"，"禄"相当于"贵"，"寿"相当于"长寿"、"善终"或"考终命"，"喜"相当于"好德"，"财"相当于"富"。可见，话语虽有所不同，但是其意趣还是可以互通的。

五福既然是传统社会的民间信仰，那么，在汉画像中肯定有着众多的表现。以此来加以观照，果然就发现了众多的汉画像五福仪式图。于是草拟了如下的考释文字，不妥之处，尚期专家同仁予以雅正。

一　福

幸福观作为人类生存的自我认可度，每一个时代都有着不同的内容。那么，汉代人的幸福观有什么具体的内涵呢？所谓"大风起兮云飞扬，威加海内兮归故乡，安得猛士兮守四方"，是一种帝王的体验；所谓"斗酒相与乐，聊厚不为薄；驱车策驽马，游戏宛与洛"，是一种纨绔的体验；所谓"衣解金粉御，列图陈枕张；素女为我师，仪态盈万方。众夫所稀见，天老教轩皇。乐莫斯夜乐，没齿焉可忘"，是一种情爱的体验。但是这些体验是一种文字的叙述；对于复杂的汉代社会生活而言，还有一种比文字叙述更直观地表达汉代人幸福感的美术材料，这就是出土的汉画像。在汉画像中，有着众多体现汉代人

① 田兆元：《仪式美术：概念建立与非遗保护》，《中原文化研究》2014 年第 3 期。

幸福场景的画面，通过这些画面，我们可以了解汉代幸福的基本观念。

(一) 秀福图：汉代人现实生活的写真

在汉画像中，有许多亭台楼阁的建筑画面。很多学者都试图从中揭示汉代建筑艺术的奥秘，这当然是没错的。但是在我们看来，汉画像中的楼阁画面，虽然也反映了汉代的建筑式样和风格，但不是汉画像作者的初衷。其初衷恐怕是要表达其享尽荣华富贵的愿望，简单地说，就是表述了汉代人的幸福观。

如山东嘉祥武氏祠画面，上部刻绘一栋两层楼房，楼上主人夫妇端坐，左右各有一个仆人捧物侍立；楼下一匹马伫立，马前有侍者照应，另一侍者正捧物拾左柱旁阶梯上楼。这个画面的具体位置是在武氏祠西阙子阙身南面，同时在武氏祠西阙子阙身北面、武氏祠东阙子阙身北面和南面，有着大致相同的画面(如图1[①])。可见，宽敞明亮的楼房中，主人坦然享受，仆人精心照顾，有马供出行，有侍卫保护。这可能就是汉代人最基本的幸福生活指标，既是汉代人现实生活的写照，也是一幅汉代人的秀福图。

图 1　山东嘉祥武氏祠画面

同样的秀福图，在全国各地出土的汉画像中都有着大量的发现。而且其构图的元素根据各地生活情况，也有所不同的增加和丰富。如南阳和四川的汉画像中增加了宴饮和舞乐百戏的内容。如南阳沙岗店出土的现收藏在南阳汉画馆的汉石(图 2)，画面分为两层，

① 蒋英炬编：《中国画像石全集》第 1 卷《山东汉画像石》图版第 19、18、31、32，山东美术出版社，2000 年。

上层左侧主人夫妇对坐在置放耳杯的几案两旁，举杯欢饮，右一侍者双手捧盒，其右四人，依次为半跪杂耍者、长袖踏鼓舞者、持拚和节者和二执桴击拊者；下层为车骑出行，自右至左，依次为轺车、荷戟骑者、辎车、荷戟骑者和迎宾者。[①]再如“四川长宁二号石棺画像”(图 3)，画面也分为两层，上层左侧五对夫妇交谈欢饮，右侧是庖厨，有牵犬者、烧火者、两个切菜者，墙壁上悬挂两条狗、两条鱼；下层是百戏，自左至右依次为吐火者、长袖舞者、耍棍者、耍丸者、耍剑者，四位击鼓者，台上倒立者，“冲狭者”，四位奏乐者。[②]

图 2　南阳沙岗店出土汉石画像

图 3　四川长宁二号石棺画像

陕北汉画像中增加了放牧或狩猎的内容。如图 4，绥德墓门门楣上夫妇对坐于阁楼中，左右各有侍者，左侧有四匹壮马、两匹小马，右侧有五头牛、七头鹿。图 5 为另一幅门楣，图画上也是夫妇对坐于阁楼中，左侧是狩猎场景，右侧则是宰羊、家禽场景。[③]

山东汉画像石中增加了拜谒和妻妾的画面。如邹城出土的汉石，画像为阴线刻，画面中央为双阙，楼下男主人端坐，旁有拜谒、侍者，楼内挂满兵器，门外有侍卫执戟而立。楼上主妇中坐，三妾左右正坐，一侍女侧身主妇旁。[④]再如一方“江苏出土的汉石画像”(图 6)，也是阴线刻，画面分为四层，一层是官员乘坐四维轺车回家，二层是官员与正在织布的女子接吻，三层是官员与四个妻妾站在窗前观赏斗拱上作窝的一对凤鸟，四层是官员与两个妻子用餐。可见，如果说陕北画面所表现的是游牧人的幸福生活，那么，山东、江苏、安徽等的画像则体现了官家的幸福生活。[⑤]

---

① 王建中编：《中国画像石全集》第 6 卷《河南汉画像石》图版第 115，河南美术出版社，2000 年。

② 高文编：《中国画像石全集》第 7 卷《四川汉画像石》图版第 105，河南美术出版社，2000 年。

③ 汤池编：《中国画像石全集》第 5 卷《陕西、山西汉画像石》图版第 157、160，山东美术出版社，2000 年。

④ 赖非编：《中国画像石全集》第 2 卷《山东汉画像石》图版第 89，山东美术出版社，2000 年。

⑤ 汤池编：《中国画像石全集》第 4 卷《江苏、安徽、浙江汉画像石》图版第 180，山东美术出版社、河南美术出版社，2000 年。

图 4　绥德墓门门楣(1)

图 5　绥德墓门门楣(2)

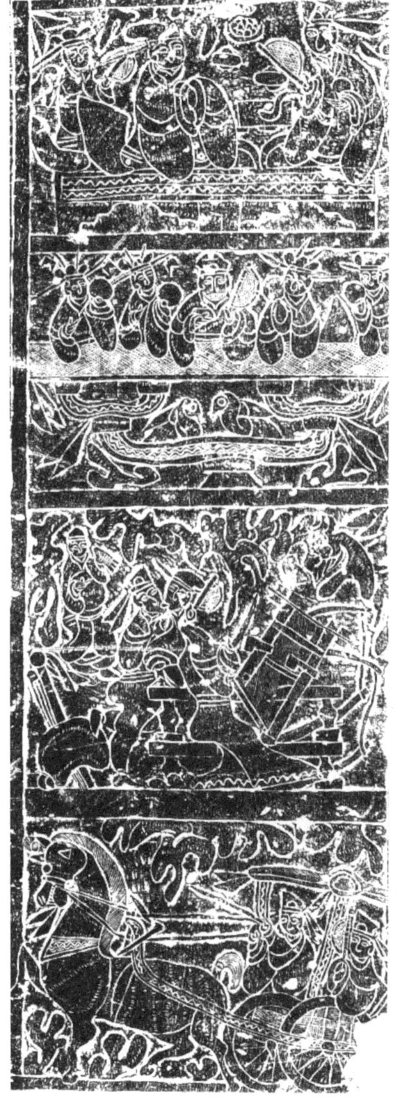

图 6　江苏出土的汉石画像

综上所述，在汉代人的心目中，夫唱妇随，生活宽裕，养得起仆人、侍卫，常常有客人来拜访、宴饮，一起观赏舞乐百戏，就是幸福的生活。《古诗十九首》所谓的“今日良宴会，欢乐难具陈。弹筝奋逸响，新声妙入神。令德唱高言，识曲听其真。”显然，汉代人的幸福观有着汉代农耕生活和庄园制生活的特征。农耕生活讲究的是男耕女织，夫唱妇随；而庄园制生活充斥着主仆关系，笙歌宴乐。据此可说，楼阁主仆、宴饮百戏和拜访车骑等是汉代社会生活最基本的条件，也是构成汉代幸福观念的基本元素。

(二) 祈福图：汉代人精神生活的诉求

在上述的秀福图中，楼阁顶上常常刻绘有凤鸟和猴子。日人林巳奈夫先生在谈到楼顶的凤鸟和猴子时，曾说：“屋顶上一对猿猴正向上爬，右侧猿猴的上方和屋脊的正上方，落着巨大的鸟，显得有些不可思议。如果说这是屋脊上的装饰，又过于大了。”[1]显然，一直接受过于求实文化熏陶的林巳奈夫对于传统中国文化，起码对于汉画像中的象征意义，并不是很理解。其实，屋顶上的凤鸟和猴子不仅是自然的表现和艺术的装饰，而是有着很深的寓意。在汉代人的心目中，凤鸟是祥瑞，是能够带来福气的征兆；凤鸟俗名被称作“雀”或“鹊”，与“爵”相通。屋顶上常常刻绘两只凤鸟相对而来，既展现了屋内夫妇的恩爱，也有着屋内人封爵的意思。猴子的意思更为明显，猴与“侯”相通，屋顶相对而来的猴子，寓意着“五侯”封定。可见，楼阁上的凤鸟和猴子，其实就是祈福的意思。

据此而看，汉画像中的很多画面其实就是祈福图。如“安徽邳州燕子埠出土的汉石画像”(图 7)，其中中格下层左侧刻绘麒麟，右侧刻绘卷着双角的羊，羊脊背上有一只凤鸟。在羊头前上方，有榜题“福德羊”，麒麟的脊背上方有榜题“麒麟”。[2]显然这是一幅非常典型的祈福图。

再如“山东东平出土的汉石画像”(图 8)，画面上部为凤鸟，中间为白虎，下部为猪。[3]凤鸟即封爵，白虎就是百福，猪就是富有。可见，封爵和富有才是百福的基础。

图 7　安徽邳州燕子埠出土的汉石画像

图 8　山东东平出土的汉石画像

---

① 林巳奈夫著，唐利国译：《刻在石头上的世界——画像石述说的古代中国的生活和思想》，商务印书馆，2010 年，第 18 页。

② 汤池编：《中国画像石全集》第 4 卷《江苏、安徽、浙江汉画像石》图版第 138，山东美术出版社、河南美术出版社，2000 年。

③ 焦德森编：《中国画像石全集》第 3 卷《山东汉画像石》图版第 2228，山东美术出版社，2000 年。

图9、图10、图11是陕北绥德墓门的门楣画像，日月之中，祥云缭绕，独角羊屹立正中，左右两侧是羽人骑着长角鹿奔驰而来，灵马紧随其后，日月之下凤鸟衔鱼。另一幅同样的画又加了两只博山炉，一对凤鸟飞驰，一对凤鸟回首相应。还有一幅门楣正中刻绘阁楼，夫妇居坐，两侧为嘉禾、羽人骑着鹿、灵马奔驰而来。[①]在这里，羊就是祥，鹿就是禄，灵马就是快捷，凤鸟就是封爵，鱼就是余。总体来说，就是期待着封爵、俸禄和吉祥快来多来。

图9　陕北绥德墓门的门楣画像(1)

图10　陕北绥德墓门的门楣画像(2)

图11　陕北绥德墓门的门楣画像(3)

新近因为桥梁修建，南阳汉画像石收藏者收到一幅祈福图(图12)，其特色较为鲜明。画面右侧上部是蜘蛛、捣药兔、仙人饲凤，下部为长蛇、老鼠和白虎；中部刻绘汉阙，阙左为二执节使者；左侧二龙拉轺车奔驰而来，其后是二人执节骑鹿，随后为二龙半身。这里的蜘蛛就是知福，老鼠就是老福，长蛇寓意着福气长久，捣药兔寓意着健康，仙人饲凤是指凤鸟馈赠仙果。龙车和骑鹿是指前来祈福的人。可见，这是一幅最典型的祈福图。

图12　南阳汉画像石收藏者收到的祈福图

① 汤池编:《中国画像石全集》第5卷《陕西、山西汉画像石》图版第108、114、1128，山东美术出版社，2000年。

（三）作福图：汉代人制度生活的折射

无论是秀福或是祈福，在现实社会中，人们要想过着如意的生活，必须拥有一定的社会地位。而在汉代那个重本抑末的时代，人们要想得到社会地位，或者说要想过上幸福生活，必须处于社会上层。简单说来，就是必须拥有一定的奴仆。换句话说，幸福生活是作出来的，不是秀出来的，也不是想象出来的。

作福的表层特征是拥有侍者。所以汉画像中的秀福图也好，祈福图也好，都刻绘着一定数量的侍者形象。反过来说，凡是刻绘侍者形象的图像，都可以看作是作福图。

汉画像中的侍者形象极其繁多。以其类型而言，有武者形象的，如擨张的、执棒的、执戟的、执斧的、执枪的、执钩镶的、挎刀的、佩剑的、挽弓的等，不一而足，总之，这些武者侍者，可以说就是所谓的作威。有仆者形象的，如驾车的、喂马的、拥彗的、迎宾的。有农者形象的，如耕地的、除草的。有侍女形象的，如端灯的、捧奁的、提壶的。特别是在南阳汉画像中，有着众多的细腰侍女，充分展现着楚文化的遗韵风姿。另外，还有胡人做门吏的，更彰显其时大汉的气魄。如图13、图14、图15、图16南阳汉画像中的擨张、侍女形象与胡人。[①]

图13 南阳汉画像中的擨张图

图14 南阳汉画像中的侍女图(1)

图15 南阳汉画像中的侍女图(2)

图16 南阳汉画像中的胡人图

所有这些侍者形象，无不从侧面说明，其主人的身份之高贵、生活之优裕、人生之幸福。

由此可见，汉代人的幸福观是有其充分的社会群众基础的。所谓将自己的幸福建立在别人的痛苦之上，大概说的就是这个意思。对此，《太平经》予以了明确的说明，指出，社会上所有的人都是分为不同层次的，共分为九等：神人、大神人、真人、仙人、大道人、圣人、贤人、凡民、奴婢，低一级的都以服务和奉献上级为旨趣。

但是，在现实生活中，要想使得人们屈从自己，最合理的办法就是做官，谋得一官半职，就可以发号施令、耀武扬威、作威作福。换句话说，就是依靠制度上位，依靠制度获得幸福。

① 王建中编：《中国画像石全集》第6卷《河南汉画像石》图版第119、120、121、43，河南美术出版社，2000年。

由此，作福的深层表现就是加官晋爵。对此，山东石刻艺术馆所收藏的三块汉石画像(图 17、图 18、图 19)，充分体现了人们因为晋官而福缘深厚的场景。在图 17 中，画面分为两层，上层为楼阁、人物。楼上画面是妇人正面端坐，左右各有两个仆人；楼下画面为丈夫倾身示意面前执笏磕头跪拜的两人平身，左右两侧各有人执笏侍立。阙前有树，树上有凤鸟，树下有马、车。下层为车骑出行，有导车，主车为四维轺车，主车前有两辆轺车，有两个骑者。图 18 的画面与图 17 基本相同。所增加的内容最主要的是妇人增加为两个。图 19 画面的格式与图 17、图 18 相同，增加的内容一是妇人变为三个，左侧还有两个妇人围坐在洗盆，一人梳头，一人照镜。二是执笏侍者增加，左右各有四人。三是主楼左侧另有一栋两层楼，楼内有女子照镜。[①]这三幅画面可以说构成了一幅生动的加官晋爵图，随着主人官职的提升，妻妾数目在增多，前来拜访的官员也在增多，既显示了主人官家身份的提升，也显示了主人作福的景象。可见，妻妾成群，高官厚禄，才是汉代人最高的幸福诉求。

图 17　山东石刻艺术馆所收藏汉石画像(1)

图 18　山东石刻艺术馆所收藏汉石画像(2)

① 赖非编：《中国画像石全集》第 2 卷《山东汉画像石》图版第 103、104、1058，山东美术出版社，2000 年。

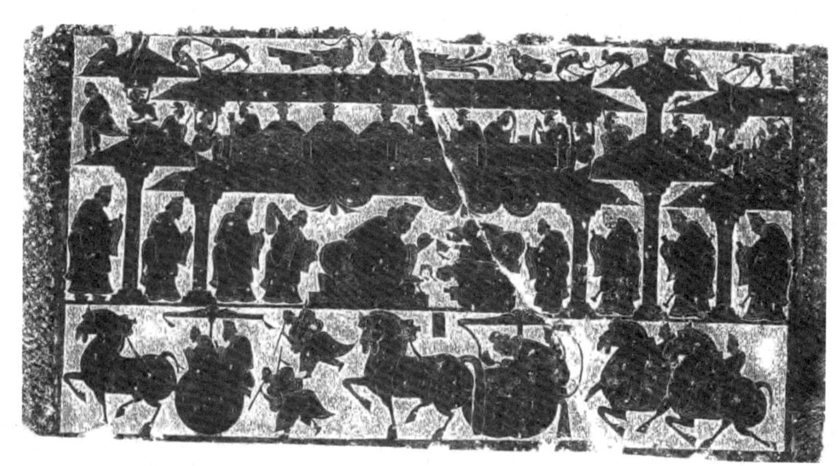

图 19　山东石刻艺术馆所收藏汉石画像(3)

二　禄

众所周知，“禄”是民间信仰中“五福”的内容之一。在中国古代，尤其是秦汉时期，“禄”主要依托于两个方面，即一是任官，二是得爵。可以说，加官晋爵是秦汉时期普通民众幸福观的基本诉求。由此不难解释的是，在丰富的汉画像中，为什么会有着众多的体现官爵文化的图像。遗憾的是，在汉画像研究领域，很少有所论及。这样，在民俗信仰中占据着本位意识的官爵文化，以汉代官爵仪式图像为例的探究，就有了必要性和可能性。

大体看来，汉代的官爵图像主要表现在秀官爵、祈官爵、德官爵和戏官爵四个方面。

(一) 秀官爵：汉代社会生活的价值彰显

据《史记》记载，汉高祖刘邦在野之时，乃父责备其不如其兄务农实惠，刘邦对此耿耿于怀，既得皇位之后，曾质问其父，自己与兄长谁最能干？言外之意，是谋得官爵与种地务农究竟哪个利益最大？其父惶惶，认可了刘邦曾经的痞子做派。由此即可说明，在秦汉时期，官爵本位的崇拜已经深入民心，加官晋爵业已成为民间信仰的核心价值观念。

从汉画像看，汉代加官晋爵的核心价值观主要表现在大肆展现官爵的威望、尊贵和优裕，用今天的话说，就是秀官威、秀官尊和秀官荣。

1. 秀官威

秀官威的图像一般出现在车骑出行的画面中。如图 20“南阳唐河汉石画像”，画面分为上下两层，首尾相连。下层前有两个导骑，后有两辆轺车，前车只有驭者，后车有驭者和乘者。上层一辆轺车，有驭者和乘者，车后一个导骑，车前有四人，一个官吏手持笏板迎侍，一个男子左手牵小孩，右手推开女子，仿佛在躲避车马，马则被驭者喝停，仰头嘶鸣。显然，轺车上的乘者就是官员，车前迎侍者就是吏员，而男子、小孩和女子则可能是拦路喊冤的百姓。如图 21 是南阳唐河另一块汉石画像“侍迎”，画面前有两个导骑，一个扛弩，一个举弩；中为鼓车，上有驭者，有侧身挥手的鼓者；后为轺车，上有驭者和主人，轺车后有一个侍者持矛而立，应该是迎侍者。从疾驰的车马看，这幅画反映的当是出征场景。与前幅图像中的官员相比，则前者当是文官，而后者当是武官。[①]由此可见，汉代的车骑出行画像既展现了官吏的威严，也表现了生活的常态，既有艺术动感，又颇具生活情趣。

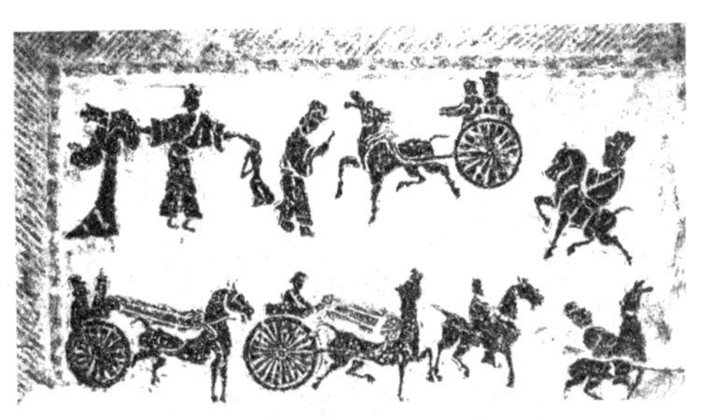

图 20　南阳唐河汉石画像“侍迎”

图 21　南阳唐河汉石画像“侍迎”

根据《周礼》的记载，先秦时期车舆的使用已经有了严格的规定。《逸礼・王度》：“天子驾六，诸侯驾四，大夫三，士二，庶人一。”《说文》：“天子驾六，诸侯及卿驾四，大夫驾二，士骑，庶人驾一。”由此可见，车舆用马的数目，不仅反映了乘车者的官爵高低，应当还体现其官威的大小。就目前笔者所见到的汉画像而言，官员所乘坐车，有一马、二马、三马的，最多的是驷马。

2. 秀官尊

秀官尊的图像多体现在汉阙的建筑构图中。汉阙是汉代建筑的形式，主要用于宫廷、房舍、庙宇、城市甚至墓祠大门外的建筑中，属于入口的装饰或标志性的构件。但是在其时的礼治社会中，阙也成了社会成员贵贱的标志。《白虎通义》：“门必有阙者何？阙者，所以释门，别尊卑也。”《春秋公羊传》：“天子诸侯台门，天子外阙两观，诸侯内阙一观。”这就是说，阙的建造，“有了代表地位、权势的作用”[②]。可见，汉画像中众多的汉阙图像，不仅是其时芸芸众生官爵崇拜的集体意识的展现，更是汉代政治生活的折射，反映着官爵的尊崇。由此，汉画像中的汉阙多表现的是房舍前的场景。如图 22“四川江津汉石画像”，两层屋宇前，左右各有双层阙。图 23“都江堰石椁画像”，两进庭院，内里为两层屋宇，外为一层屋宇，门里有两个人，门前左右双层阙，阙下各栓马匹。[③]在这里，门前双阙的设置，当是表现主人是具有官爵身份的人。图 24“江苏发现的汉石画像”，其

① 王建中编：《中国画像石全集》第 6 卷《河南汉画像石》图版第 8、4，河南美术出版社，2000 年。

② 高文主编：《中国汉阙》，文物出版社，1994 年，第 7 页。

③ 高文编：《中国画像石全集》第 7 卷《四川汉画像石》图版第 30、132，河南美术出版社，2000 年。

中左右为子母阙，正中有榜题“太尉府门”。[1]由此可证，汉阙的绘制，正是表现拥有官爵人的身份地位之显赫和尊大。而据学者考察，汉阙铭文中，专门有记载阙主人官职的，如冯焕阙的“尚书侍郎”“豫州幽州刺史”，王稚子阙的“侍御史”“兖州刺史”，李业阙的“侍御史”，沈府君阙的“谒者、北屯司马、左都候”，高颐阙与杨宗阙的“益州太守”，启母阙的“颍川太守”，武氏阙的“敦煌长史”，[2]等等，都表明汉阙的构建是官爵尊贵的体现。

图 22　四川江津汉石画像“汉阙”

图 23　都江堰石椁画像“汉阙”

图 24　江苏发现的汉石画像“太尉府门”

3. 秀官荣

秀官荣的图像主要以官员相见致礼和官员列坐或者列队为主。

官员相见致礼的场面，在汉画像中非常多。本来，熟人相见，互相问候，当为传统礼仪之邦的基本礼节。但在汉画像中有如此多的画面，一方面显示了汉代社会普遍的高素质，另一方面更彰显了作为官员阶层的荣耀和显赫。图 25“南阳唐河出土的汉石画像”，两个官员皆戴进贤冠，长袍襦衣，双手执笏致礼；一侍卫立于旁边，马靴，短裤，舒衣短袖，左手执剑，右手执盾。侍卫的穿着打扮，充分显现了官员的显赫。[3]图 26“山东汉石画像”，画面中有四人，皆头戴进贤冠，着宽袖襦衣。左侧二人捧笏致礼，右侧二人握

---

① 汤池编：《中国画像石全集》第 4 卷《江苏、浙江、安徽汉画像石》图版第 209，山东美术出版社、河南美术出版社，2000 年。

② 高文主编：《中国汉阙》，文物出版社，1994 年，第 54-57 页。

③ 王建中编：《中国画像石全集》第 6 卷《河南汉画像石》图版第 35，河南美术出版社，2000 年。

手致礼。[①]图 27“四川合江出土的汉石棺画像”，画面上有三人，中间左侧头戴进贤冠，着宽袖襦衣，左手握刀于胸前，中间右侧头戴山字冠，也是着宽袖襦衣，左手持笏板，二人分别抬出右手和左手，相互揣握。二人左有一人，头戴山字冠，身着宽袖襦衣，捧笏于胸，躬身施礼。画面左侧有一只展翅的雀鸟，尾巴高耸，顶冠，衔鱼。考古学家定其名为“叙谈”，当是文武官员相见的情形。[②]

图 25　南阳唐河出土的汉石画像“官员相见”

图 26　山东汉石画像“官员相见”

图 27　四川合江出土的汉石棺画像“叙谈”

官员列坐或列队的情形在汉画像中也有很多。图 28“南阳唐河汉石画像”，画面中有六人，皆头戴进贤冠，跽坐，环手于胸前，姿态整齐。[③]又如图 29“山东汉石画像”，画面有两层，下层为车骑出行；上层刻绘 24 余人，排开站立，着宽袖襦衣，双手捧笏，所不同的是，有的头戴进贤冠，有的是山字冠。[④]在这里，官员列坐可能是观看舞乐百戏，或者是听命于朝；而官员列队显然是待命朝拜。不管什么样的原因，都展现了官员的荣耀，说明官员作为一个阶层，在社会生活中享有崇高的地位和待遇。

图 28　南阳唐河汉石画像“官员列坐”

秦汉时期是最为繁盛的礼治社会。上述的“秀官威”其实就是日常生活中的迎送礼仪，而“秀官尊”是建筑制度，“秀观荣”则可以说是朝拜礼。按照礼治的所谓“礼不下庶人”的规定，可以说，迎送、建筑或者朝拜的事宜，都是处于社会上层者的事情，凸

① 蒋英炬编：《中国画像石全集》第 1 卷《山东汉画像石》图版第 1 局部，山东美术出版社，2000 年。

② 高文编：《中国画像石全集》第 7 卷《四川汉画像石》图版第 176，河南美术出版社，2000 年。

③ 王儒林、李陈广：《南阳汉画像石》图版第 25-28，河南美术出版社，1989 年。

④ 赖非编：《中国画像石全集》第 2 卷《山东汉画像石》图版第 8，山东美术出版社，2000 年。

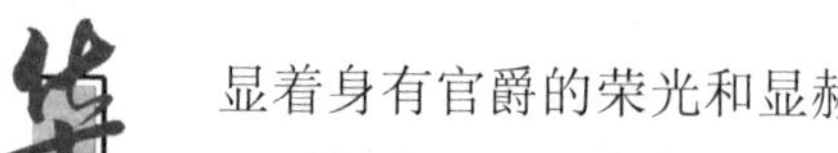

显着身有官爵的荣光和显赫。

图 29　山东汉石画像“官员列队”

(二) 祈官爵：汉代选官制度的图像描述

享有官爵是光荣和显赫的事情，因此祈求得到官爵，可以说是秦汉时期乃至于每个历史时期全社会的普遍价值诉求。当然，能否满足，则与其时的历史要求和政治制度有着密切的关系。就秦汉时期而言，其时的选官制度，主要是察举制、军功爵制。令人惊喜的是，作为当时最为重要的政治制度的察举制和军功爵制，在汉画像中以仪式图像的形式表现了出来。这就使得今天的人们能够领略汉代民众的官爵崇拜和信仰。

1. 拜谒：汉代察举制的图像表述

所谓察举制，就是仰仗已经在官府中任职官员的推荐，根据政府选官的标准和候选者的言行政绩，给予相应的官职。根据学者的探究，察举制开始于西汉文帝时期的“举贤良方正”，西汉武帝时期开始到东汉光武时期一直沿袭的是“四科取士”，即德行、学经、名法、智勇；西汉董仲舒曾请郡国贡举“吏民之贤者”，而汉武帝将其定名为“孝廉”。由此，“把四科作为汉代孝廉以至整个察举的标准，这种意见大致说来还是可以成立的”。察举所举荐的人直接就委任职务，“举士就是举官”；察举制的中心环节是“举荐”，“举主遂由此获得了颇大的选官权力。牧守常常与被举者结成恩主与故吏的深厚关系”。[1]这种举主与被举者之间的微妙人情关系，体现在汉画像中，就是众多的拜谒场面。如图 30“南阳邓县(今邓州市)出土的汉画像”资料，下层是马厩，栓系一匹马，挂着一个篮子。上层是两个官员，一个站立，戴进贤冠，身着宽袖襦衣，双眼圆睁，面容温和慈祥，端左手，微挥右手，仿佛在做什么指令；另一个官员也戴进贤冠，身着宽袖襦衣，跽跪在其面前，似乎是在汇报工作。再如图 31“南阳唐河出土汉石画像”，画面左侧官员端坐于榻，面前有一位官员捧笏，躬身半跪，其左侧前有一位官员捧笏，匍匐而跪，其右前有三位官员捧笏，跽坐而拜。[2]又如图 32“山东出土的汉石画像”，画面是房间挂帷帐、弓弩，一位官员端坐榻上，身后侍卫佩刀，手持便面，身前有两位官员捧笏匍匐跪拜，两位官员捧笏躬身。[3]再如图 33“山东汉石画像”，左侧一位官员(应该是帝王)端坐，右手持便面，身后两位官员躬身参拜，面前两排官员，右侧十三位官员手捧笏跪拜，左侧十七位官员捧笏跽坐参拜。[4]在这些拜谒图像中，举主的高贵、亲切和提携，被举荐者的折

① 阎步克：《察举制度变迁史稿》，中国人民大学出版社，2009 年，第 15、73 页。

② 王建中编：《中国画像石全集》第 6 卷《河南汉画像石》图版第 80、36，河南美术出版社，2000 年。

③ 赖非编：《中国画像石全集》第 2 卷《山东汉画像石》图版第 22，山东美术出版社，2000 年。

④ 焦德森编：《中国画像石全集》第 3 卷《山东汉画像石》图版第 3，山东美术出版社，2000 年。

服、卑微和谦恭，两者之间的微妙情谊都在举手投足的勾绘中展露无遗。

图 30　南阳邓县(今邓州市)出土的汉画像“拜谒”

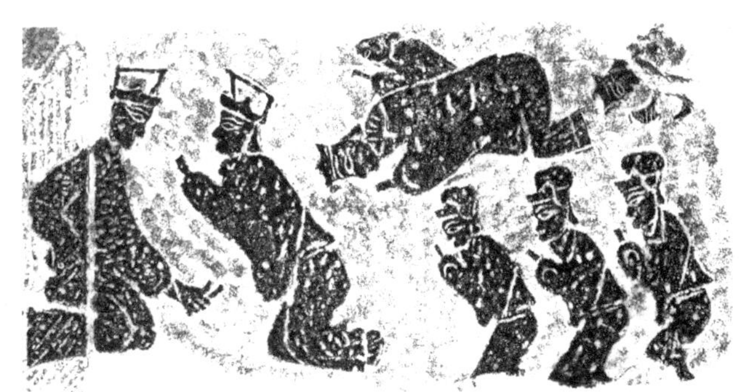

图 31　南阳唐河出土汉石画像“拜谒”

图 32　山东出土的汉石画像“拜谒”

图 33　山东汉石画像“拜谒”

2. 战争：汉代军功爵制的图像描述

所谓军功爵制，就是仰仗攻城略地或斩敌首级的战功以获得官爵，“就是因为军功(实际也包括事功)而赐给爵位、田宅、食邑、封国的爵禄制度”。这种制度兴起于春秋战国时期，在秦汉的政治舞台上，拥有着非常重要的社会价值。获得军功爵的人，根据自身的爵制，可以享受相应的特权。一般而言，如“有当官为吏、乞庶子的特权”，“可以赎罪、减刑、免刑”，“可以免除亲人的奴隶身份”，“生活上的优待”如享受专供粮食、酒菜，

甚至身后也有一定的荣耀，如“树墓制度”，就是在坟墓上种植树木。[①]军功爵制的核心是要荣立战功，杀敌保家。《史记·张释之冯唐列传》记载，云中郡守魏尚因为上报战功多了六个首级，就被免官下狱。中郎署长冯唐于是向汉文帝提议，指责军功爵制，“法太明，赏太轻，罚太重”。汉文帝听取了冯唐的建议，很是高兴，“是日令冯唐持节赦魏尚，复以为云中守，而拜唐为车骑都尉，主中尉及郡国车士”。汉画像中所刻绘的战争场景，其实就是军功爵制的展现，是当时人们获得爵俸的手段。图 34“山东汉石画像”，由右向左五个骑兵身佩长刀，疾驰奔赴战场；左边为山峦起伏的山丛，里面埋伏着骑兵，已经有两个骑兵的马头奔出，拦截败退的胡人；中部有两个骑兵，一人正从马上摔下来，一人正骑马败退，马左前被击倒，右后一人背手跪降，马后三人，一人挥刀斩坐倒的人的脖颈，另一人已经被斩首，仰躺于地；中部右边一个战士手持长戟，正刺向骑马败退者。图 35 是另一幅“山东汉石画像”，画面是两个骑兵手持长枪追击两个败退逃往山中的胡人，其中一个骑兵已经从马上被击倒；从山之中，胡人传令兵正向其指挥官报告败局；从山之外，汉人的指挥官端坐，一个战士牵着两个俘虏前来告捷。[②]在这里，胜利者的英勇和喜悦，战败者的局促和落魄，在汉代民间工匠手中表现得淋漓尽致。既展现了保家卫国的精神，也体现着深深的官爵诉求。

图 34　山东汉石画像“胡汉战争”

图 35　山东汉石画像“胡汉战争”

如上所述，如果说拜谒是基于察举制之上的和平时期官员的遴选途径的话，那么，军功爵制就是基于战争中的特殊时期官员选拔的方式。前者多是从事日常社会事务的文官，后者则是从事军事的武官。前者重视的是品性道德，后者则重视的是智慧勇气。一文一武，一德一勇，可谓相互补充，相得益彰。

---

① 朱绍侯：《军功爵制考论》，商务印书馆，2008 年，第 3、67-78 页。

② 赖非编：《中国画像石全集》第 2 卷《山东汉画像石》图版第 88、102，山东美术出版社，2000 年。

(三) 德官爵：汉代社会的政治伦理诉求

加官晋爵固然有着无限享受和拥有的特权，但其也是以一定的社会职责和义务为代价的。换句话说，官员既有所得，也应有所回报。根据学者的论述，中国古代政治的核心基础，是基于施舍赠财之上的仁义思想，其表现则是儒家为其质，法家为其形。因此，官员在社会上既享有物质和精神的荣耀特权，更需要有付出、贡献和牺牲的行动。由此就形成了古代的官爵伦理，用今天的话说，就是具备应有的官德，或者说是德官爵。

从汉画像看，官德主要表现在两个方面。一方面，是对居于皇权位置的人的要求，其表现是在山东武氏祠中，绘制了历代帝王的图像，以彰显其对中华文明的贡献。如图36，绘制了伏羲女娲、祝融、神农、黄帝、颛顼、帝喾、尧、舜、禹、夏桀等十位帝王，并用榜题的形式标明其对人类历史文化的贡献。[①]

图 36　山东武氏祠历代帝王图像

另一方面，是绘制历史上著名臣相的贡献，以表彰其在为官、为爵中的忠心和廉政。其中最为著名的、也是绘制较多的就是“周公辅成王”。根据史书记载，周武王姬发逝世之后，其子成王姬诵尚幼，周公主动承担起辅佐成王的职责，甚至顶着管叔、蔡叔的误解，直到成王年长，才将政权移交给成王。所以，周公的忠心成为历代臣相的楷模。在汉画像中，周公的故事被形象地刻绘出来。如图37“武氏祠画像”，画面中刻绘八人，年幼的成王头戴三山冠，居中而坐；其左侧，是周公双手捧笏，跪拜于前，周公身后有两位官员捧笏躬身而立；成王右侧，是四位官员捧笏躬身而立。[②]如图38，成王居于中间，两旁各有四位官员。如图39，成王居于中间，身左右榜题“太子”字样，左侧二人，右侧一人。如图40，成王左右两侧各一人，其身边分别有榜题“召公”、“成王”和“周公”字样。[③]可见，“周公辅成王”的画像已经形成了基本的格式，成为塑造忠臣贤相的楷模。

图 37　武氏祠画像“周公辅成王”

① 蒋英炬编：《中国画像石全集》第1卷《山东汉画像石》图版第49，山东美术出版社，2000年。

② 蒋英炬编：《中国画像石全集》第1卷《山东汉画像石》图版第82，山东美术出版社，2000年。

③ 赖非编：《中国画像石全集》第2卷《山东汉画像石》图版第110、112、114，山东美术出版社，2000年。

图 38　山东汉石画像“周公辅成王”(1)

图 39　山东汉石画像“周公辅成王”(2)

图 40　山东汉石画像“周公辅成王”(3)

此外，还有“管仲射小白”“曹沫刺桓公”“灵獒咬赵盾”等历史典故图像，既述说了历史故事，又起到了鉴戒的功效，让人们在阅读画像中感悟历史的真谛，涵养高尚的官德。

(四) 戏官爵：汉代官爵崇拜中的天命思想

汉代社会崇拜权利，盼望加官晋爵，但是并没有达到痴迷的程度。历史的真实是，虽然有的人得到了官爵，但是并没有福气享有，不仅被罢免了官爵，甚至连命都没了。最典型的就是秦代的秦始皇帝，征战杀伐，戎马坎坷，终于实现了大一统的局面，但是自己却为此付出了生命，也没有如其所愿地使政权保存万世。这就成为历史的悬剑，挂在统治者的脑袋之上，时刻警醒得官爵者要恪守官德；也成为生活的戏剧，演绎在民众生活的艺术舞台上，以嘲讽、讥笑、怒斥的形式，诉说着官爵诉求中的天命意蕴。作为前者，造就了司马迁的《史记》，奠定了中国传统鉴戒史学的基础。作为后者，孕育了汉代的戏曲艺术，成就了汉画像的“升鼎”图像。

众所周知，鼎是远古人类由生食转入熟食的器具，是文明创建的主要物质展现。进入春秋战国之后，鼎逐渐发展成为政权或者说是皇权的主要标志。从民间信仰的角度看，鼎其实也可说是加官晋爵的最高体现。

《史记•孝武本纪》记载，在汾阴巫锦发掘出了宝鼎，汉武帝得知后，要求运送到甘泉宫，而后咨询宝鼎的历史，有司说，宝鼎是人类文明的产物，宝鼎的出现是吉兆：“闻昔大帝兴神鼎一，一者一统，天地万物所系终也。黄帝作宝鼎三，象天地人也。禹收九牧之金，铸九鼎，皆曾鬺烹帝鬼神。遭圣则兴，遣于夏、商。周德衰，宋之社亡，鼎乃沦伏而不见。《颂》云：‘自堂徂基，自羊徂牛，鼐鼎及鼒，不虞不骜，胡考之休。’今鼎至甘泉，光润龙变，承休无疆。……惟受命而帝者心知其意而合德焉。”

汉画像中，鼎图像相对较多，其意蕴也各有所别。一方面，鼎图像是用于表示祥瑞、祝贺或祈望的。如图 41“四川泸州所出土的石棺画像”，画面分为三个部分，左侧部分刻绘单马篷车，一人侍驾；右侧部分刻绘两位官员促膝密谈，侍女提食盒于侧；中间部分刻绘升鼎，两条绳子一端分别系于三足圆鼎的两耳，另一端并从上部的滑轮下来，左右二人，短衣紧裙，奋力拉扯，使劲升鼎。[①]将左右图像联系起来看，这是一幅商量军国大事的场景，也可说是谋得官爵的吉兆。同样的图像，在山东汉石画像中也有多处出现。如图 42，画面分为四层，下层是官员相见致礼，左侧五人，右侧四人，共九人；下二层是两幅周公辅成王，左幅周公等左右五臣，右幅左右各一臣；下三层是孔子见老子，左侧孔子率弟子六人；上层是升鼎，泗水里鱼儿在游玩，河上架设桥梁，桥梁柱子中间有一鼎，鼎的两耳各系绳子，从两柱上方穿出，绳子两端左侧四人，右侧三人，躬身而拉，鼎已经缓缓而起，一个羽人从河中飞出向上托鼎，桥面上左侧五人，四人跽坐躬拜，其中最前的人跽跪，右侧三人，躬拜拱手，似乎都在关注鼎的升起。如图 43，与此大致相同的一幅汉画像，画面依次是孔子见老子、周公辅成王、升鼎。所不同的是画面上人物减少了，但是其场景的设置几乎一样。[②]由此可知，这种升鼎图像，完全是祈盼得到政权、祈盼吉瑞的。这是一种正面歌颂得到官爵的图像，用今天的话说，就是正能量的东西。

图 41　四川泸州所出土的石棺画像“升鼎”

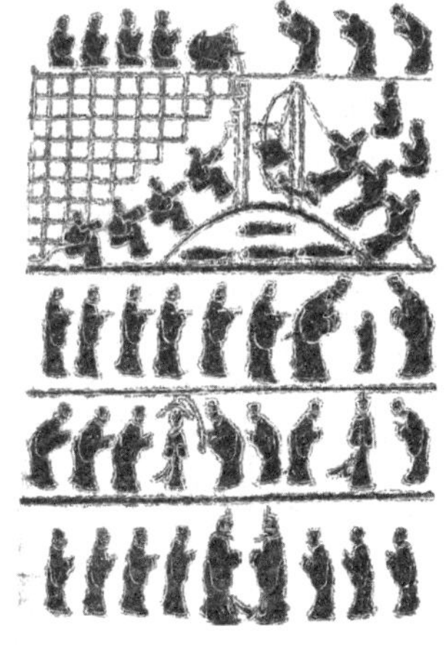

图 42　山东汉石画像“升鼎”(1)

图 43　山东汉石画像“升鼎”(2)

另一方面，鼎图像虽然表示祥瑞，但是得而复失的，则是讥讽、嘲笑和警醒。如图 44“山东汉石画像”，泗水缓缓流淌，鱼儿在戏水，渔人划船捕鱼；河面架设拱桥，树立两杆的架子，架子两侧的桥面上，各有一人挥手指挥，四人拉扯绳子；绳子下端扯起一鼎，正缓缓而升；倏然从河里飞出一龙，盘旋而上，伸嘴咬断绳子，鼎即将坠入河中。

① 高文编：《中国画像石全集》第 7 卷《四川汉画像石》图版第 193，河南美术出版社，2000 年。

② 赖非编：《中国画像石全集》第 2 卷《山东汉画像石》图版第 137、139，山东美术出版社，2000 年。

在桥的左侧，一人端坐，平伸其手，应该是上位者；其面前有两位官员，躬身捧笏。三人似乎都在观看桥上的升鼎。[①]由此而言，泗水升鼎的画面，其实应该是汉代社会中的一部杂耍戏，或者是一场杂技。它所要演绎的，既是对秦始皇的嘲弄，也是对政权得而复失的感叹，更是对政治命运坎坷曲折的表述。这在南阳汉画像砖中表现得更为明显了。如图45，画面中间是一座木制拱桥，桥下有两根柱子支撑，柱端有斗拱。桥上有栏杆，两端各树一根表木。在桥周围有四组画面。一是泗水捞鼎：桥上四人用力拽鼎。鼎已经浮出水面，一龙跃起，将绳索咬断。水中有两艘小船，船上的人各拿环状物，好像是为了升鼎所用。二是车骑出行：主车有两匹马，导车和两个导骑已下桥。桥左一辆从车正在过阙。三是鼓舞：两人手执鼓槌，且鼓且舞。建鼓之左右两人，均一手持排箫、一手摇鼗鼓。四是狩猎：一人正用箅子罔兔。[②]显然，画面的四个内容，两个属于官爵文化，两个属于游戏场景。可见，其完全是一部戏说官爵的图式。

图44　山东汉石画像“升鼎”

图45　南阳汉画像砖“升鼎”

综上所述，无论是祈祷升鼎，或者是嘲弄升鼎，其历史负载的事实有两个：一是《史记·秦本纪·正义》记载，周赧王三十四年(公元前296)，秦昭王从周王室中取走了“九鼎”。传说有一只鼎“飞入”泗水。而根据《水经注》所记载，传说周显王四十二年(公元前327)，周王室的“九鼎”全部沉没于泗水之中。另一件事是说，秦始皇统一后的第三年(公元前219)，东巡到泗水，斋戒祷祀，希望得到宝鼎。传说他派出千人下水打捞，找到了宝鼎。但是刚刚拉出水面，就被传说中的龙咬断绳索，宝鼎沉没到水中，再也没有出现。在这里，宝鼎在秦王朝得而复失的传说，则以民间信仰的形式变相说明了其政权统一乃至崩溃的合理性。而其文化意蕴，一方面是对于民间信仰中的官爵膜拜，另一方面则是对政治变迁无常且不能主宰的无奈，映射了官爵天定，或者说富贵无常的天命思想。

① 赖非编：《中国画像石全集》第2卷《山东汉画像石》图版第177，山东美术出版社，2000年。

② 南阳文物研究所编：《南阳汉代画像砖》图版第140，文物出版社，1990年。

三 寿

对于长寿的祈盼和崇拜，是民间“五福”信仰中的主要内容之一。渴望长寿或者不死，可以说是古今人们的共同心愿。在秦汉时期，长生和不死，成仙和化神，可以说是社会各个阶层的一致诉求。这些体现在汉画像上，就涌现出了众多祈寿仪式的图像。下面我们根据汉代生活的式样，予以举例说明。

(一) 鸠杖：汉代祈寿的制度路径

众所周知，人是历史的主体，也是社会生活的主体。有了人，才有了历史，才有了社会生活。人又是自然的生物，需要遵从自然的生存法则，承受着生老病死的困扰。在历史实践中，人类总结并积累着生存的经验，越来越重视生命的价值。在现实生活中，人们不仅渴求自己能够长生不老，更是对于长寿的人给予了更多的关爱和帮助(当然，要达到这样一种认识，尚需历史的实践和体验，如下述的寄死谣)。如图 46“南阳汉砖画像”，双阙之外，有导骑和轺车；双阙之间，有门吏拥盾；双阙内的楼阁内，一位老者执鸠杖端坐，一位头戴官帽者捧笏而拜，其中安放酒樽、耳杯。楼阙之间，置鱼、凤鸟、仙鹤、猴子和柏树等。如图 47“南阳汉砖画像”，老者持鸠杖毅然而立，一个男子头戴官帽，着宽袖襦衣，身佩环手长刀，双手前伸，张嘴似问好；其前有一个儿童，彬然向老者施礼。[①]从这两幅图像看，都是表达官员关爱老人，亦即尊老敬老的信息。如图 48“四川出土的汉石画像”，在荷塘、田野之间，有楼阁庭院，庭院之中的棕榈树下，老人蹲坐，手持鸠杖，侍者手捧食盒正前来。这幅画像被称作“养老图”。[②]显然，这与南阳汉砖画像的敬老图相比，正可谓相得益彰。

图 46 南阳汉砖画像及其局部

① 南阳文物研究所编：《南阳汉画像砖》图版第 1-3、57，文物出版社，1990 年。

② 高文编：《中国画像石全集》第 7 卷《四川汉画像石》图版第 46-48，河南美术出版社，2000 年。

图 47　南阳汉砖画像

图 48　四川出土的汉石画像及其局部

值得关注的是，鸠杖不仅出现在汉画像上，而且考古也有所发现。在甘肃武威的东汉墓中，曾经多次出土鸠杖。1972 年旱滩波墓群的东汉墓中出土一根鸠杖，鸠鸟作蹲伏状，张口含食，鸟喙略残；1984 年五坝山墓群 23 号墓中出土的鸠杖，长 2.1 米，握手处光泽明亮，杖头有一只斑鸠。可以说，考古发现的实物鸠杖，与汉画像的图像鸠杖，相互映衬，形象地表明了汉代的养老制度。

为什么老人要持鸠杖？《太平御览》卷 921 征引《风俗通》载："俗说高祖与项羽战，败于京索，遁丛薄中，羽追求之。时鸠正鸣其上。追者以鸟在，无人。遂得脱。后及即位，异此鸟，故作鸠杖，以赐老者。"由此可知，老人之所以持鸠杖，是因为鸠鸟曾经救过刘邦的性命，所以刘邦将其作为自己的幸运符号，以颁赐给年长的人，既体现汉朝敬老爱老政策制度的关怀，又寄寓着汉朝能够长长久久。此前，秦嬴政自命为"始皇帝"，以祈望二世、三世以至于万世的传下去。与之相比，刘邦显然要亲民一些，也更高明一些。

根据文献记载，颁赐鸠杖是古代国家很重要的养老政策。《礼记·月令》："养衰老，授几杖，行糜粥饮食。"《礼记·曲礼》："大夫七十而致仕，若不得谢，则必赐之几杖。"可见，老人不仅能得到几杖，还可以享受米粥的待遇；而拥有这个资格的，主要是在朝廷任职的老人。另外，出土文献比较详细地记载了几杖的授予事宜。1959 年，甘肃武威磨嘴子十八号汉墓出土"王杖诏令"简册十枚，主要记述西汉宣帝、成帝时期赐王杖的情况。1981 年武威文物管理委员会又征得"王杖诏书令"二十六枚，主要记载尊老赐杖。有关赐王杖的条件，简册有所规定，《二年律令·傅律》："大夫以上年七十，不更七十一，簪袅七十二，上造七十三，公士七十四，公卒、士五(伍)七十五，皆授仗(杖)。"可见，接受王杖的人，年龄至少在七十以上。有关持王杖者的权力，《王杖十简》有曰："上有鸠，使百姓望见之，比于节。"王杖上面的斑鸠，是权力的象征，百姓应该尊崇。又，"制诏御史曰：年七十受王杖者，比六百石，入官廷不趋”。即拥有王杖的老人享受郡丞、郡长史等官员的待遇。可见，得到王杖的老人，享有朝廷官员的待遇。

当然，鸠杖的出现，只是表明了汉朝敬老养老的一个方面，其实还有更多的政策措施。《汉书·文帝纪》记载，汉文帝元年(公元前 179)，皇太后责令“立太子母窦氏为皇后”，为泽披百姓，文帝下诏“养老”：“年八十已上，赐米人月一石，肉二十斤，酒五斗。其九十已上，又赐帛人二匹，絮三斤。赐物及当禀鬻米者，长吏阅视，丞若尉致。不满九十，啬夫、令史致。二千石遣都吏循行，不称者督之。刑者及有罪耐以上，不用此令。”

《汉书·武帝纪》记载，元狩元年(公元前 122)立太子，同时也颁布了“养老令”，只是将文帝时期的每人每月赏赐，改变为每人一次的赏赐。而根据学者考证，文帝“养老令”中的“月”是“衍字”。《后汉书·顺帝纪》记载，顺帝阳嘉三年(134)也颁布了“养老令”，其内容与汉武帝时期的一致。[①]

从诏令看，汉文帝的“养老令”主要有三项内容：一是将老人分为 80 岁和 90 岁两个年龄段，分别赐给粮食布帛；二是规定具体的发放环节，90 岁以上的老人，长吏、尉、丞需要亲自送达；三是 90 岁不到的老人，啬夫、令史需要亲自送达。二千石官员还需行使监督权。由此，上述汉画像中的持鸠杖老人面前的官员，可能正是执行朝廷的政令，来颁赐给老人钱物的。这用今天的话说，就是给老人送温暖。

可能是制度的提倡，汉代敬老养老的事情可谓书不胜书，在汉画像中除了上述的敬献持鸠杖者之外，还有很多其他场景的画面。如图 49“山东汉石画像(1)”，画面为繁茂的大树之下，树上站立四只鸟，树下一位四目老人踞坐于榻上，面前置放酒樽和耳杯；一只凤鸟衔绶带，收翅落其面前，昂首向老者；一位头戴官帽、腰夸长刀、身着宽袖襦衣的官员，左手前伸，右手端物，敬献老者。从画面看，这幅画应该是敬老图，或者说祝寿图。如图 50，与之相同的，茂盛的大树之下，老人蹲坐树下，伸手向前，一只凤鸟迈步而来，嘴吐珠于老人手中。[②]可见，这应该也是一幅养老敬老的图画。如图 51“四川渠县浦家湾汉阙画像”，画面为弯弯的古树下，老者坐在车上，一个年轻人左手持锄具，右手侍奉长者吃东西。这幅画就是著名的孝子故事之一的“董永侍父”。同样的画面也出现在四川乐山柿子湾崖墓，如图 52，画面左侧是“董永侍父”，右侧是古树之下，左右两侧各刻绘宴飨老人的画面。[③]同样的画面，在山东武梁祠画像中也有所展现。由此可见，虽然各个画面有所不同，老者要么是神话人物如四目神人，要么是现实中人如董永之父，而敬献者或者是人，或者是凤鸟。但是，作为敬老养老的仪式图像的基本元素，主要由大树、老者和敬献者构成。

图 49　山东汉石画像(1)

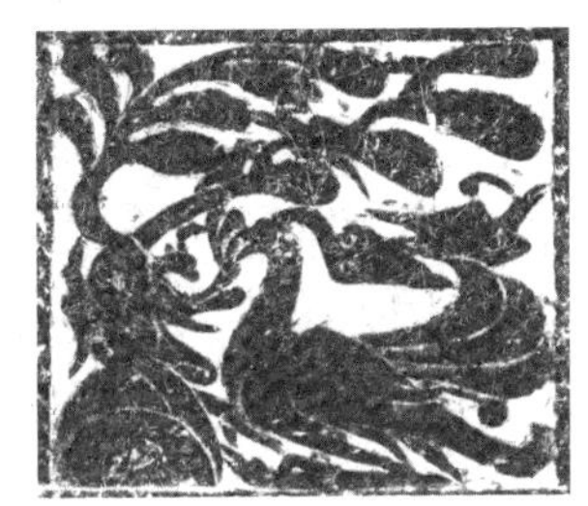

图 50　山东汉石画像(2)

① 赵凯：《〈汉书·文帝纪〉“养老令”新考》，《南都学坛》2011 年第 6 期。

② 焦德森编：《中国画像石全集》第 3 卷《山东汉画像石》图版第 32、53，山东美术出版社，2000 年。

③ 高文编：《中国画像石全集》第 7 卷《四川汉画像石》图版第 68、17，河南美术出版社，2000 年。

图 51　四川渠县浦家湾汉阙画像“董永侍父”

图 52　四川乐山柿子湾崖墓画像

在这里，该如何看待山东汉画像中的四目老人呢？根据文献记载和历史传说，四目神人可以有两种解释。一是四目神人是方相士。《周礼·夏官·方相士》：“掌蒙熊皮，黄金四目。”孙诒让《正义》：“黄金四目，铸黄金为目者四，缀之面间，若后世假面具也。”可见，作为方相士，四目神人是佩戴面具的傩者。秦汉时期，傩已经逐渐成为仪式性的驱魔活动，作为傩者的老人，可以说是智慧的化身和表征，是驱魔英雄，所以应该赡养。二是四目神人本身就寓意着聪慧。《尚书·舜典》：“询于四岳，辟四门，明四目，达四聪。”《孔传》：“广视听于四方，使天下无壅塞。”孔颖达《疏》：“明四方之目，使为己远视四方。”可见，四目神人表示人们聪明通达，能够掌握各方面的情况。由此，无论哪种解释，都表明四目的意思就是知识和智慧，说明人们在社会生活中，随着生命的延续，年纪越大，见识越广，智慧越发达。因此，需要敬爱老人，崇奉长寿。从秦汉以迄于今，在南阳乃至整个汉水流域有寄死谣的民间故事。传说先秦时期的麇国曾经有一个习俗，即人年满六十以后，如果尚健在，那么，儿女就会将他放入一个山洞里，留下一些食物，让其等待死亡。有孝子不忍心这样做，所以在自家里挖洞，将年过六旬的父亲藏到里面。突然有一天，外国进贡了一只动物，体大如牛，不知道是何物，朝廷很恐慌。在朝为官的儿子也很惆怅。被悄悄孝养的老父问明情况后，父亲告诉儿子处理的办法。第二天，官员将自家豢养的宠物猫揣入袖中，待见到那只四不像的动物时，放出猫来，猫虽然体小身轻，却倏然窜到动物面前，张嘴撕咬其脖颈。动物竟然呻吟萎缩，小至似鼠。原来是老鼠成精所致。国王追究原因，官员遂请罪。这时候人们才知道，原来人老了并不是不中用，而是有着更多的知识和智慧，于是改变了虐死老人的做法，提倡孝道，崇敬长寿。由此而言，董永侍父的画像，表明了汉代孝敬老人已经成为社会普遍的风俗，而祈盼长寿也成为普遍的社会愿望。

(二) 鼎食与针灸：汉代祈寿的物质保障

长寿的本质就是生命的存续，而生命的存续需要最基本的物质保障。对于人类来说，物质保障主要体现在两个方面，一是为生命所提供能量的食品，二是为祛病所提供的医疗保健。经历了数万年的文明洗礼，秦汉时期的人们对此的认识已经非常成熟。

秦汉时期对于食物的认识，充分地展现在汉画像上。一方面，是出现了大量的庖厨图。如图 53，南阳汉画像“庖厨图”，画面长几上，一串羊肉，一条大鲤鱼，一只鹅，一只鸭，一只鸡，三块烧饼，此外还有两个耳杯等。[①]如图 54 山东宋山小石祠画像“庖厨图”，画面上部悬挂着猪腿、羊头、兔、鸡、鱼，下部有人在蒸煮，有人在和面，有人在汲水，有人在剥狗。[②]如图 55，上部悬挂着鱼、猪腿、羊头、兔，下部有灶台蒸笼、烧火的人、和面的人、汲水的人。[③]可见，今天常用的肉类食品如鸡、鸭、鹅、兔、猪、狗、羊等，已经摆放在了汉代社会的餐桌之上。

图 53　南阳汉画像“庖厨图”

图 54　山东宋山小石祠画像“庖厨图”(1)

图 55　山东宋山小石祠画像“庖厨图”(2)

另一方面，是出现了鼎和灶台。鼎的出现，本身就是熟食的需要，是人类文明发展的标志。如图 56“四川泸州汉石画像”，画面为一带柄的圆鼎，鼎盖有环。鼎旁有一位老者，身着宽袖襦衣，左手持鸠杖，右手好似拿食品。[④]由此可见，秦汉时期，鼎虽然已经是国家政权的表征，但其作为烹制熟食用具的功能还在。又如上所举的“庖厨图”，都有灶台的画面，灶台上有蒸笼，前有烧火的人。可以说，这也构成了汉代日常生活和祈盼长寿画面的基本元素。

① 王儒林、李陈广：《南阳汉画像石》图版第 48，河南美术出版社，1989 年。

② 蒋英炬编：《中国画像石全集》第 1 卷《山东汉画像石》图版第 90，山东美术出版社，2000 年。

③ 赖非编：《中国画像石全集》第 2 卷《山东汉画像石》图版第 97，山东美术出版社，2000 年。

④ 高文编：《中国画像石全集》第 7 卷《四川汉画像石》图版第 188，河南美术出版社，2000 年。

图 56　四川泸州汉石画像

一是食品，一是食具，两者兼得，构成了人们生活的基础，成为生命延续和长寿诉求的保障。也许是感觉到了熟食对健康的价值，所以，从上古开始人们就崇拜鼎，甚至神话鼎的发明者黄帝。体现在汉画像中，就有了“祝鼎崇寿”的图像。如图 57“江苏出土的汉石画像”，画面分为两层，下层是广阔田野的官道上，有车骑出行。上层中部有一个圆鼎，鼎的两边是鬃毛怒发的嘴尖凸、愤然相向的野猪；圆鼎上部有一棵绶带飘然的常青树，树两边是凤毛华丽、阔步相向的凤鸟。[①]显然，这幅画像的中心一是圆鼎，二是常青树。而绘制两边的野猪，其意一是表明猪是主要的肉食，二是表示“祝福”，至于凤鸟，其寓意“吉祥”毋庸直言。可见，这幅画的意蕴就是长寿吉祥，是祝福长寿安康的。一些学者将其中的野猪看作是“犀牛”，将其命名为“犀牛争鼎”，无疑是没有领悟其精神意蕴的表现。

图 57　江苏出土的汉石画像

秦汉时期的医学知识已经相当发达。阐释中医理论的专著《黄帝内经》，至迟到汉代已经完全成文。《黄帝内经》由《素问》和《灵枢》两部分构成。《素问》重点论述脏腑、经络、病因、病机、病症、诊治以及针灸，《灵枢》除论述了脏腑功能、病因、病机之外，重点阐述了经络、腧穴、针具、刺法等。两者相互补充，堪为姊妹篇。东汉著名的医学家张仲景所著的《伤寒杂病论》，主要阐释包括瘟疫在内的外感病，其中著论 22 篇，397 条治法，113 个药方。《伤寒杂病论》是一部临床诊断的专著，系统地阐述了伤寒的病因、症状和处理方法，创造性地提出了“六经分类”的辩证施治原则，奠定了理、法、方、

① 汤池编：《中国画像石全集》第 4 卷《江苏、安徽、浙江汉画像石》图版第 112，山东美术出版社、河南美术出版社，2000 年。

药的理论基础，所精选的药方，配伍精炼，主治明确，经过千百年的临床检验，证实其有较高的疗效，而所记载的人工呼吸、药物灌肠和胆道蛔虫治疗领先世界水平。至今为止，《伤寒杂病论》仍然是中医的必读之书，是中医院校的主要基础课程之一。三国时的华佗称赞说："此真活人书也。"毫无疑问，医学的发达，为人们的健康生活和实现长寿的愿望提供了确实的保障。正如晋朝太医令王叔和所说："夫医药为用，性命所系。和鹊之妙，犹或加思；仲景明审，亦候形症。一毫有疑，则考校以求检。"

令人惊奇的是，汉代人对医学保健功用的认识也体现在汉画像中。如图 58 山东汉石画像"扁鹊针刺"，画面分为三层，下层为栖息鸟儿的大树下的庖厨，有烧火者、和面者、汲水者、切肉者，树枝上悬挂猪腿；中层绘制五人列坐，左有扁鹊手执针石，拉披发人之手进行针刺，其后有一只神鸟；上层为二龙二兽。图 59 与图 61 山东汉石画像"扁鹊针刺"局部(1)与(3)不展开详细的描绘。图 60 山东汉石画像"扁鹊针刺"局部(2)，画面为两层。下层为水榭，水中有鱼鳖，有人罩鱼，鱼鹰啄鱼；榭亭内二人坐观，一人凭栏钓鱼；榭梯上七人光临。榭亭外有三层，下层有人跽坐，中层为二人六博嬉戏，一人观坐，上层为披发三人列坐，神医扁鹊执针为其针刺。画面最上层为四仙人骑龙。[①]由此可知，这两幅画像所展示的是，汉代社会生活中，既有庖厨之衣食无忧，又有水榭歌亭之优裕荣华；而最主要的是都有扁鹊刺针，从而祛病强身，可以永葆生命之长青。就此而言，汉代人们追求长寿之情，可以说是尽在画中。

图 58　山东汉石画像"扁鹊针刺"

图 59　山东汉石画像"扁鹊针刺"局部(1)

① 赖非编：《中国画像石全集》第 2 卷《山东汉画像石》图版第 45、46，山东美术出版社，2000 年。

图 60　山东汉石画像“扁鹊针刺”局部(2)

图 61　山东汉石画像“扁鹊针刺”局部(3)

(三) 西王母：汉代祈寿的精神偶像

一是赡养老人，二是注重饮食和祛病保健。由此可见，秦汉时期的人们对于生命的认知，具有实际的体验和科学的认知。但是从汉画像看，还远不止这些，汉代人对于生命和长寿还有精神崇拜的模式——这就是著名的图像“西王母”与“拜见西王母”。

披阅汉画像，西王母的图像非常之多。如图 62“南阳汉砖画像”，画面中部刻绘高耸的山峰，西王母背山而坐，左手缠线板，右手持灵芝，其左侧依次刻绘捣药兔、蟾蜍、九尾狐和三足鸟，其右侧山峰下刻绘三个羽人，一人伸手、抬腿跳舞，一人左手持槌、右手提鼗鼓，一人蹲坐吹排箫。如图 63，从山峻岭中林木茂密，有三足鸟、九尾狐在奔跑；山之巅，西王母蹲坐其上，其左站有人面虎身者，其右一个羽人手持灵芝跪拜。[①]这两幅汉画，一是采用平面的形式，一是采用立体的形式，都体现了西王母是作为民间崇拜的偶像而出现的。

图 62　南阳汉砖画像(1)

① 南阳文物研究所编：《南阳汉画像砖》图版第 159、161，文物出版社，1990 年。

图 63　南阳汉砖画像(2)

为什么西王母会成为汉代长寿的偶像呢?

结合传世文献，可以发现，第一，西王母本人是一个长生不死的人，是仙人。《史记·司马相如传》载《大人赋》:“吾乃今目睹西王母皬然白首。载胜而穴处兮，亦幸有三足乌为之使。必长生若此而不死兮，虽济万世不足以喜。”《汉书·扬雄传》载《甘泉赋》也有同样的词句:“想西王母欣然而上寿兮。”由此，在汉代学者看来，西王母居处山穴之内，白发苍苍，头戴胜饰，长生不老。笔者在相关的研究中，曾经指出，西王母之所以被认为是不死的，其因是西王母是活跃在西北的母系氏族；中原男子的走婚者代代相传而来，见到的西王母氏族的女性都是同一种装扮，于是认为其是长生不老的。①

第二，西王母拥有不死之药，也就是掌握了医治疾病的良方妙药。《淮南子·览冥训》、张衡的《灵宪》，都曾经记载说，后羿曾经从西王母处得到长生不老药，“弈请不死之药于西王母，姮娥窃以奔月”。可见，西王母之所以长生不老是因为她有长生不死之药。而不死之药的存在，其实是说中医药的发明是远古时期母系社会的女性发明的。所以，西王母身旁常常刻绘有捣药兔和蟾蜍。相关的情况，笔者也曾经做过较为详细的分析。②

第三，西王母拥有保健的食品，也就是懂得更多可以果腹养生的食品。一方面，是有三足乌所带来的据说可以长生不老的仙果。《山海经·海内北经》:“西王母梯几而戴胜，其南有三青鸟，为西王母取食。”据笔者的考察，所谓青鸟所取之食，就是今天的大枣。另一方面，依照传统中医药学的观念，今天带有保健的食品，如大枣和枸杞，都是西王母所掌握的，所以曾经被命名为“西王母枣”(明冯复京(1573—1622)所著的《六家诗名物疏》将大枣称作“西王母枣”)“西王母杖”(明毛晋(1593—1659)所攒集的《陆氏诗疏广要》将枸杞称作“西王母杖”)。③《史记·孝武本纪》记载，汉武帝询问其长寿的秘诀，李少君说:“臣曾游海上，见安期生，食臣枣，大如瓜。安期生仙者，通蓬莱中，合则见人，不合则隐。”仙人安期生的食物就是大枣。也就是说，在汉代人看来，食用大枣，即可长寿。

① 郑先兴:《汉画像的社会学研究》，河南大学出版社，2009 年，第 219-222 页。

② 郑先兴:《汉画像的社会学研究》，河南大学出版社，2009 年，第 261-262 页；又参见郑先兴:《民间信仰与汉代生肖图像研究》，河南大学出版社，2012 年，第 81-88 页。

③ 郑先兴:《汉画像的社会学研究》，河南大学出版社，2009 年，第 247-251、231-232 页。

由此，个人的不死、医药的保障和食物的供养，这三者构成了西王母长寿偶像的基本元素。所以，在汉代人的信仰观念中，祈寿求福，其顶礼膜拜的偶像就是西王母。

这样，就出现了大量的“拜见西王母”的图像仪式。如图 64，画面左侧刻绘二层楼阁，西王母端坐其内，阁楼外的右侧是依次站立拜见的鸡首人身者、马首人身者、牛首人身者和人。中部为扶桑树，树上有鸟儿，树下有三人，一人挽弓射鸟。右侧是建鼓，两人击鼓舞蹈，两人长袖对舞。[①]显然，以鸡、马、牛面具拜见，其原意是傩的形式祈寿，而以人的形象拜见祈寿更是不言而喻。如图 65“陕北绥德四十里铺墓门画像”，西王母端坐，左侧是鸡首人身、手捧物什者跪拜，上为三足鸟，下为九尾狐，另有两只兔捣药和仙草；右侧是两位官员站立，各自手捧麦穗。[②]在这里，鸡首的装扮者也是以傩面具的形式拜见祈寿，而两位官员则是祈祷粮食的丰收。如图 66，画面左侧是西王母凭几而坐，左侧两位官员、右侧一位官员捧笏跪拜；中部是蟾蜍站立双臂交叉举剑，一个鸡首人身者跪拜，其身下是捣药兔一手端带柄的锅一手用筷子搅拌，似乎是在熬药；右侧三足鸟、九尾狐皆持长枪，两只捣药兔捣药。[③]这幅画像虽然蕴含了更多的神话因素，但是其祈寿祈福的意思还是很明显的。

图 64　江苏汉石画像“拜见西王母”

图 65　陕北绥德四十里铺墓门画像“拜见西王母”

可见，在西王母作为长寿偶像的拜祭中，拜求的内容除了长寿以及与长寿相关的仙药、仙果之外，还有祈盼子孙昌盛、和平幸福等的内容。《焦氏易林·蒙卦》：“患解忧除，王母相与。与喜俱来，使我安居。”《焦氏易林·鼎卦》：“西逢王母，慈我九子，相对欢喜，王孙万户，家蒙福祉。”《焦氏易林·坤卦》：“稷为尧使，西见王母。拜请百福，赐

---

① 汤池编：《中国画像石全集》第 4 卷《江苏、安徽、浙江汉画像石》图版第 4，山东美术出版社、河南美术出版社，2000 年。

② 汤池编：《中国画像石全集》第 5 卷《陕西、山西汉画像石》图版第 177，山东美术出版社，2000 年。

③ 赖非编：《中国画像石全集》第 2 卷《山东汉画像石》图版第 94，山东美术出版社，2000 年。

图 66 山东汉石画像“拜见西王母”

我善子。”由此可见，西王母不仅仅是长寿的偶像，而且还承担着消除祸患、送子观音、荫庇子孙等保护神的全能神效用。正如学者所指出的，“西王母被赋予了‘长寿’之外的一个新功能：‘救世主’，如同后来广泛信仰的观世音菩萨，它具有将信徒从各种危险和困境中解脱出来的神力，以及赐子和赐福的神力”[①]。

综上所述，可以说，汉代民间社会的长寿信仰，既是制度的，又是富有理想的。制度在于一是孝亲，赡养老人，二是讲究饮食，祛病强身；理想在于有西王母作为偶像崇拜，不断丰富和完善信仰体系，逐渐趋于宗教仪式。而制度做法和理想诉求在社会实践中的融合，最终为道教的养生观念提供了社会条件，形成了独特的道教仪式和传统中医药学。

四 禧

祈禧是民间五福信仰的内容之一。祈禧的内容繁杂，所谓“久旱逢甘雨，他乡遇故知，洞房花烛夜，金榜题名时”，正是传统所谓的“四喜”。但显然这是唐宋之后的事情，因为“金榜题名”的科举取士是在隋唐之后才开始的。由此，汉代的祈禧有哪些内容？换句话说，汉代人是如何品味生活、祈盼人生的呢？总览汉画像，可以发现，汉代已经有了自己的四喜内容。

(一) 游艺之喜：汉代人的生活乐趣

“做无聊之事，打发有限之人生。”所谓的“无聊之事”，其实就是游艺活动。可见，游艺之乐，正是社会生活中最为普遍的祈禧活动。就汉代社会来说，游艺之多，可说是不胜枚举。从汉画像看，汉代的游艺可以分为少年和成年两个层次。

少年的游艺肯定是不少的。汉画像所表现出来的，最具有代表性的是玩“鸠车”。如图 67“南阳‘许阿瞿’汉石画像”，画面分为左右两部分。左侧是榜题，说明了许阿瞿这个孩子年仅五岁就夭折了，其父母非常思念他，担心其在阴间孤寂，于是刻绘了右侧的画面，希望他能够像活着的时候一样开心生活。右侧画面分为上下两层，上层是许阿瞿生活的场景，左侧许阿瞿坐在蒲席上，有侍者为其打扇，右侧是其游艺情境，依次是放鸢、拉鸠车、玩鸟。下层是乐舞百戏，歌唱的、耍丸的、跳盘鼓舞的、抚筝的和吹笙的，取意是给许阿瞿观赏的。[②]由此可见，汉代小朋友们的游艺活动还是比较多的。

① 李淞：《论汉代艺术中的西王母图像》，湖南教育出版社，2000 年，第 31 页。

② 王建中编：《中国画像石全集》第 6 卷《河南汉画像石》图版第 202，河南美术出版社，2000 年。

图 67　南阳“许阿瞿”汉石画像

联系其他地方的汉画像石，发现“鸠车”的画面相对较多，主要出现在“孔子见老子”图像中。案《史记·孔子世家》记载在周景王年间，“鲁君予之一乘车，两马，一竖子俱，适周问礼，盖见老子云”。又案《战国策》记载，甘罗十二岁为文信侯出谋划策，说“项佗生七岁而为孔子师”。据此，汉画像为表现孔子求学问道、不耻下问的精神，将其形象化了。如图 68“山东汉石画像”，画面左侧依次是拄拐杖的老子、推鸠车的项佗、拱手施礼的孔子及其弟子。在这里，撇开“孔子见老子”的意旨不谈，单单就项佗所玩耍的“鸠车”图像而言，既体现了其年幼贪玩的本性，又折射其年少有智慧。当然，我们所重视的是其游艺的“鸠车”。如图 69“山东汉石画像”，画面中孔子带领弟子在左侧拱手施礼，右侧依次为推鸠车的项佗、拄拐杖的老子及其侍者。[①]如图 70“山东武氏祠西阙正阙身北面画像”，画面刻绘左侧是两人对面，右侧是孔子与项佗，项佗手推鸠车。[②]从这三幅画像看，项佗所玩鸠车的轮子，所绘稍有不同：实心轮、辐条轮、空心轮。陕北的画法有所不同，如图 71，老子居左，孔子携雁居右，中间是项佗，所玩的鸠车为侧面两轮。[③]

图 68　山东汉石画像“孔子见老子”(1)

① 赖非编：《中国画像石全集》第 2 卷《山东汉画像石》图版第 97、99，山东美术出版社，2000 年。

② 蒋英炬编：《中国画像石全集》第 1 卷《山东汉画像石》图版第 16，山东美术出版社，2000 年。

③ 汤池编：《中国画像石全集》第 5 卷《陕西、山西汉画像石》图版第 185，山东美术出版社，2000 年。

图 69　山东汉石画像“孔子见老子”(2)

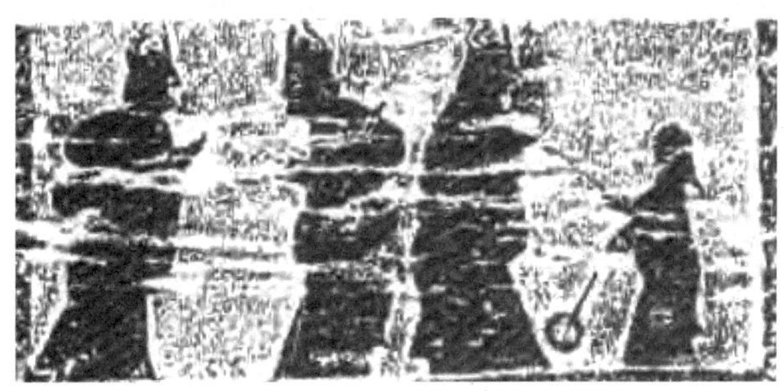

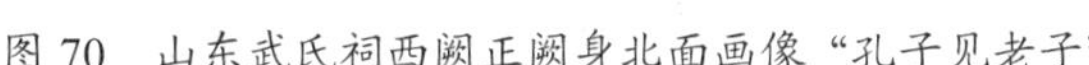

图 70　山东武氏祠西阙正阙身北面画像“孔子见老子”

图 71　陕北汉石画像“孔子见老子”

可能是绘画的角度不同，所以汉画像中的鸠车轮子各有其特征。但是考古出土的铜鸠车，其形状却是固定的。如图 72“河南南阳宗康墓出土的铜鸠车”，长 7 厘米，高 4.5 厘米。铜鸠车以一只鸠为造型，两侧加轮，鸠前胸有一挂孔，以绳拉鸠，轮动。铜鸠车的出现，可以说明汉代确实存在着玩车的习俗。据晋张华《博物志》记载：“小儿五岁曰‘鸠车’之戏，七岁曰‘竹马’之戏。”宋王黼《宣和博古图》卷 27 则说明了鸠车的形状：“汉鸠车，六朝鸠车，二器状鸤鸠形，置两轮间，轮行则鸠从之。”考古发现证明了《宣和博古图》所说是对的。铜鸠车的设计很是精巧，既表明当时社会对儿童游玩的重视和希望，也说明鸠车之戏是儿童的最爱，同时表明了汉代寓教于玩的教育理念，因为鸠就是斑鸠，寓意着长长久久。

图 72　河南南阳宗康墓出土的铜鸠车

成年的游艺更是多不胜数。从汉画像看，最为突出的就是“投壶”和“六博”。

《礼记·投壶篇》详细记载了古代投壶游戏的方法。投壶双方以宾主相对，投箸进壶多者为胜，输者则罚以饮酒。如图 73“南阳沙岗店出土的汉石画像”，画面中间有壶、

酒樽，左右两侧是投箸者，各自一手持箸，一手投壶，右侧是掌管投壶的司射，左侧一人可能投壶不中已经喝多，脸和头刻绘得较大，象征已经喝多了，其身旁一人左手持箸，右手搀扶着他。在这里，投壶者的专注、司射者的严肃和醉酒者的夸张，都充分展现了投壶的情趣及投壶之人的喜悦。[①]结合《礼记》的记载，投壶饮酒不仅是日常的游艺活动，而且还打上了礼治的烙印。

图 73 南阳沙岗店出土的汉石画像“投壶”

六博与投壶相比，都是以使用算筹与饮酒为目的的。不同的是，六博除采用六箸外，还有六枚棋子、棋盘和方枰。棋盘上刻绘“╤、╕、╝、□”等图形，是以棋盘的格式根据所谓的相生、相克，生门、死门等局面来布置的。方枰是用来投箸的。行棋要先投箸，根据投箸的结果，决定行棋的步子。所以，投箸行棋也像投壶一样，需要运气。《太平御览》卷 753 引班固《奕旨》：“夫博悬于投，不专在行。优者有不遇，劣者有侥幸。”如图 74“山东汉石画像”，中部刻绘方枰、棋盘，左右两侧分别是博弈者。观棋者三人，左侧一人，端坐上位，像是居权位者；右侧二人，躬身打坐，像是官职卑微者。如图 75“山东汉石画像”，画面分为两组，左侧是二人六博，有方枰和棋盘；右侧二人可能为观棋者，有酒樽、耳杯。如图 76“山东汉石画像”，也是两组，中部左侧是二人赤膊六博，有方枰、棋盘，左边是手持肉串观棋者，身后有人端杯侍奉；中部右侧是二人倾身观棋，其中有酒樽、耳杯，右边还有躬身观棋者。[②]又如图 77“四川新津崖墓汉石画像”，二人赤膊、袒胸、激愤跪踞六博，其中有方枰、棋盘、酒樽等，因二人头戴双耳帽，背生羽翼，应该是表现仙人六博。如图 78，这一幅是身着宽袖襦衣、头戴平顶冠之人，各自一手摁方枰，一手高举，似乎在争执，应该是表现人间的六博。[③]显然，无论是人间或者是仙界，都说明六博游戏是当时人们最主要的游艺项目，体现了人们日常生活的张弛有度和喜乐。长沙马王堆西汉墓 3 号墓出土了完整的六博器材。在方形盒内，有搏局、黑白象牙棋子各六、象牙短筭 30 枚、象牙长筭 12 枚、直食棋 20 枚、角质环刀 1 件、象牙削刀 1 个、球形十八面体博茕(即骰子，木质、髹深褐色漆，径 4.5 厘米，十六面分别刻有一至十六数字，其中相对的两面，一面刻篆文“骄”字，另一面刻“妻畏”字)。另外，江陵凤凰山 8 号西汉墓也出土了六博器材，该墓的遣策为：“博：筭、綦、梮、博席一具，博橐一。”考古所出土的博具，再次证明了两汉时期六博在社会生活中是一种喜闻乐见的游戏。《汉书·吴王濞传》记载，吴太子与皇太子“博，争道，不恭。皇太子引博局提吴太子，杀之”。可见，六博之戏，充斥着悲喜欢乐。

① 王建中编：《中国画像石全集》第 6 卷《河南汉代画像石》图版第 113，河南美术出版社，2000 年。

② 赖非编：《中国画像石全集》第 2 卷《山东汉画像石》图版第 43、99、106，山东美术出版社，2000 年。

③ 高文编：《中国画像石全集》第 7 卷《四川汉画像石》图版第 207、209，河南美术出版社，2000 年。

图 74　山东汉石画像“六博”(1)

图 75　山东汉石画像“六博”(2)

图 76　山东汉石画像“六博”(3)

图 77　四川新津崖墓汉石画像“六博”(1)

图 78　四川新津崖墓汉石画像“六博”(2)

(二) 乐舞之喜：汉代人的集体狂欢

如上述，许阿瞿汉石画像的下层刻绘乐舞百戏，其意是表示许阿瞿在幽冥中还将享有人世的乐趣，同时也说明了乐舞是当时社会生活中重要的喜悦事情。据此可知，汉画像中之所以出现大量的乐舞百戏的场景，其实就是要表现秦汉社会的又一欢乐之事。如图 79“南阳唐河出土的汉石画像”，由左至右，依次为侧坐吹笙者、摇鼗鼓吹排箫者、跳盘鼓舞者、耍丸者与倒立者。图 80，为同墓出土的另一幅汉画像，自左至右依次为侧坐吹笙者、摇鼗鼓吹排箫者二、吹埙者、弯腰长袖舞者二、倒立者与站立吹笙者。[①]两幅画最大的不同之处在于演艺者的性别，前者为男子，后者则是女子。无论男女，乐舞者的自信欢快，以及给观赏者所带来的审美愉悦自是毋庸言表的。

① 王建中编：《中国画像石全集》第 6 卷《河南汉画像石》图版第 39、37，河南美术出版社，2000 年。

图 79　南阳唐河出土的汉石画像“乐舞百戏”(1)

图 80　南阳唐河出土的汉石画像“乐舞百戏”(2)

根据专家的论析，汉代乐舞分为两个方面。一是俗乐，即自娱性的，或者说是即兴式的。《汉书》卷 77《盖宽饶传》记载，当时平恩侯许伯搬迁进新宅，丞相、御史、将军、中二千石都来祝贺，酒宴欢畅时，“长信少府檀长卿起舞，为‘沐猴与狗斗’，坐皆大笑”。这里所谓的“沐猴与狗斗”，可能就是在跳舞中模仿猴子洗浴和狗之争斗，“属于共娱共乐性质的舞蹈，与今天朋友聚会时即兴的耍笑斗唱很相似”。[①]即兴式的乐舞反映在汉画像上，如图 81“南阳师范学院汉文化研究中心博物馆所收藏的门扉画像”，画面分为三层，低一层是广场的马托建鼓舞，中间层是汉阙、门吏和宅门，上层为庭院乐舞，有奏乐，有歌唱，主人则端坐于房内案几内，左右各有侍者。

图 81　南阳师范学院汉文化研究中心博物馆所收藏的门扉画像

① 季伟：《汉代乐舞百戏考述》，河南大学出版社，2012 年，第 74 页。

二是雅乐，即国家规定的。《东观汉纪·乐志》载录蔡邕的《乐志》指出，汉代的乐舞有四品："一曰太予乐，典郊庙、上陵、殿诸食举之乐。""二曰周颂雅乐，典辟雍、飨射、六宗、社稷之乐。""三曰黄门鼓吹，天子所以宴乐群臣，《诗》所谓'坎坎鼓我，蹲蹲舞我'者也。"至于第四品，《隋书·音乐志》载："其四曰短萧铙歌乐，军中之所用焉。"但是专家认为《隋书》的这一说法不可靠，认为"短萧铙歌乐"是蔡邕所说的第三品中的内容。"蔡邕《乐志》实际上把'短萧铙歌'置于'黄门鼓吹'项下。"[①]但是从社会实际来看，《隋书》的说法还是有一定的道理的。由此，蔡邕所谓一品属于国家祭祀的乐舞，即所谓娱神的；所谓二品属于国家政治活动的乐舞，即所谓凝聚精神的；所谓三品属于君民同乐的，即所谓天地同心、上下一致；所谓四品属于军乐，是专门用来行军征战、庆祝凯旋的。

无论是俗乐或者是雅乐，其主要内容一是乐、二是舞。就乐而言，又可分为声乐和器乐。声乐就是歌唱，专家认为，汉代的歌唱形式主要是"徒歌、但歌与相和歌"。"徒歌""是指单人演唱，没有乐队伴奏的表现形式。""徒歌"的形式在汉画像上得以体现。如图 82"四川绵阳出土的歌唱俑"，灰陶质地，戴平顶冠，身着圆领宽袖襦衣，束腰带，跽坐，右手放在右膝盖上，左手抚耳，面带微笑，作歌唱状。"但歌"是在"徒歌"基础上，"加入其他人的伴唱或对唱"，有点像今天的对歌。其典型的特征就是"一人唱，三人和"。同样的，"江苏扬州出土的歌唱俑"，上身前倾，左手甩至腰腹，右手摆置在臀部，俑头戴发髻，身着长袖长裙，似乎是边舞边歌。"相和歌"是在"但歌"的基础上配以器乐，"是汉代民间俗乐的典型代表"。《晋书·乐志》："相和，汉旧歌也。丝竹更相和，执节者歌。"[②]如图 83"南阳市(麒麟岗)西郊出土的汉石画像"，左侧刻绘倒立者，弄杖蹲展双臂者，长袖折腰踏柎起舞者；右侧三人站立为歌唱者，其左右分别为羊酒樽与酒樽；中间四人为鼓瑟者、吹埙者与执桴击鼓者。[③]显然，这是一幅相和歌图像。

图 82　四川绵阳出土的歌唱俑

图 83　南阳市(麒麟岗)西郊出土的汉石画像"乐舞百戏"

器乐就是使用材料制作而成的乐器，其种类非常之多。《国语·周语下》："金石以动之，丝竹以行之，匏竹以宣之，瓦土以赞之，革木以节之。"这就是说，依照制作材料的

① 萧亢达：《汉代乐舞百戏艺术研究》，文物出版社，1991 年，第 23 页。

② 季伟：《汉代乐舞百戏考述》，河南大学出版社，2012 年，第 25-33 页。

③ 王建中编：《中国画像石全集》第 6 卷《河南汉画像石》图版第 127，河南美术出版社，2000 年。

不同，器乐可以分为四类八种。金石类方面，主要有钟、钲、铙、铎、錞于、磬。丝竹类方面，主要有琴、瑟、筝、筑、卧箜篌、琵琶等。匏竹类方面，主要有竽、笙、排箫、长笛、笛、舂牍等。革木类方面，主要有鼓、鼗、节、夯杵等。至于瓦土类方面则主要是埙。此外，还有来自周边少数民族的器乐，如北方匈奴族的胡笳、胡笛、胡箜篌，越南的钟、铜鼓、铜锣、筑，等等。值得注意的是，汉代这些器乐，不仅有出土的实物，而且在汉画像中常常有所展现。如图 84“南阳七孔桥出土的汉石画像”，左侧建鼓，二人执桴击鼓，二人摇鼗鼓、吹排箫，一人吹埙，一人击铙，一人挥长袖踏柎起舞，一人扛鼎，一人倒立，一人扑，一人击鼙鼓。①

图 84　南阳七孔桥出土的汉石画像“乐舞百戏”

就舞而言，其种类非常之多。根据相关专家的考察，主要有巾舞、拂舞、盘古舞、长袖舞、建鼓舞、铎舞、鼗鼓舞、鞞舞、剑舞、干戚舞、刀舞等。②这些舞蹈在汉画像中也都有所展现。

除了乐舞之外，能够体现汉代人狂欢的，还有杂技。汉代杂技门类较多，而且十分惊险。如倒立、柔术、逆行连倒、跳丸、耍鐔、扛鼎、冲狭、吐火、斗兽等。

乐舞与杂技，是汉代人欢乐生活的表征，体现着民众的集体狂欢精神和欢愉情绪。《礼记·乐记》：“乐者为同，礼者为异。同则相亲，异则相敬。”乐舞诉求求得大家的一致，礼治的诉求则是区别人们之间的不同。相互一致就会产生亲切感，相互区别则会产生敬畏情。又，“乐者乐也。君子乐得其道，小人乐得其欲。以道制欲，则乐不乱；以欲忘道，则惑而不乐。是故君子反情以和其志，广乐以成其教。乐行而民向方，可以观德矣”。乐舞就是让人快乐的。有德者的快乐在于明道真理，平凡人的快乐在于满足自己的欲望。通过追求真理控制欲望，那么，则欢乐无限；相反，通过满足欲望以获得快乐，反而失去了人生的欢乐。所以，在社会历史实践中，有德者以调节自己的情欲达到理想，宣传乐舞凝聚民心。由此，观察民俗乐舞，即可了解社会伦理的发展趋向，挖掘民众普遍的欢喜之情。

(三) 欢爱之喜：汉代人的性爱生活

男欢女爱乃人伦之常情，人类的延续与发展仰赖于此，人生的至喜与知足也归结于此。所谓“洞房花烛夜”，其实就是表明性爱生活是人生的基本乐趣。汉代社会作为中国历史本土化的完善与终结阶段，其对性爱生活的关注，更是可圈可点。

一方面，汉代人最讲究性爱之喜。出土汉画像不时会发现性爱场面，如果贯穿起来，

① 王建中编：《南阳两汉画像石》图版第 124，文物出版社，1990 年。

② 季伟：《汉代乐舞百戏概论》，中国文联出版社，2009 年，第 105-150 页。

就是一幅完整的春宫图：

(1) 拥抚。如图 85“南阳方城所出土的门扉石画像”，画面女左男右，各着襦衣长衫，头戴冠饰，男左右手分别从女左右腋下提抱其腰肢，女则紧紧依偎着男。[①]

(2) 激吻。如图 86“四川汉乐山崖墓石画像”，浅浮雕，画面男女紧紧相偎，互相拥抱、亲吻。如图 87“四川彭山崖墓石画像”，深浮雕，画面为男女裸体偎依，互相抚爱。如图 88“四川荥经石棺画像”，斗拱房间之内，男女席地跽坐，男托起女下颚亲吻。[②]

图 85　南阳方城所出土的门扉石画像

图 86　四川汉乐山崖墓石画像“接吻”

图 87　四川彭山崖墓石画像“接吻”

图 88　四川荥经石棺画像“接吻”

(3) 交媾。如图 89“四川德阳出土汉砖画像”，帷幔内，男女于席上交媾。女仰卧，头下有枕，头发散乱，双腿盘卡男腰部，男匍匐女身，伸喙吻女唇，其根植于女下体。[③]

综上所述，汉画像比较准确地描绘了男女性爱的程序，折射了汉代人的性爱之喜。

其实，文献所记载的汉代性爱生活比图像更为详细。马王堆帛书《合阴阳》详细讲述了性爱的步骤：“操楯”“戏道”“致气”“十动”“十节”“十修”“观八动”“听五音”“察十征”等。这九个环节的中心意思就是使女子达到高潮。如“戏道”：“一曰气上面臧(热)，徐呴；二曰乳坚鼻汗，徐抱；三曰舌薄而滑，徐屯；四曰下液股湿，徐操；五曰嗌干咽唾，徐撼，此谓五欲之征。”这就是说，当性爱之时，女子自身有着面红耳赤、乳房坚挺、鼻头出汗、舌头滑润、下身湿润、咽喉干燥等体态反映，而男子则应配以亲吻、拥抱、

① 刘玉生：《“秘戏”汉画像石管窥》，《中原文物》1986 年增刊。

② 高文编：《中国画像石全集》第 7 卷《四川汉画像石》图版第 9、21、111，河南美术出版社，2000 年。

③ 高文、王锦生编：《中国巴蜀汉代画像砖大全》图版第 67，国际港澳出版社，2002 年。

图 89　四川德阳出土汉砖画像

吮吸、抚弄和摇动。又如“十修”：“一曰上之，二曰下之，三曰左之，四曰右之，五曰疾之，六曰徐之，七曰希之，八曰数之，九曰浅之，十曰深之。”男女做爱之时，要注意上下、左右、快慢、少多和深浅等的动作。“十动”：“一动毋泻，耳目聪明，再而音声章，三而皮革光，四而脊胁强，五而尻髀壮，六而水道行，七而至坚以强，八而腠理光，九而通神明，十而为身常。”如果男女相互控制不泄精的话，那么，将会耳目聪明，声音洪亮，身体轻松、强壮，精神光鲜、矍铄，总之，性爱对于男女身体都是有益的。

另一方面，汉代人也讲究性爱之伦理。汉代人在体验性爱之喜的同时，也特别注意男女之伦理。如图 90“山东汉石画像”，画面是伏羲、女娲各执规矩，人身蛇尾相交；其间有羽人举手相牵、蛇尾相交；两侧分别刻绘蛇尾羽人和卷云纹。①

图 90　山东汉石画像“伏羲女娲”

这幅画像非常形象地说明了汉代人的性爱观念：一是蛇尾羽人的牵手相交，其意是男女的性爱之合；二是蛇尾羽人的相互追逐，其意为男女的嬉戏；三是伏羲女娲的执规矩，其意是男女的性爱是有规则的。“汉画像中伏羲女娲交尾图，大多数是伏羲女娲高举着规矩，既是对于两性婚姻关系确立的标志，同时也是对于乱伦婚姻的禁止。”②

文献资料也充分展现了汉代人对于男女性爱的认知。《汉书·艺文志》：“房中者，性情之极，至道之际，是以圣王制外乐以禁内情……乐而有节，则和平寿考；及迷者弗顾，以生疾而殒性命。”性爱是人生喜乐的最高点，也是社会制度的起点，所以圣王治理社会就是通过乐舞的外在形式以疏导男女的内在情欲。如果人们喜乐有节制，那么，就可以

① 蒋英炬编：《中国画像石全集》第 1 卷《山东汉画像石》图版第 80，山东美术出版社，2000 年。

② 郑先兴：《汉画像的社会学研究》，河南大学出版社，2009 年，第 143 页。

达到既欢乐又长寿的目标；但是如果痴迷沉湎其中，就会引起疾病甚至丧失生命。《汉书·景十三王传》就记载了汉景帝的儿孙不收夫妻之道，荒淫、乱伦之事，如江都王刘建“专为淫虐”，“欲令人与禽兽交而生子，强令宫人裸而四据，与羝羊与狗交”，又如赵王太子刘丹、广川王刘齐皆与其“同产”姊妹交合。考《汉书》记载这些荒淫无道之事，一方面说明汉代贵族的过度荒淫无耻，另一方面也是以史为鉴，警醒后人。

(四) 升仙之喜：汉代人的身后境界

人生于世，无论怎样的欢喜，都难免遭遇病灾，最终走向死亡。但是汉代人在恐惧死亡的同时，对于死亡又给予了灵魂不灭的解释，即人们摆脱了世俗肉体的束缚，走向了灵魂的仙境，从而使得世俗之人对于死亡有着几分无奈之期待。换句话说，汉代人将人的死亡看作是一喜，即所谓“喜丧”。尤其是对于年龄高寿者的去世，更是推为值得庆祝的事情。《太平经》载：“夫人死，魂神以归天，骨肉以付地腐涂，精神者可不死而致，尚可得而食之。”[①]人死之后，灵魂进入天界，骨肉存入土中被腐朽化入，只有其精神思想流传社会，还可以查阅(文献)得到并享用。《太平经》作为东汉社会的“秘籍”，其观点代表着社会中下层民众的意志。值得关注的是，汉画像也体现了这一死亡的观念。

一方面，汉画像反映了汉代送葬与祭祀的情况，说明汉代对于人的尸身和精神的安置。如图 91“山东汉石画像”，左格，中部为四轮桑车，车身较长，车顶有篷盖，车前部设舆，中竖穿璧的柱，上设华盖，车棚上前后都设建鼓。车前有十三人，下层五人双臂前伸，双手共挽绳索，中四人有举幡、有回首；车后有八人，随车而行，下层人皆发髻长带为女子，上层腰束长巾为男子。右格，上部为林木茂密，下有空穴，穴左三人冠带常义，拱手躬立；穴右二人跽坐，五人跽坐，中有酒樽。[②]在这里，右格的画面显然是送葬的，左格的画面则是在墓地享堂的祭祀，说明后人接受、领悟并承继其精神思想。

图 91　山东汉石画像“送葬祭祀”

另一方面，汉画像更多的是反映了汉代灵魂升仙的愿望。如图 92 南阳汉砖画像中的“平索戏车”，拱桥长虹般地将人世与仙界分开。仙界那边，已经有侍者二人身着宽袖襦衣，发髻高耸，躬身相迎；拱桥上，一匹马单驾轺车奋马扬蹄，即将下桥，其后有二肩荷长戟的导骑、双驾轺车，正行进桥中；人世这边，单驾马车在前，双驾马车在后，车上各有木橦，一人赤裸上身半蹲，一手抓一人的脚，一手抓一绳索，绳索另端系在后车

① 王明：《太平经合校》卷三六，中华书局，1960 年，第 53 页。

② 赖非编：《中国画像石全集》第 2 卷《山东汉画像石》图版第 55，山东美术出版社，2000 年。

木橦顶端，绳索中间一人倒挂，一人双手紧抓前车木橦中间，随车奔驰而飘然，一人手脚并用攀缘后车木橦，其惊险诡异，可谓是匪夷所思。[①]当然，正是这种形格势禁、惊心动魄的画面，反而体现了人们对身后仙境的向往。

图 92　南阳汉砖画像“平索戏车”

那么，仙境究竟是什么样子的呢？汉画像接着给了答案。如图 93“陕西绥德汉石画像”，左右两侧为日月，西王母居坐左侧，其身边有侍者，向右依次为羽人、三足鸟、九尾狐、二兔捣药、一兔端药、蟾蜍舞剑。右侧为三只仙鹤拉者仙车，车舆内有驭者、乘者，仙鹤前有两个羽人为导引，一抚琴，一扬幡。[②]汉代人将西王母看作是仙人，是长寿的偶像，所以乘鸟车而来者，其实就是人逝世之后，其灵魂升入仙界，与仙人西王母为伍了。如图 94“四川合江石棺画像”，画面左侧是西王母打坐龙虎坐，背生羽翼，象征仙界；左侧是奔驰而来的马拉篷车，表明其是从人间来的；中间为庑殿式双重阙，象征仙界天门。[③]可见，这幅画像与上幅画像一样，都是属于升仙图。

图 93　陕西绥德汉石画像

图 94　四川合江石棺画像

① 南阳文物研究所编：《南阳汉代画像砖》图版第 116，文物出版社，1990 年。

② 汤池编：《中国画像石全集》第 5 卷《陕西、山西汉画像石》图版第 153，山东美术出版社，2000 年。

③ 高文编：《中国画像石全集》第 7 卷《四川汉画像石》图版第 178，河南美术出版社，2000 年。

当然，汉画像中也有既反映尸身之入地又体现灵魂之升天的。如图 95“安徽灵璧县出土的汉石画像”，老者凭几居坐，身躯很大，其右侧有四人执笏跪拜，一人手持马鞭，应该是驭者；其左侧有三人，体量依次变小，应是仙灵，躬身做邀请状。下层为牛拉篷车，一人荷戟、执便面前导，一个女子抚车，其身后一个小孩紧紧抓其衣服，其身旁一个男子举幡、执便面。[①]这幅画也被学者们认为是送葬图。其下层是表明送人的尸身，其上层则是邀请其灵魂之升天。

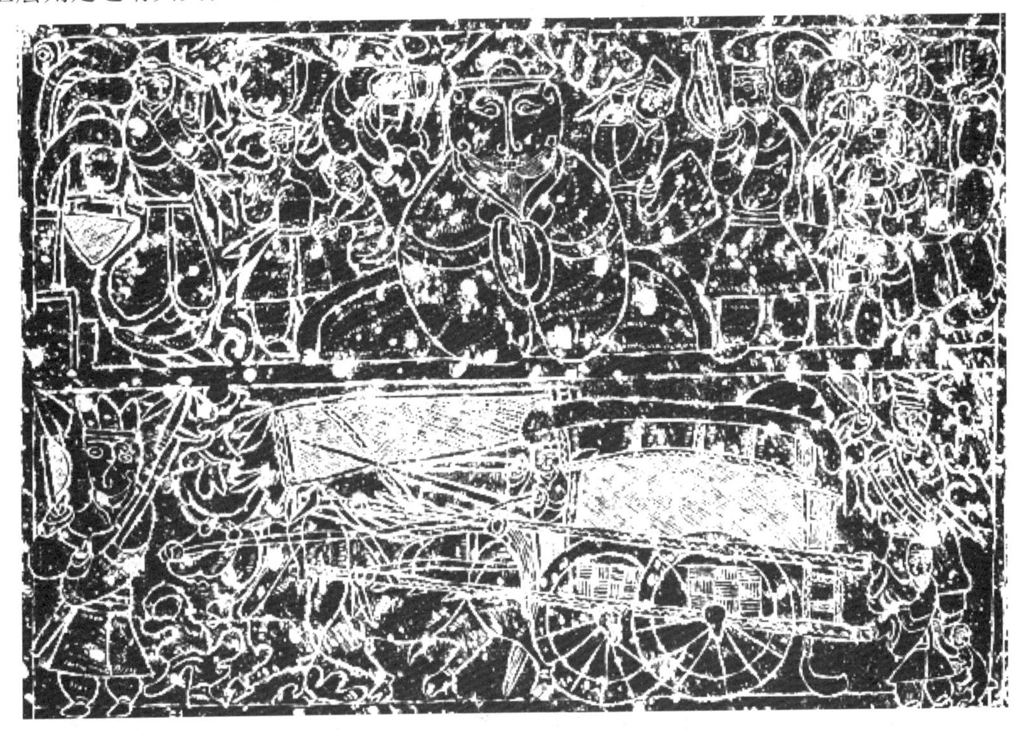

图 95　安徽灵璧县出土的汉石画像

在这里，无论是送葬图或者是升仙图，都暗含着深深的悲喜，体现了汉代人对于人生和死亡的无奈。《古诗十九首》之十三：“人生忽如寄，寿无金石固。万岁更相送，贤圣莫能度。服食求神仙，多为药所误。不如饮美酒，被服纨与素。”人的一生时间很短，人的寿命也没有金石那样坚固。岁月流转了千万年，就是圣贤也不能超越生死局限。有人为了长生不死，索求所谓能够成为神仙的药食，但大部分却又被毒死了。还不如纵饮美酒，衣着光鲜，及时行乐。《古诗十九首》之十五：“为乐当及时，何能待来兹？”可见，汉代人对于死亡的喜悦，是一种逆反式的行为，即化悲为喜，提醒人们珍爱生命，欢乐生活。甚至，有着片面追求感官享乐的过激思想。

五　财

财富是人类生存和发展的基础，也是社会稳定和发展的依靠。司马迁说：“天下熙熙，

① 汤池编：《中国画像石全集》第 4 卷《江苏、安徽、浙江汉画像石》图版第 179，山东美术出版社、河南美术出版社，2000 年。

皆为利来。天下攘攘，皆为利往。”由此，作为民间信仰的五福内容之一，当然也体现在汉画像中，其主要的形式是摇钱树、莲鱼和天仓等。

（一）摇钱树：汉代祈财的时代特色

秦汉是中国历史上最为关键的转折时期，因为秦始皇统一中国，不仅仅是在地域政治上，更重要的是在经济、文化方方面面实行了一体化。尤其是货币形态，统一采取了铜质与内方外圆的形制，即所谓的秦半两。汉承秦制，采用了五铢的形制。由此，汉代人对于财富的崇拜，集中体现在人们渴望拥有大量的五铢钱。今天能够看到的就是在汉墓中出土了大量的实用五铢钱、阴用冥钱。另外，在汉画像中，也绘制了大量的五铢钱形象。如图 96“南阳汉砖画像”，画面为模制图纹“大泉五十”，两两一组。如图 97“南阳汉砖画像”，画面为模制，上下各为菱形图案，中间为内方外圆的钱币，中间似乎有绳索穿起，可谓是“钱串”。[①]显然，这两幅画像反映了汉代人对于财富的渴望与膜拜。

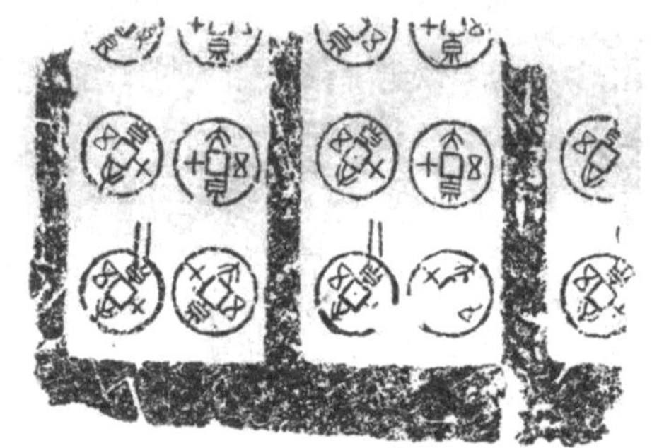

图 96 南阳汉砖画像“大泉五十”

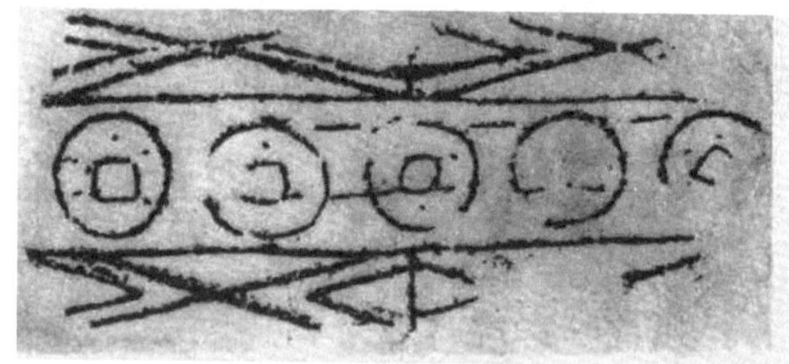

图 97 南阳汉砖画像“钱串”

当然，汉代对于财富的崇拜，或者说拜金主义最大的表现，还是摇钱树的出现。根据考古发掘，在四川等地出现了大量的青铜质地的摇钱树。如图 98“四川省博物馆所展出的摇钱树”，还有 1972 年彭山县汉代崖墓出土的一株 144 厘米高的摇钱树，1983 年广汉市东汉砖墓出土的一株 152 厘米高的摇钱树，绵阳东汉崖墓出土的一株 200 厘米高的摇钱树，等等。这些摇钱树的特征是青铜质地(如图 99)，其叶片为五铢钱样，配置有西王母、朱雀、佛、乐舞百戏等神话和生活场景。西王母是长寿的偶像，佛则是平安幸福的偶像，朱雀是汉代四灵的南方神，乐舞百戏是汉代的嬉戏生活，这一切都配在人们赖以生活的钱币叶片上，其所传达的财富、长寿、平安、幸福等可以生生不息、源源不断的诉求，可谓溢于言表。

---

① 南阳文物研究所编：《南阳汉代画像砖》图版第 72、397，文物出版社，1990 年。

图 98　四川省博物馆所展出的绵阳出土的汉代摇钱树

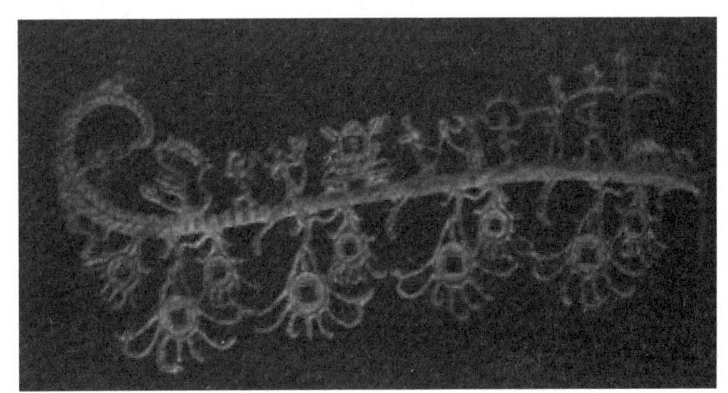

图 99　四川摇钱树叶片“西王母”“乐舞百戏”

其实，摇钱树的祈财意旨在摇钱树座的画面上，已经充分体现了出来。如图 100，1980 年四川宜宾汉代崖墓出土的摇钱树座，通体造型是仙人骑羊，下面绘制摇钱树一株，有人持棍敲下钱币，有人在采摘钱币，有人用耙子搂钱币；另一面，一株摇钱树下，一人采摘，一人正在将钱币装入篮子，一人挑着装满钱币的担子将要离去。

图 100　四川宜宾汉代崖墓出土的摇钱树座

(二) 鱼与莲：汉代祈财的意向表征

鱼儿是餐桌上的美味，所以汉画像中多有所展现。如南阳汉石画像的宴饮图中，就绘制了一条体形比较大的鱼。再如图 101 徐州汉石画像“盘中鱼”，画面为祭案，有案足，画底为十字穿环，三只盘中各放有一条鲤鱼。另外，在众多的汉画庖厨图中，悬挂有鱼

儿，如图 102、图 103，徐州汉画像石艺术馆所藏“庖厨图”中，悬挂着两条鱼。[①]

图 101　徐州汉石画像“盘中鱼”

图 102　徐州汉石画像“庖厨图”(1)

图 103　徐州汉石画像“庖厨图”(2)

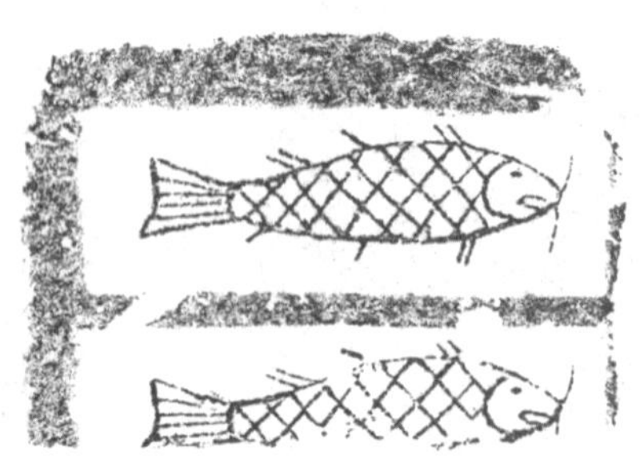
图 104　南阳汉砖画像“鱼”

可以说，餐桌上和庖厨图中的鱼，是食用的；而单独的鱼儿，则借助其语音的相谐，表明人们对财富的诉求。如图 104“南阳汉砖画像”，画中有两条鱼，头、身、尾鳍等各部造型准确，作游动状。[②]如图 105“山东邹城汉石画像”，画面有蛟龙缠尾、人物、马、鸟等，其下格有两排鱼儿。[③]鱼的读音为 yu，与富裕的裕 yu 和多余的余 yu，都是一样的。所以，鱼儿画像的出现，反映了汉代人的财富诉求。

① 汤池编：《中国画像石全集》第 4 卷《江苏、安徽、浙江汉画像石》图版第 93、14-15，山东美术出版社、河南美术出版社，2000 年。

② 南阳文物研究所编：《南阳汉代画像砖》图版第 79，文物出版社，1990 年。

③ 赖非编：《中国画像石全集》第 2 卷《山东汉画像石》图版第 70，山东美术出版社，2000 年。

图 105　山东邹城汉石画像“鱼”

如此说来，捕鱼的画面则表明了财富可以源源不断、取之不尽用之不竭的特征。如图 106“山东汉石画像”，庭院旁的池塘内，各种鱼儿游戏水底，有人用鱼叉插鱼，有人乘船用网捕鱼。又图 107“山东汉石画像”，也是庭院旁的池塘内，各种水产游戏水底，有二人用网捕鱼，有人徒手摸鱼。[①]

图 106　山东汉石画像“庭院池塘”(1)

图 107　山东汉石画像“庭院池塘”(2)

另外，鱼儿与莲花绘制在一起，则是一种纯自然的象征，即“连年有余”。如图 108“安徽宿县汉石画像”，画面中部为一朵盛开的莲花，花瓣儿铺展，莲子饱满，周边有八条鱼儿缠绕游戏。如图 109“安徽萧县汉石画像”，阴线刻，三支莲花亭亭而立，鱼儿戏于水中，两只鹤站立在莲花头上，伸喙争抢鱼儿。[②]其意当为“贺连年有余”。

(三) 天仓与劳作：汉代祈财的理念与实践

所谓财富其实就是人们社会生活中必需的东西。《史记·货殖列传》记载，山西的材、竹、榖、纑、旄、玉石，山东的鱼、盐、漆、丝、声色，江南的柟、梓、姜、桂、金、锡、连、丹砂、犀、玳瑁、珠玑、齿革、龙门、碣石，北方的马、牛、羊、旃裘、筋角以及铜、铁，等等，这些大都是人们生活所必需的，“皆中国人民所喜好，谣俗被服、饮食、奉生、送死之具也。故待农而食之，虞而出之，工而成之，商而通之。此宁有政教发徵期会哉？人各任其能，竭其力，以得所欲”。换句话说，这些东西其实都是人们所渴望的财富，是全社会各个行业都追逐的内容。在汉画像中，这些东西也有着不同的展现。

① 赖非编：《中国画像石全集》第 2 卷《山东汉画像石》图版第 44、46，山东美术出版社，2000 年。

② 汤池编：《中国画像石全集》第 4 卷《江苏、安徽、浙江汉画像石》图版第 169、185，山东美术出版社、河南美术出版社，2000 年。

图 108　安徽宿县汉石画像“连年有余”

图 109　安徽萧县汉石画像“贺连年有余”

但是，与《史记》不同，汉画像的财富观念，尚有着独有的特征。

一方面，汉画像体现了普通民众那种能够不劳而获、得天而食的思想。如图 110“郑州汉砖画像”，画面是干栏式建筑，其形制为四面坡顶，前后出檐，前面有走廊。这幅画表明的是方形仓，是汉代专用来存放粮食的。[①]如图 111“四川简阳出土石棺画像”，画面也是干栏式建筑，房顶为长方形制，屋顶分为两层，上层的较小，上面设有窗子为透气孔，右边站立一鸟，为防虫护粮之用，左边有榜题“太仓”二字。[②]如图 112“山东安丘汉石画像”，画面为阴线刻，分为三层，上层是车骑出行，有一导骑、二维轺车、二侍从吹管执缨、二从骑、二维軿车、一辎车。下层是乐舞百戏，中部一人跳丸、一人巾鼓舞，乐人抚琴、击鼓、吹竽，左右侍立观众。中层是男女主人分别端坐在榻内，男主人的屏风内有兰锜兵器，女主人的榻内有小孩，外有侍者，左边有连理树，一人拥彗，三人执笏拜谒，右边有榜题：“此上人马皆食于天仓。”[③]在这里，如果说郑州汉砖画像的粮仓是现实的，那么，四川汉石画像的粮仓与山东的榜题，则反映了汉代人渴望得到苍天的保佑，不劳而获，永享食品。

图 110　郑州汉砖画像“粮仓”

① 薛文灿、刘松根编：《河南新郑汉代画像砖》，上海书画出版社，1993 年，第 8 页。

② 高文编：《中国画像石全集》第 7 卷《四川汉画像石》图版第 96，河南美术出版社，2000 年。

③ 焦德森编：《中国画像石全集》第 3 卷《山东汉画像石》图版第 147，山东美术出版社，2000 年。

图 111　四川简阳出土石棺画像“太仓”

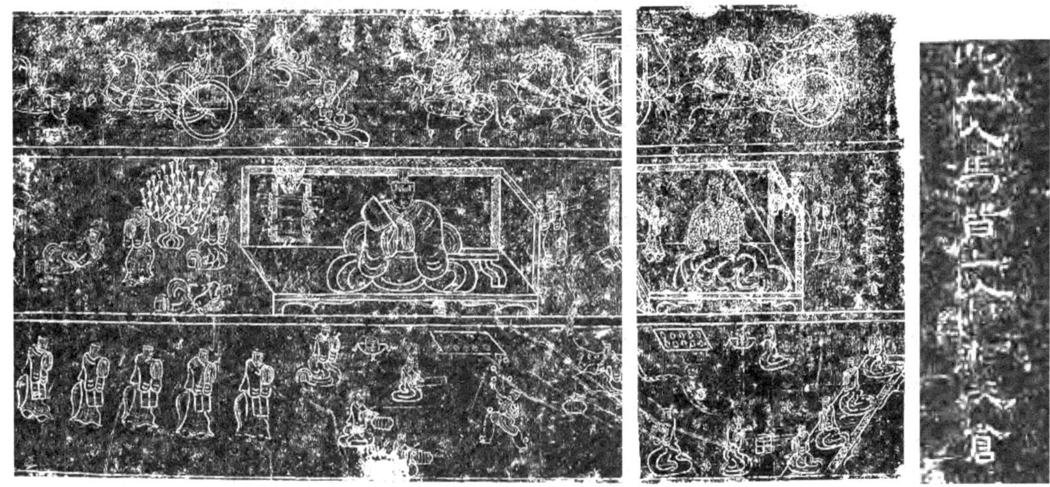

图 112　山东安丘汉石画像“此上人马皆食于天仓”

另一方面，汉代人深刻地意识到，财富的获取是不可能不劳而获的，只有通过勤奋的劳作，人们才能够得到必需的粮食。所以，汉画像中有着体现当时社会生产劳作的各种工艺环节。

如图 113“山东汉石画像的耕作图”，从左至右依次为担挑的、扛镢的、二牛抬杠耕地的、担挑的、扛锄的、牛拉车的。[①]

图 113　山东汉石画像的耕作图

如图 114“陕北汉石画像”，二牛抬杠耕地，有人在后面撒种。图 115“陕北汉石画

① 赖非编：《中国画像石全集》第 2 卷《山东汉画像石》图版第 66，山东美术出版社，2000 年。

像"，画面为成排的成熟的高粱，一人正拿着镰刀收割。[①]

图 114 陕北汉石画像"二牛抬杠耕地"

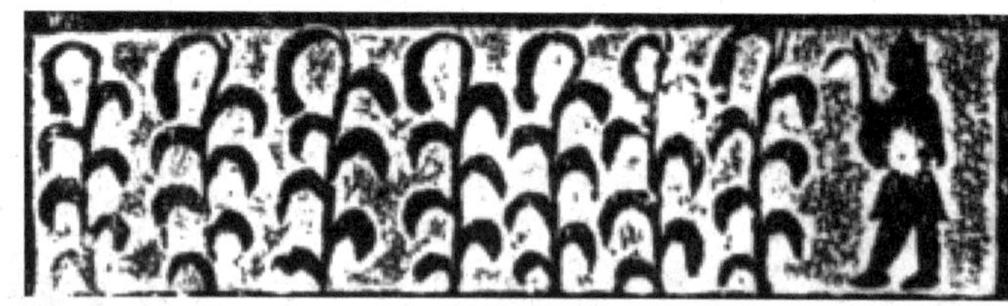

图 115 陕北汉石画像"收高粱"

如图 116"山东汉石画像局部'纺织图'(1)"，画面中有织布机、纺线车，七人在操作。如图 117"山东汉石画像局部'纺织图'(2)"，画面中有左右两架织布机，中间有纺线车，有织布的、纺线的、盘线的。[②]如图 118"徐州出土的汉石画像局部'纺织图'"，画面中有织布机，一个妇女正在织布，一个女子把孩子递给织布女，让其给孩子喂奶，一个女子拿束丝，一个女子抽络维。[③]

图 116 山东汉石画像局部"纺织图"(1)

图 117 山东汉石画像局部"纺织图"(2)

① 汤池编：《中国画像石全集》第 5 卷《陕西、山西汉画像石》图版第 107、106，山东美术出版社，2000 年。

② 赖非编：《中国画像石全集》第 2 卷《山东汉画像石》图版第 163、164，山东美术出版社，2000 年。

③ 汤池编：《中国画像石全集》第 4 卷《江苏、安徽、浙江汉画像石》图版第 90，山东美术出版社、河南美术出版社，2000 年。

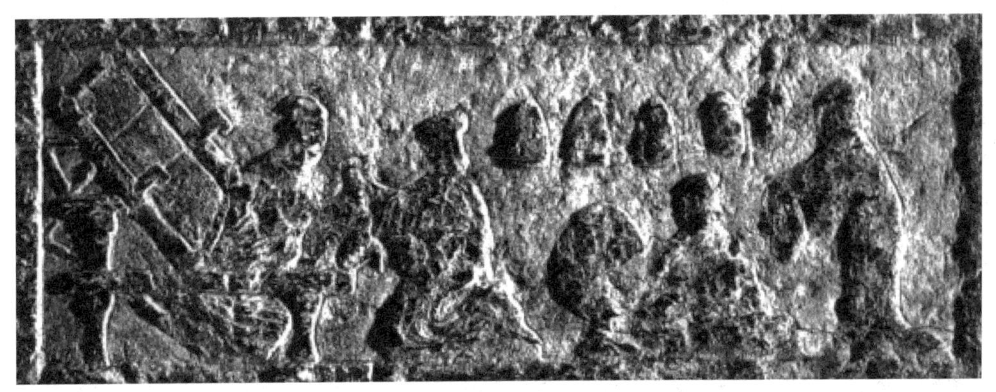

图 118　徐州出土的汉石画像局部“纺织图”

由上所述，田野中男子的耕作收获，家庭内女子的织布纺纱，构成了汉代生财的基本路径。正所谓“男耕女织”才是正道，才是传统所谓的“本业”。当然，在重庆汉砖画像中，有沽酒卖羊的街市，也有采矿晒盐的场景，说明汉代的生财之道，除了男耕女织的主业外，还有商业和手工业等副业。

一方面是渴望天赐财富，一方面是强调人为劳作以创造财富。由此，汉代的财富观念似乎存在着矛盾。其实，这不是矛盾，而是恰恰说明汉代的财富观念充满着天命的色彩。《史记·佞幸列传》记载，邓通是蜀郡南安人，没有什么能耐，只是因为巧合了汉文帝的梦境，于是得到宠爱。但是算命的人认为，邓通面相带着饿死的迹象。文帝不相信，就赐以他大量的财富，甚至准许其造钱，“邓氏钱”流布天下。邓通也为了回报文帝，用嘴巴吸吮其疮痈，谄媚太子，但是仍然被太子所嫉恨。文帝去世后，景帝继位，没收了他的家产和特权，最后身无分文，真的被饿死了。司马迁借用俗语说：“力田不如逢年，善仕不如遇合。”但是“遇合”也需要天命。即使贵为帝王的汉文帝，也不能改变其天生的命运。孔子说：“人生有命，富贵在天。”民俗也说：“人生注定八合米，走遍天下不满升。”也许正是因为这一观念，所以汉代才特别讲究农耕，注重“务本”，依靠自身的劳作，方能期望颐享天年。

余　论

社会上曾有“官爵汉画像”的说法，其内容可以说是很繁杂的，其具体的情况请参考本文第二部分的“禄”。在这里，再举出一些画像，供大家欣赏遐思。

其一，期望上级领导提拔的汉画像仪式图。因为汉代官员选拔所施行的是察举制，所以，汉画像中的拜谒图可以说都有这方面的蕴意。但是遍检汉画像，最能表达其意蕴的，可能首推南阳汉画像中的仙人乘鹿。如图 119“南阳市汉画馆所收藏的汉石画像”，云雾环绕中，一只鹿奋蹄前奔，仙人倒躺其鹿背，手足并舞，仿佛召唤后来者；其后，一只鹿奋蹄追赶，鹿背上站立一人，身躯前倾，双臂展开，呼喊前者。在这里，鹿就是禄的意思，倒骑鹿的仙人寓意先封侯者，站鹿呼喊者应是期望提拔的被荐者。画面中，先封侯者的得意悠闲，与期望提拔者的急促紧张，可以说是张弛有度，寓意豁明。

图 119　南阳市汉画馆所收藏的汉石画像“仙人乘鹿”

其二，祝贺领导或者朋友升迁并提携的。如图 120“四川汉石画像”，几枝树枝上，一只猴子在树枝上玩耍，一只猴子一手抓树枝，一手提携另一只猴子。另外两只雀鸟驻足在两枝枝杈上，两只蜜蜂在雀鸟之上飞翔。在这里，猴子就是侯，雀鸟就是爵[①]，蜂就是封，所以整幅画面表明是祝贺封(蜂)侯(猴)封(蜂)爵(鹊)的。

图 120　四川汉石画像“封侯封爵”

其三，表明与上级领导一致忠心的。如图 121 南阳汉画馆所收藏的汉石画像“五鹄”，云雾星象的空中，两只鹄鸟展翅于前，两只鹄鸟随翔其后，并各自回转脖颈，呼唤其后，一只鹄鸟展翅奋飞，仰头紧追。这里的鹄也是侯的意思，五鹄就是指公侯伯子男五爵。画面的意思，可以理解为响应召唤，永远相随。

图 121　南阳汉画馆所收藏的汉石画像“五鹄”

其四，鼓励人们积极进取加官晋爵的。这类画像也特别多。比较有意味的，主要是射鸟画面。如图 122“山东汉石画像”，一个人下马挽弓跪射，古树上新枝吐翠，一只鸟儿中箭落下，正到树枝之间。这里的射就是得，鸟儿就是爵，射鸟即是得爵。整幅画面

① 《艺文类聚》卷九二“鸟部下”载引《陈留耆旧传》曰：“围人魏尚，高帝时为太史。有罪系诏狱，有万头雀，集狱棘树上，拊翼而鸣。尚占曰：‘雀者爵命之祥。其鸣即复也，我其复官也。’有顷，诏还故官。”即魏尚被拘留在监狱中，有雀鸟围聚在监狱上面鸣叫，魏尚以为自己即将鸣冤昭雪。果然，不久之后就出狱官复原职了。可见，雀就是爵，其音谐。

的意思是立马得爵。①

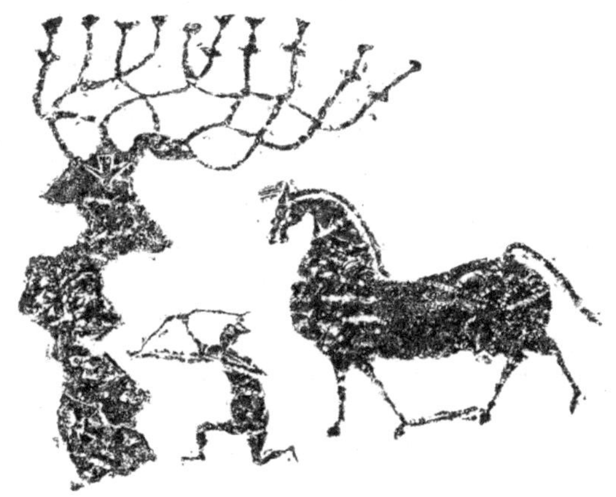

图 122　山东汉石画像“射鸟”

上述这些祈福官爵的画面，当然也可以有其他的理解，比如，将“仙人乘鹿”阐释为成仙引导的。正所谓“画有尽而意无穷”。但是在我们看来，从官爵信仰的角度来解读这些画面，既符合了当时的绘制初衷，又体现了传统文化的深意。

① 焦德森编：《中国画像石全集》第 3 卷《山东汉画像石》图版第 216，山东美术出版社，2000 年。

『独行』考释

安徽大学　胡秋银

摘要：『独行』，即强调一个人道德操守与众不同，在汉魏晋南北朝时期曾作为一种察举科目存在。汉武帝元狩六年（公元前117）六月诏始举独行君子，是推行德治措施之一。这一举措在后世得到不同程度的继承和贯彻。举『独行』多是在皇帝即位之初、祭祀之后，甚至成为应对灾异的措施。被举者一度需接受策问，根据对策情况授予官职。更多情况下没有被举者接受策问的记载。统治者也曾奖励或尊崇独行之士。九品官人法实行以后，举独行成为弥补此制度的不足而选用寒门盛德子弟的措施。赵宋曾荐举卓行之士。『独行』之举，表明朝廷欲以独行君子为道德榜样，来整顿风俗，成就王道。而『独行』作为对士人道德风尚的要求，随着儒家思想日益沉淀到中国文化的深层结构，在历史上不断被提及，表明士人对独立人格风范的追求。

关键词：独行；汉魏晋南北朝；卓行；察举科目

“独行”，现行《辞源》释义之一为“志节高尚，不随俗浮沉”[①]，即强调一个人道德操守的与众不同，在汉魏晋南北朝时期曾作为一种察举科目存在。学界有关察举制的研究成果中，对于“孝廉”“秀才”等科目研究较多，而对于“独行”这一名目似未给予关注。《“独行”辨析》是笔者所见唯一有关“独行”的文章，然而该文是有感于《后汉书·独行列传》而写的，并未提及作为察举科目的独行。[②]因此，本文拟就作为察举名目的“独行”之确立及其实行情况、影响与意义加以考察，以就教于方家。

一

察举制由先秦“荐举”发展而来[③]，在汉武帝时逐步得到确立，其形式分特科和常科，“独行”即为特科之一。以下试图按照时代顺序来考察其相关情况。

(一) 两汉时期

检诸史籍可知，汉武帝时即曾有举独行君子的举措。《汉书·武帝纪》载元狩六年六月诏：“夫仁行而从善，义立则俗易，意奉宪者所以导之未明欤？……今遣博士大等六人分循行天下，存问鳏寡废疾，无以自振业者贷与之。谕三老孝弟以为民师，举独行之君子，征诣行在所。”[④]诏文中“仁行而从善，义立则俗易”一语表明：武帝希望召见独行君子，动机之一乃在于把他们作为引导百姓向善易俗、依仁履义的榜样。由此可知，独行君子是在践履仁义方面表现突出的士人。众所周知，武帝明确以德化天下的儒家思想作为治国的指导思想，而举独行君子是依据这一指导思想推行的措施。[⑤]这次使者循行天下荐举了哪些人，以及对其如何安排，史籍缺载。但这是史籍明确记载举独行之士的开始。[⑥]

可以说，武帝举独行君子以教化民众的理念在后世得到不同程度的继承和贯彻。西汉昭帝、宣帝、元帝、成帝时都曾有荐举或奖励“有行义者”的措施。从字面理解，“有行义者”指以义为行为准则的人，较“独行”含义狭隘，但无疑这些措施与武帝时“举独行君子”如出一辙。兹分列于下：

《汉书·昭帝纪》载：元凤元年(公元前 80)三月，“赐郡国所选有行义者涿郡韩福等五人帛人五十匹，遣归”。则此前郡国曾选举“有行义者”，这些人受到了昭帝的接见和赏赐。

据《汉书·宣帝纪》，地节三年(公元前67)十一月，诏曰：“朕既不逮，导民不明，反

---

① 《辞源》(修订本)，商务印书馆，1983 年，第 2012 页。

② 卢毅：《“独行”辨析》，《读书》1997 年第 4 期，第 151-152 页。关于《后汉书·独行列传》，笔者另撰文《解读〈后汉书·独行列传〉》，发表于《安大史学》第三辑，安徽大学出版社，2008 年。

③ 参阅步克：《察举制度变迁史稿》，辽宁教育出版社，1991 年，第 6 页。

④ 司马迁：《汉书》卷六《武帝纪》，中华书局，1962 年，第 180 页。

⑤ 《汉书·五行志》记载此事为武帝派遣褚大等六人(与《武帝纪》所载“三人”异)“存赐鳏寡，假与乏困，举遗逸独行君子诣行在所”。

⑥ 《后汉书·左周黄列传》论曰：“古者诸侯岁贡士，进贤受上赏，非贤贬爵土。升之司马，辩论其才，论定然后官之，任官然后禄之。故王者得其人，进仕劝其行，经邦弘务，所由久矣。汉初诏举贤良、方正，州郡察孝廉、秀才，斯亦贡士之方也。中兴以后，复增敦朴、有道、贤能、直言、独行、高节、质直、清白、敦厚之属。”范晔对“独行”等察举科目开始实行的时间认识显然不够确切。

侧晨兴，念虑万方，不忘元元，唯恐羞先帝圣德，故并举贤良方正以亲万姓，历载臻兹，然而俗化阙焉。传曰：‘孝弟也者，其为仁之本欤！’其令郡国举孝弟、有行义闻于乡里者各一人。”宣帝有感于举贤良方正而俗化有阙，要求郡国“举孝弟、有行义闻于乡里者各一人”，想以此加强德化。又，神爵四年(公元前58)夏四月，因颍川太守黄霸治绩卓著，宣帝在奖励黄霸的同时，赐“颍川吏民有行义者爵人二级”。

《汉书・元帝纪》载：永光元年(公元前43)二月，“诏丞相、御史举质朴、敦厚、逊让、有行者，光禄岁以此科第郎、从官”[①]。元帝好儒，虽为太子时曾受到宣帝“汉家自有制度，本以霸王道杂之，奈何纯任德教，用周政乎！”的指责，然执政后仍表现出“纯仁德教”的倾向。永光元年的辟举四科即为显证。自此，这四科逐渐成为经常性的察举科目，然而一直是特科，不定期举行。

据《汉书・成帝纪》，成帝在位时，曾三次诏举“有行义者”：

河平四年(公元前25)三月，因发生日食而“举惇厚有行能直言之士”；

鸿嘉二年(公元前 19)三月，诏“举敦厚有行义能直言者，冀闻切言嘉谋，匡朕之不逮”；

永始三年(公元前14)春正月己卯晦，有日食。诏曰：“天灾仍重，朕甚惧焉，惟民之失职，临遣太中大夫嘉等循行天下，存问耆老民所疾苦。其与部刺史举惇朴、逊让、有行义者各一人。”据《后汉书・独行列传・谯玄传》[②]，当时“州举玄，诣公车对策高第，拜议郎”。史书未明说谯玄是应何举，所以我们只能推测：谯玄应前三举之一，可能是“有行义者”，需要接受朝廷策问，因对策高第被拜为议郎。而成帝因日食而察举“有行义者”，显然是希望以此来应对灾异。

东汉一朝，史书记载明确的举独行只有一次[③]：据《后汉书・桓帝纪》，建和元年(147)夏四月，京师地震。于是“诏大将军、公、卿、校尉举贤良、方正、能直言极谏者各一人。……又诏大将军、公、卿、郡、国举至孝笃行之士各一人。”很显然，这次察举是因为京师地震，仍然是应对灾异的举措之一。同书《崔寔传》载：“桓帝初，诏公卿郡国举至孝独行之士。(崔)寔以郡举，征诣公车，病不对策。”[④]崔寔“少沉静，好典籍。父卒，隐居墓侧。服竟，三公并辟，皆不就。”[⑤]可以说，他为父亲服丧而隐居墓侧，这只是遵循当时的丧制，并不特出；而他不应三公征辟，也是当时士人常有的行为。则崔寔到底是因郡举至孝还是独行而因病未能对策，以及这一次察举独行的结果，仍不得而知。

---

① 颜师古注：“始令丞相、御史举此四科人以擢用之。而见在郎及从官，又令光禄每岁依此科考校，定其第高下，用知其人贤否也。”后人正是根据颜师古注释而认为举“有行义者”始于元帝。如王夫之《读通鉴论》卷四：“元帝诏四科取士，即以此第郎官之殿最，一曰质朴，二曰敦厚，三曰逊让，四曰有行。盖孱主佞臣惩萧、周、张、刘之骨鲠，而以柔惰销天下之气节也。自此以后，汉无刚正之士，遂举社稷以奉人，而自诩其敦厚朴让之多福。”另参陈蔚松：《汉代考选制度》，湖北辞书出版社，2002年，第46-47页。

② 参看《汉书・五行志》和《成帝纪》可知，永始三年正月己卯晦，有日食现象，则此传中“永始二年”误，当为三年。

③ 东汉有类似举独行的记载。《后汉书・和帝纪》载：永元五年(93)三月戊子，诏曰：“选举良才，为政之本。……又德行尤异，不须经职者，别署状上。”又，据《后汉书・安帝纪》：永初元年(107)三月，“日有食之。诏公卿……举贤良方正，有道术之士、明正术、达古今、能直言极谏者，各一人。”永初二年九月，“诏王(主)[国]官属墨绶下至郎、谒者。其经明任博士，居乡里有廉清孝顺之称，才任理人者，国相岁移名，与计偕上尚书，公府通调，令得外补”。这三次都重视德行特异，似乎可以说，并不是严格意义上的举独行。

④ 两条记载差异处在于“笃行”与“独行”，据此可视为一。

⑤ 范晔：《后汉书》卷五二《崔寔传》，中华书局，1965年，第1725页。

关于汉代察举制度的研究中，就笔者所见，似只有陈蔚松和黄留珠注意到元帝以后的辟举四科。[①]笔者结合两位先生的研究，参考相关史料，认为："有行义者"(或"有行者")是武帝"举独行君子"的继承和发展，被察举者需要接受策问，根据对策情况授予官职。它经常与其他要求粘连在一起，然而很难区分这是单一科目还是多种科目并举的形式。

(二) 曹魏时期

建安年间，曹操把持大权，明确宣布"夫有行之士，未必能进取；进取之士，未必能有行也"，要求"唯才是举"[②]，颠覆了两汉的才德观念。曹魏文帝时，采纳吏部尚书陈群的建议实行九品中正制，将士人按照才德声望划为九品来选官，重德传统得以复兴。而"独行"依然作为察举科目之一存在。据《三国志·文帝纪》：黄初四年(223)夏五月，有鹈鹕鸟集灵芝池。于是文帝下诏曰："此诗人所谓污泽也。曹诗刺恭公远君子而近小人，今岂有贤智之士处于下位乎？否则斯鸟何为而至？其博举天下俊德茂才、独行君子，以答曹人之刺。"《晋书·五行志》云："此所谓睹妖知惧者也。然犹不能优容亮直而多溺偏私矣。"据此，则此次察举独行是"睹妖知惧"而采取的应急措施。史籍明确记载此次被公卿举为"独行君子"的有二人：一是管宁。根据《三国志·管宁传》记载，他由司徒华歆推荐。传中还记载华歆荐词："历观前世玉帛所命，申公、枚乘、周党、樊英之俦，测其渊源，览其清浊，未有厉俗独行若宁者也。"申公、枚乘乃西汉人，周党、樊英是东汉人，他们都不是被举的独行之士，而因隐居不仕闻名于世。在华歆看来，管宁之异于诸人，正因他"厉俗独行"。举独行的作用之一即是"厉俗"，这也是条件之一，另外的条件是"渊源"之"清"。"渊源"大概是指行为始终，"清"含义丰富，可简单理解为不同污浊之流俗。另一被举者是黄初二年(221)十月被拜为光禄大夫的杨彪，为王朗所荐[③]。文帝为他置吏给俸，位次三公。清人李慈铭颇为感慨："杨彪虽未拜魏之台司，实开后来谢朏、苏威依违风气。使文先此时坚卧不起，纵不能死，犹可称也。鹿冠布衣俨与朝会，是何为者乎……夫朗之举彪，固为非礼，目以独行，尤属不伦。而彪之和光同尘亦可想见。既被朗荐，又受魏吏，是重辱矣。"[④]李慈铭的指责自有其标准，姑且不论。从二人身份看，管宁终身隐居，以操守闻名于乡里；杨彪出身于汉代以来的世家大族弘农杨氏，此时他为光禄大夫，却仍在被举之列，可见曹魏时所举独行君子不限于隐居不仕之人。此次杨彪并未有策问的经历，与东汉不同。

魏明帝时也一度察举独行。《三国志·明帝纪》载：青龙元年(233)三月甲子，"诏公卿举贤良、笃行之士各一人"。这次活动的结果并无记载。

---

① 前引陈蔚松书第二章有关于"其他特科"的考释，其中提到"敦厚有行"一科。他认为："诏举质朴敦厚逊让有行者，或遍称，或单称，都属于特科察举。察举敦厚有行，一般都要对策，任用多拜为议郎。《李固传》载有李固举敦朴对策全文。"(见第47页)黄留珠《秦汉仕进制度》(西北大学出版社，1985年，第193-195页)第十三章中有关于"察举诸特科"的内容，其中举出"敦厚"一科。他认为：这一察举存在三种形式：一是敦厚与"质朴""逊让""有行"连在一起，构成岁举性科目"光禄四行"；二是粘连在其他科目之后，仅仅作为一种附加成分；三是敦厚单独作为特举科目(一般都在"敦厚"之后再粘连附加成分)。

② 陈寿：《三国志》卷一《武帝纪》，中华书局，1982年，第44页。

③ 陈寿：《三国志》卷一三《王朗传》，中华书局，1982年，第411页。

④ 李慈铭：《越缦堂读史札记全编(上)》，《后汉书札记》卷三，北京图书馆出版社，2003年，第393页。

(三) 两晋十六国时期

出身为儒学世家大族的司马氏建立西晋王朝后，致力于施行以德化民的政策。如《晋书·武帝纪》所载咸熙二年(265)“以六条举淹滞”，其中表现出浓厚的重德观念。据《晋书·武帝纪》，泰始四年(268)六月曾下诏：“士庶有好学笃道，孝弟忠信，清白异行者，举而进之；有不孝敬于父母，不长悌于族党，悖礼弃常，不率法令者，纠而罪之。”异行是被举的条件之一。可以说，举异行实际上即举独行。从史籍看，举异行或清白异行的措施在两晋时期实行过多次。兹大体按照被举者生活年代排列相关史料如下[①]：

范乔(汉莱芜长范冉曾孙)：

凡一举孝廉，八荐公府，再举清白异行，又举寒素，一无所就。

徐苗(累世相承，皆以博士为郡守)：

郡察孝廉，州辟从事、治中、别驾，举异行，公府五辟博士，再征，并不就。

庾衮(东晋明穆皇后伯父，出身颍川庾氏)：

于是乡党荐之，州郡交命，察孝廉，举秀才、清白异行，皆不降志，世遂号之为异行。……时人语曰：“所谓临事而惧、好谋而成者，其庾异行乎！”

李含(门寒微)：

李含忠公清正，才经世务，实有史鱼秉直之风。虽以此不能协和流俗，然其名行峻厉，不可得掩，二郡并举孝廉异行。

孔衍(孔子二十二世孙)：

少好学，年十二，能通《诗》、《书》。弱冠，公府辟，本州举异行、直言，皆不就。避地江东，元帝引为安东参军，专掌记室。

刘骥、邴郁：

咸康中，成帝博求异行之士，骥、郁(魏征士邴原曾孙)并被公卿荐举，于是依(韩)绩及翟汤等例，以博士征之。郁辞以疾，骥随使者到京师，自陈年老，不拜。各以寿终。

结合诸人传记可知，至少在上至武帝下迄东晋成帝时期，不断有举异行的活动，被举者社会身份不等，除庾衮外，可以说都不是高门盛族出身，都表现出恪守儒家道德规范而不苟同于玄风流衍的社会风尚。其中，绝大多数被举者被举后实际上未应举[②]，仍旧过着游离于官场之外的生活。从刘骥、邴郁“以博士征”的情况看似乎并不需要再接受考试。

---

① 分别见于《晋书》卷九四《隐逸·范粲附范乔传》、卷九一《儒林·徐苗传》、卷八八《孝友·庾衮传》、卷六〇《李含传》、卷九一《儒林·孔衍传》、卷九四《隐逸·韩绩传》。房玄龄等:《晋书》，中华书局，1974年。

② 李含的情况较特殊，并不清楚被举异行前后是否是官吏。

此外，西晋武帝太康五年(284)，“龙见武库井中，群臣将上贺”，孙楚上言曰：“岂独管库之士或有隐伏，斯役之贤没于行伍？……愿陛下赦小过，举贤才，垂梦于傅岩，望想于渭滨，修学官，起淹滞，申命公卿，举独行君子可惇风厉俗者，又举亮拔秀异之才可以拨烦理难矫世抗言者，无系世族，必先逸贱。……至于制礼作乐，阐扬道化，甫是士人出筋力之秋也。”[①]孙楚因见异象而反省朝政，借机提出原因可能是“管库之士或有隐伏，斯役之贤没于行伍”，因而有必要采取措施突破九品中正制的选官原则，“无系世族，必先逸贱”，不拘出身、优先选拔寒门俊才或逸士来“制礼作乐，阐扬道化”，对“独行君子”的认识也是“惇风厉俗”。

十六国时期，各国政权纷纷接受汉化，也从制度上仿效华夏政权实行察举措施。如苻坚、姚兴均曾在其即位当年下诏察举“殊才异行”之士。《晋书·苻坚载记上》载：“其殊才异行、孝友忠义、德业可称者令在所以闻。”同书《姚兴载记上》载：“命百僚举殊才异行之士，刑政有不便于时者皆除之。”这显然是仿效东晋政权而实行的措施，其结果则不得而知。由此可见，举异行在当时被认为是较重要的行政措施。

(四) 南北朝时期

南朝时期，儒学复兴。与此相应，察举成为选拔寒门子弟的重要举措。刘宋时期虽无明文表明曾经察举独行之士，但据《宋书·顺帝纪》，顺帝于升明元年(477)七月即位，于九月己丑下诏：“……故三代之末，德刑相扰，世沦物竞，道陂人谀。然犹正士比毂，奇才接轸。朕袭运金枢，纂灵瑶极，负扆巡政，日晏忘疲，永言兴替，望古盈虑。……故元封兴茂才之制，地节创独行之品。振维务本，存乎得人。今可宣下州郡，搜扬幽仄，摽采乡邑，随名荐上。朕将亲览，甄其茂异。庶野无遗彦，永激遐芬。”[②]宋顺帝有感于世风沦丧、人才匮乏而欲有所振作，遂下诏要求州郡“搜扬幽仄”，并列名报呈，并表示自己将“甄其茂异”，则似有欲从中选材任用之意。然而最终结果如何，史籍缺载。值得注意的是，在诸多察举科目中，何以唯独列举茂才和独行呢？或许我们可以这样理解：二科最能代表选举人才的标准，茂才代表才，独行代表德。

梁武帝时，曾两次在南郊祭祀之后下诏要求察举，其察举条件之一即“独行”。据《梁书·武帝纪中》载：

> (天监)十四年(515)春正月……辛亥，舆驾亲祠南郊。诏曰：“……思所以对越乾元，弘宣德教；而缺于治道，政法多昧，实伫群才，用康庶绩。可班下远近，博采英异。若有确然乡党，独行州闾，肥遁丘园，不求闻达，藏器待时，未加收采；或贤良、方正，孝悌、力田，并即腾奏，具以名上。当擢彼周行，试以邦邑，庶百司咸事，兆民无隐。”

此次下诏正值国家稳定发展时期。梁武帝表现得较为谦虚和虔诚，在祭天之后，反

---

① 《晋书》卷五六《孙楚传》。据《晋书·五行志》：“太康五年正月癸卯，二龙见武库井中。”则孙楚此番上言是在太康五年。《晋书·武帝纪》记载时间为己亥日，《资治通鉴》卷八一采取《武帝纪》的记载，并说尚书左仆射刘毅曾上表。然据《刘毅传》，他卒于太康六年。他任尚书左仆射远早于太康五年。不过可以肯定，是年刘毅和孙楚均曾就武库龙问题上表，且刘毅的意见被采纳。而孙楚的意见似乎未被采纳。

② 据前引《汉书》卷八《宣帝纪》可知，地节三年冬十一月，宣帝曾下诏“令郡国举孝弟、有行义闻于乡里者各一人”。这可能是宋人误以为“地节创独行之品”的主要原因。由此亦可见宋人以为举“有行义闻于乡里者”即举“独行”。

躬自省，感到“缺于治道，政法多昧”，所以有必要“博采英异”，以“弘宣德教”，期待着对被察举之士委以政事，以共同达成治世。因此要求各地大力访查，列名报上，他将“擢彼周行，试以邦邑”，显然是将在考核后授以官职。

同书《武帝纪下》载：

> 太清元年(547)正月……辛酉，舆驾亲祠南郊。诏曰：“……大礼克遂，感庆兼怀，思与亿兆，同其福惠。……可班下远近，博采英异，或德茂州闾，道行乡邑，或独行特立，不求闻达，咸使言上，以时招聘。”

此时，梁武帝享国日久，颇有成功之感，故下诏表示要普天同庆。诏文中只是形式性地要求察举，有关文字与前诏差异不大，而且对待被察举者是在汇报到朝廷后“以时招聘”，远没有天监十四年汲汲求士的那股热诚和期盼，重点似在欲表彰其德行。

此外，梁敬帝在位期间也曾要求地方“奏闻”那些“殊才异行”之人。《梁书·敬帝纪》载：太平元年(556)九月壬寅改元，“大赦，孝悌力田赐爵一级，殊才异行所在奏闻”。然而具体实施的结果不得而知。

北魏建立政权后，也逐渐汉化并实行察举制度。《魏书·肃宗孝明帝纪》载：(正光五年)八月戊寅，诏曰：“比雨旱愆时，星运舛错，政理阙和，灵祇表异，永寻夕惕，载悪于怀。……若孝子顺孙、廉贞义节、才学超异、独行高时者，具以言上，朕将亲览，加以旌命。”由此可见，北魏时独行之士仍是察举的重要关注对象。而此次实行察举的背景是“雨旱愆时，星运舛错，政理阙和，灵祇表异”，概言之，即出现灾异。

据《隋书·百官志》记载，隋炀帝时，“司隶台大夫一人，掌诸巡察；别驾二人，分察畿内，一人案东都，一人案京师；刺史十四人，巡察畿外诸郡；从事四十人，副刺史巡察。其所掌六条：……六察德行、孝悌、茂才、异行隐不贡者。每年二月乘轺巡郡县，八月入奏置丞”。这表明：诸州郡必须严格执行察举，一旦被司隶台属官检查出有“德行、孝悌、茂才、异行隐不贡”之类的行为，则将被报呈中央。而对异行的察举是其接受检查的内容之一，可见朝廷对此相当重视。但史籍未见隋代察举独行的相关记载。

此后，随着科举制逐渐成为选官制度的主流，察举制度日益趋向衰微，但作为察举科目的独行仍不时被提起，如《新唐书·韩思彦传附琬传》载，韩琬于景云初针对当时吏政腐败上言：“夫乱绳已结，急引之则不可解。今刻薄吏能结者也，举劾吏能引者也，则解者不见其人。愿取奇材卓行者，量能授官。”希望选取奇材卓行之士来改变弊政。《宋史·黄祖舜传》记载黄祖舜通判泉州将行前上言：“抱道怀德之士，不应书干禄，老于韦布。乞自科举外，有学行修明、孝友纯笃者，县荐之州，州延之庠序，以表率多士。其卓行尤异者，州以名闻，是亦乡举里选之意。”提出选举卓行尤异者来弥补科举之不足。而宋代还实行过荐举卓行之士，如据《宋史·忠义传十·马伸传》：“靖康初，孙傅以卓行荐招，御史中丞秦桧迎辟之，擢监察御史。”

此外，独行作为一种表示个体行为方式有异于凡俗、具有赞扬意味的意蕴仍然存在，并屡屡用以称赞那些行为独特、志节高尚之人。[①]

---

① 类似记载在史书中不绝如缕，以下仅就正史中相关记载列举一二：《旧唐书·隐逸传·序》：而游岩、德义之徒，所高者独行。卢鸿一、承祯之比，所重者逃名。至于出处语默之大方，未足与议也。《元史·虞集传附范梈传》：(范)梈持身廉正，居官不可干以私，疏食饮水，泊如也。吴澄以道学自任，少许可，尝曰：“若梈父，可谓特立独行之士矣。”为文志其墓，以东汉诸君子拟之。

二

综上所述，自汉武帝时期举独行君子之后，“独行”作为一项察举特科在汉魏晋南北朝时期以不同形式存在着[①]。其中统治者也曾实行对独行之士表示奖励或尊崇的措施。虽然有时是举“有行义者”或“异行”，但它们实质上一致，即对于严格践履儒家所倡导仁义等道德规范的人的尊崇。正如研究察举制的学者所指出：察举制之成立的前提是儒生参政，而儒生参政的结果之一是“以德取人”[②]。据杜佑《通典》卷十三，汉武帝时选举限以四科：一曰德行高洁，志行清白；二曰学通行修，经中博士；三曰明习法令，足以决疑，能按章覆问，文中御史；四曰刚毅多略，遭事不惑，明足决断，材任三辅县令。其中第一条显然是对德行的要求。而独行得以成为察举科目之一，正是汉武帝重视德政的结果。汉魏晋南北朝时期，察举独行的活动不定期地被举行，说明即使在玄风盛行或少数民族执政期间，儒家道德规范同样得到统治者的倡导，为政以德、以德化民的政治理念有着深远的影响。

从历朝实行举独行的背景看，举“独行”多是在即位之初、祭祀之后，甚至成为应对灾异所采取的措施之一。首先，这说明它是作为德政存在的，其次，这一现象与西汉中期董仲舒以后儒家宣传的灾异谴告之说盛行密切相关。依据灾异谴告说，之所以出现灾异，是因为朝政有误或执政者德行不足以承担天命，故上天以灾异来警告、惩罚他；而要消除灾异，必须尽快采取一些善政如选贤任能等相应措施，以表示接受上天警告，改正错误。“独行”之举，表明了朝廷欲借此树立独行君子为道德榜样，以整顿风俗，从而改善政治，成就王道。至少一直到隋代，这一思想仍发挥着影响。

从独行作为察举科目看，被举者多出身卑微，德行高妙，与举主的关系表现不明显，一度必须接受策问，如果合格则被委以官职，更多情况下没有被举者接受策问的记载。九品中正制实行以后，察举独行成为弥补该制度选官有利于世家大族的不足且重视寒门盛德子弟的措施之一。

那么，何以独行作为察举科目？《礼记·儒行》可以说是集中列举儒者行为方式的文献，其中提到：“儒有澡身而浴德，陈言而伏，静而正之，上弗知也，疏而翘之，又不急为也；不临深而为高，不加少而为多，世治不轻，世乱不沮，同弗与，异弗非，其特立独行有如此者。”[③]这代表了儒者的一种高自标持的人格风范。而汉武帝时把它作为一种察举名目提出，或许与汉初以来儒者逐渐进入政坛并日益占据主要地位导致士风有所不振有关。而此后在整个魏晋南北朝时期，它作为察举名目一直存在着，表明了这一人格风范的榜样作用和相对而言的士风浮竞。正是在这种背景下，统治者希望通过察举独行达到整齐风俗的目的。从实际效果看，尽管不少被举之士并未应举，但这一措施本身表明了统治者的意向和态度，更不用说一些切实的赏赐或尊崇行为，则直接引导着世风和士风转变的方向。若结合史籍所载被举者的表现尤其是他们在乡里的活动来看，我们不难注意到他们确实发挥着齐风化俗的作用。

---

① 其中有些朝代或政权未见相关史料，可能是由于史籍缺载或并未实行。

② 阎步克：《察举制度变迁史稿》“第一章”，辽宁教育出版社，1991年。

③ 《礼记注疏》卷五九《儒行》。

显然，独行与隐逸有密切关系。由前文所引汉武帝诏书、梁武帝诏书、孙楚上表和被举者的生活状态不难看出这一点。这是值得我们注意的问题。孔子提倡"学而优则仕"，自汉代起，儒生参政的政治格局基本确立，通经成为"禄利之途"。士风由此更容易受到政治、社会风气等多方面因素的影响。尽管如此，总有一些士人自甘于时流之外，自觉履行儒家居仁履义的道德规范，表现得不同流俗。而隐逸之士构成了不为流俗(趋炎附势、汲汲仕途、崇名尚利等)所动的士人群体。因此，就其本意而言，独行是相对于时俗大多数人的行为而言显得独特，与隐逸多有重合。当然，也有一些在朝之士，能做到这一点。因此，唐以后的独行更多用来指在朝之特立独行之士。

而"独行"作为对士人的一种道德风尚的要求，随着儒家德化天下的政治思想和社会理想日益沉淀到中国文化的深层结构，继而被传承下来，并在历史上不断被提及。关于此点，清人洪亮吉的一段上表可以给我们提供更多的思考。《清史稿·洪亮吉传》载：

> 夫下之化上，犹影响也。士气必待在上者振作之，风节必待在上者奖成之。举一廉朴之吏，则贪欺者庶可自愧矣；进一恬退之流，则奔竞者庶可稍改矣；拔一特立独行、敦品励节之士，则如脂如韦、依附朋比之风或可渐革矣。

洪亮吉关注世风与士风之间的关系，强调执政者对于风气倡导的方式及其影响之巨。而他极力肯定的是：选拔一"特立独行、敦品励节之士"，则可能达到革新"依附朋比之风"的效果。这一思路与汉魏晋南北朝时期所实行的举独行作为名目之一的察举制度的思路是一致的。可以说，这实际上反映了：自先秦以来，国人对士风与世风的关系、士以其坚持儒家所要求的道德行为准则担负着艰巨的职责——士以天下自任的道德责任感等。

清代浙江台州海防述论

华东师范大学　金梦霞　浙江师范大学　姚建根

摘要：台州处于东南沿海的重要战略位置。有清一代，台州海防经历了一个曲折变迁的过程。清初，台州海防由创建到『迁界』『禁海』，再到恢复，一波三折，『分散布防』『星罗棋布』是清前期台州海防的重要特点。迨至晚清，台州原来水陆相维的海防体系受到严重挑战与破坏，开始进入调整布防、增补军备的新时期；为应对『三门湾事件』，清末台州地方采取了诸多应急性的防御措施，但最终对台州海防并未产生近代化的深远影响。总之，台州海防未能在清代实现近代化并非偶然，是外部条件与内在弊端共同作用的结果。制度的顶层设计对地区海防的布局与成效至关重要。

关键词：清代；台州；海防

纵观学界对中国海防历史的研究，有通史性研究、断代性研究，有全国、分省的通论性研究，也有舰船、水师等专题性研究，成果可谓丰硕。近年来，东南各省的地区性海防研究不断深入，本文试以清代台州海防为论述对象，通过回顾清前期台州海防建设历史，阐释晚清台州海防演变状况，进而探讨清代台州海防盛衰的原因，以期对地区性海防历史研究有所增益，并为现今中国海防建设提供借鉴。

一　清前期台州海防体系创建

建立海防体系，首先，应根据海岛、海岸的态势因地设防。其次，海防要防的是敌人的军事进攻。因此，海防体系的关键是建立适应海战的军事力量，它包括岸上的军事防御设施、海上作战的战船和训练有素的水陆军队。[①]受地理环境和海防形势的影响，清前期的台州海防在布防、军事防御设施、战船等方面逐步创设，建立了相对独立的海防体系。

台州位于浙江省东南部，有着“西控温、处、金、衢，北卫宁、绍”的重要战略地位。[②]清代台州府下辖六县，分别是宁海、黄岩、临海、太平、天台、仙居；因天、仙两县地处内陆，故清代台州海防主要在宁、黄、临、太四县开展。从地理环境看，“台州三面阻山，一面滨海，南自温州蒲岐，北抵宁波昌国，海岸五百余里”。因为台州三面环山，“南有桃奥、全竹，北有桑洲、桐岭，西有关山、卫墅，层峦叠嶂，重关鸟道”，可谓是“孤悬于数百里之外”的“四塞之国”，所以在台州建设独立的海陆防卫体系有其必要性。又因为台州东面临海，海岸绵长曲折，经常遭受着来自海上的威胁，甚至连台州府城都处在如此危险的境地：“设或倭奴弃舟登岸，皆可卒至城下。自海门而上者，则一潮直达。”此外，台州沿海港口众多，有“临、黄、宁、太之间，……七港错列”之说，像健跳港、海门港、松门港都是台州海防重地。

东面滨海、海岸绵长、海港众多的地理环境，使得台州不断面临着来自海上的挑战。清初，天下未定，海防形势更显复杂。顺治二年(1645)，南明鲁王朱以海受福王之命驻守台州，此后，其往返于绍兴、台州、舟山等地，直至康熙元年(1662)，南明势力对台州的威胁才真正解除。郑成功军队于 1657 年至 1659 年“三进台州”。[③]除此以外，海盗作为古已有之的海上威胁势力，也趁着明末清初的混乱局面，更加猖狂地劫掠台州沿海地区。

受特殊的地理环境和严峻的海防形势影响，清初台州海防由创建到“迁界”“禁海”，再到恢复，可谓一波三折。顺治五年(1648)，清政府制定浙江兵制，规定“台州水师三营，营设将领八，共兵各三千”[④]。顺治十四年(1657)，台州府设宁台总镇，后改为水师提督，不久又改为总兵；设立黄岩镇标三营，水师二千七百七十五人，战哨船二十五艘，海门驻游击等官，前所驻都司等官。[⑤]至此，台州海防在兵制方面初具形态。此后，苦于郑成功对沿海的袭扰，清政府从沿海退缩，“以温、台、宁三府边海居民迁内地”，“奉檄沿海

① 卢建一：《福建古代海防述论》，唐文基主编：《福建史论探——纪念朱维幹教授论文集》，福建人民出版社，1992 年，第 257 页。

② 喻长霖等：民国《台州府志》卷五九《武备考下》，成文出版社，民国二十五年(1936)铅印本，第 3415 页。

③ 王奇、赵春华：《郑成功三进台州》，《东南文化》1990 年第 6 期，第 352 页。

④ 赵尔巽等：《清史稿》卷一一三《兵二》，中华书局，1977 年，第 2143 页。

⑤ 赵尔巽等：《清史稿》卷一一七《兵六》，中华书局，1977 年，第 2210 页。

一带钉定界桩，仍筑墩堠台寨，竖旗为号，设目兵若干名，昼夜巡探，编传烽歌辞，互相警备”。[①]除了“迁界”，清政府还实行“片板不许下海”的“禁海”政策。直到康熙二十二年(1683)郑克塽投诚，台湾最终被平定，“沿海内徙卫所、巡司、墩台、烽堠、寨堡、关隘皆改设于外，略如明初之制”[②]，台州海防才最终得以恢复。

康熙中叶以后，南明政权、郑成功势力既已消亡，沿海局势趋于稳定，清政府开始着手常规化海防建设：设立卫所、安排水师、量地分哨会哨、修造战舰炮台、稽查出口商渔船等，台州也由此建立起一个相对独立的海防体系。清前期台州海防划分为四个区域，分别是黄岩镇标、台协、宁海营、太平营，具体布防情况如表 1、表 2、表 3、表 4 所示：

表 1　清前期黄岩镇标沿海布防情况

营汛		辖区	将弁
海门卫汛		辖台六：牛头颈炮台、家子汛炮台、栅浦台、三山台、烽堠台、界牌头台	右营游击、中营守备防守，左营把总协防，驻兵 300 名
中营海汛	内洋主山汛	辖洋面七：主山、 黄礁门、深门、三山、老鼠屿、川礁娘娘宫、纪青山	
	中营外洋汛	辖洋面四：大陈山、凤尾山、东箕山、西箕山	
左营海汛	内洋牛头门汛	辖洋面五：牛头门、白岱门、米筛门、圣堂门、靖寇门	
	左营外洋汛	辖洋面五：鹅冠山、雀儿奥、东屿、西屿、大渔山	
右营海汛	内洋黄壳奥汛	辖洋面七：黄壳奥、沙镬门、鸡脐山、杨柳坑、石塘山、榔机山	
	右营外洋汛	辖洋面三：钓棚、螭洋、洞正山	

表 2　清前期台协沿海布防情况

营汛	辖区	将弁
关头寨汛	辖台三：门杰台、栅下台、金家台	右营千把轮防，驻兵 85 名
浬浦汛	辖台一：浬浦台	右营把总轮防，驻兵 43 名
赤磡汛		右营把总永防，驻兵 85 名
吴都汛		中营千总轮防，驻兵 36 名
小雄寨汛	辖台四：昌埠台、 高湖台、虾蟆台、上郑台	中营把总轮防，驻兵 85 名
泗淋汛		中、左二营把总轮防，驻兵 30 名
梅奥汛		右营把总轮防，驻兵 30 名

① 喻长霖等：民国《台州府志》卷五九《武备考下》，成文出版社，民国二十五年(1936)铅印本，第 3420 页。

② 姜宸英：《海防总论拟稿》，《清经世文编》，清光绪十二年(1886)思补楼重校本，第 2149 页。

续表

营　　汛	辖　　区	将　　弁
桃渚寨汛	辖台六：上长台、千山台、石柱台、手炉台、张司奥台、太平台	左营守备永防，把总轮防，驻兵220名
垦埠汛		左营千总轮防，驻兵48名
三石汛		中营把总轮防，驻兵36名
前所寨汛	辖台六：画眉台、岸头台、三石台、竹屿台、新亭炮台、章安台	右营都司、中营守备永防，驻兵450名
小圆山炮台		中营把总永防，驻兵50名

表3　清前期宁海营沿海布防情况

营　　汛	辖　　区	将　　弁
石桥汛	辖台一：田奥山台	左营外委千总防守，驻兵19名
西廊汛	辖台二：白岩台、咽喉山台	左营千总轮防，驻兵23名
大横渡汛	辖台二：大山台、火焰山台	左营把总轮防，驻兵19名
窦奥汛	辖台一：窦奥司台	左营把总轮防，驻兵30名
海游寨汛	辖台三：窦奥山台、风坑山台、老鼠山台	左营千总永防，驻兵44名
曼奥汛		左营百总防守，驻兵29名
东奥汛	辖台三：牛腿山台、烂头山台、王见山台	左营把总轮防，驻兵26名
牛腿汛		左营外委把总防守，驻兵32名
东山汛		左营外委把总防守，驻兵36名
越溪寨汛	辖台一：名墙头台	右营千总永防，驻兵100名
柘浦汛	辖台一：柘浦山台	右营把总轮防，驻兵40名
胡陈汛	辖台三：杨梅山台、桓奥山台、香花山台	右营千总轮防，驻兵55名
大胡汛	辖台三：山头冯台、车奥山台、松奥山台	右营把总永防，驻兵124名
溪下应汛		右营把总轮防，驻兵46名
上下浦汛		右营外委把总防守，驻兵9名
缸窑汛		右营外委把总防守，驻兵20名
海口汛		右营外委把总防守，驻兵20名
西垫汛		右营把总轮防，驻兵44名
健跳汛		左营守备永防，领把总1员、兵250名
健跳海汛	辖洋面二十一：靖寇门、狗头门、茶盘洋、五屿门、满山、宁台屿、三门、罗汉堂、玉夷、长山门、九龙港、石浦所、林门、南田门、大佛头、罗源、珠门、急水门、花奥、青门、迷江山	

表 4　清前期太平营沿海布防情况

营　汛	辖　区	将　弁
松门卫汛	辖台寨八、塘汛口址五：平六都台、盘马山台、盘马山寨、松门山台、林家浦台、七都湾台、乌沙浦台、六都台、淋头塘、猫儿河塘、苍山口址、河头口址、千奥口址	守备永防，千总协防，驻兵 291 名
隘顽寨汛	辖台四、汛地口址三：白岩山台、 沓岭山台、石桥后山台、四都台、沙角口址、河头口址、大坞根汛	把总永防，驻兵 137 名
江下汛	辖台五、口址三：下娄山台、 青屿山台、大麦山台、平头山台、千岭寨、青龙山口址、小坞根口址、湖雾口址	把总轮防，驻兵 111 名
金清汛	辖台四、汛地二：金清台、洋屿台、双桥台、洪家场台、洋屿汛、张乌汇	把总轮防，驻兵 88 名

(以上四表根据民国《台州府志》卷五九《武备考下》制成)

清前期的台州海防主要分为一个镇标、一个协、两个营[①]，其下有多个卫、汛，每个汛都有明确的巡防区域并安排了一定数量的将弁，呈现出“星罗棋布”的布防局面。曾有浙江总督称：“宁、台、温三府属口岸繁多，四通八达，其总汇紧要之处设有专员弹压，其余口隘分拨弁员哨巡，星罗棋布，原属周密。”[②]当然，由于不同汛口的海防地位不同，各卫、汛的将领级别以及驻兵人数有所不同，例如：海门卫汛、桃渚寨汛、松门卫汛、健跳汛等重要海口，主要由都司、守备等官统领，驻兵数量也较多；而其他汛口则主要由千总、把总、外委等官永防或轮防，驻兵数量也较少。不过，将 4000 名左右的兵员分配到 43 个海防汛地，平均每个汛地驻军不到百人。可见“分散布防”“星罗棋布”是清前期台州海防的重要特点。此外，由于清代初期东南沿海地区长期存在反清势力，没有外国的威胁，这些水师的主要工作并不是海上巡逻和作战，而是负责沿海沿江的陆上防守，以及缉私捕盗、押运漕粮等其他大量杂役，从职能上讲，他们更像是地方警察。

与布防相应，台州海防在军备方面也有所改进，如表 5、表 6 所示：

表 5　清前期台州战船情况(单位：只)

	种类及数量	总　计
黄岩镇标	际字一号至三号水艍船 3 四号至六号赶缯船 3 七号至十八号双篷船 12 十九号至二十七号快哨船 9	36

① 清朝军队分为八旗、绿营，绿营以汉兵为主，分省建置。每一个省内重要防地设总兵官(从二品)，下辖副将、参将、游击、都司、守备、千总、把总、外委、额外外委等官，副将所统的官兵称协，其余军官所统官兵称营。清朝负责海防的水师并不是近代意义上的海军，也不是一个独立的军种，而是附属于八旗、绿营之内的一个专业兵种。

② 嵇曾筠等：雍正《浙江通志》卷九六《海防》，文渊阁《四库全书》，上海古籍出版社影印本，1987 年，第 1879 页。

续表

	种类及数量	总　计
黄岩镇标	三十八号大沙船 1 二十九号大舸船 1 三十号小舸船 1 三十一号至三十六号钓船 6	
台协	三十七至四十一四桨杉板船 1	1
宁海营	四十三号至四十五号双篷舫船 4 四十六、四十七号快哨船 2	6
太平营	太松字一号、二号巡船 2	2
合计	45	

(此表根据光绪《黄岩县志》卷一二《职官志三》制成)

表 6　清前期台州火炮情况(单位：门)

种　　类	数　　量	分　　配
大小红衣炮	93	安设炮台 6、守护城池 32、配船 55
得胜炮	16	俱配战船
行营炮	22	安设炮台 4、海门卫 3、守护城池 15
马蹄炮	8	安设炮台 7、海门卫 1
劈山炮	50	俱配战船
穿山炮	8	俱配战船
百子炮	192	俱配战船
荡寇小炮	60	俱配战船
合计	449	

(此表根据雍正《浙江通志》卷九一《兵制》制成)

由以上两表可知：第一，清前期台州战船的种类、数量较多，海防已具有一定的机动性；第二，清前期台州火炮种类、数量丰富，其不仅仅用于守护城池、安设炮台，还有不少战船配备了火炮，这在一定程度上增加了战船的战斗力，也有助于海陆配合防守。但是，我们也应看到，“由于清朝统治者为外海水师规定的任务是‘防守海口，缉私捕盗’，水师船只的建造也服从于这一目的，以小型木质战船为主”[①]。这与其巡防近海的任务相适应，但战船所能发挥的作用也因此受限。火炮方面，清军所用火炮名称虽多，其在形制构造上基本雷同，大多是明代火炮的仿制品或改制品，制造技术上并没有什么创新，在性能上也无多大改造；[②]此外，当时的火炮大多是“手工工场的产品，做工粗糙，精密度不够，且铁质差，炮膛很容易炸裂。所用的炮弹也只有效能最差的实心弹一种，而且

① 张炜、方堃主编：《中国海疆通史》，中州古籍出版社，2003 年，第 339 页。

② 王兆春：《中国火器史》，军事科学出版社，1991 年，第 272-273 页。

大部分火炮都没有可以活动的炮架，只能向一个角度射击，大大限制了射击范围”。这些战船和火炮用于“防内”尚可，但无法与西方的铁甲战舰和洋炮相较量。

历康、雍、乾三朝，清代台州海防体系得以创建，却伴随着分散布防、船小炮弱的缺陷，而这也是当时中国海防的共同问题。在此种情况下，清军水师只能以陆上或海口设防为主，辅之以近海巡防的小型战船，很少进行海上尤其是远洋航行，更谈不上对入侵者进行积极的海上防御和进攻了。这种弱点在嘉庆时期已明显暴露，但统治者因循守旧，意识不到即将面临的海上威胁会有多严重，依然坚持既定的海防政策、维护传统的海防体系。进入 19 世纪，中国真正面临来自海上的严重危机。清前期这种星罗棋布、水陆相维的海防体系受到严重挑战与破坏，清廷不由得将“重防其出”的海防方针转向“重防其入”，并大力加强海防建设。由此，晚清台州海防出现了一些新的变化。

二　晚清台州海防调整与变化

(一) 调整布防

台州海口要地有三：中为临海海门汛，左为宁海健跳汛，右为太平松门汛。同治六年(1867)，知府刘璈奏称：“惟松门汛亦与调班禁地连近，旧设太平营守备、把总各一员，专管陆路，不预巡洋，迨后守备又驻县城。近来贴近松门、石塘一带，时有海盗及五桨匪船往来伺劫，大为商旅之患。”根据松门海防传统及现实状况，刘璈建议：“以右营游击及该营守备各弁等一并移驻松门，兼防石塘”；“原驻海门卫城之黄标右营游击改为海门右营游击，调驻太平县属之松门卫城，总巡南帮洋面”。[①]考虑到松门是南台州海的防卫中心，而北台州海的防卫中心在健跳，所以他还建议：“左营千把各弁兵归于海门镇标左营游击统辖，仍驻健跳卫城，专防并分防北帮洋面。”同治十年(1871)，在刘璈意见基础上，浙江巡抚杨昌濬奏称：“将黄岩镇总兵改驻海门卫城，作为海门镇总兵，并将中、左二营各员弁随同总兵，分别驻扎海门，以资控制。”[②]同治十一年(1872)，经兵部议准，黄岩镇总兵改为海门镇总兵。光绪元年(1875)，移镇标左营游击驻大域；光绪十八年(1892)，改驻健跳，健跳海防由此得到了加强。具体来看，晚清台州海防营汛新制如表 7 所示：

表 7　晚清台州海防营汛新制

<table>
<tr><th colspan="2">营　汛</th><th>人　员</th></tr>
<tr><td rowspan="6">海门镇</td><td>中营</td><td>分防海门汛千总一员、凤尾汛千总一员、牛头颈把总一员、东机田奥把总一员</td></tr>
<tr><td rowspan="3">左营</td><td>分驻健跳卫城游击一员、守备一员</td></tr>
<tr><td>健跳汛专防千总一员、协防外委二员</td></tr>
<tr><td>大域汛专防千总一员、协防外委一员，分防白岱门把总一员、牛头门把总一员</td></tr>
<tr><td rowspan="2">右营</td><td>分驻松门卫城游击一员、守备一员、把总二员、外委六员</td></tr>
<tr><td>分防松门汛千总一员、石塘汛千总一员、盘马汛把总一员、箬里山汛把总一员</td></tr>
</table>

① 喻长霖等：民国《台州府志》卷五八《武备考上》，成文出版社，民国二十五年(1936)铅印本，第 3410 页。

② 喻长霖等：民国《台州府志》卷五八《武备考上》，成文出版社，民国二十五年(1936)铅印本，第 3400 页。

续表

营汛		人员
台协	中营	分防内江马头山汛把总一员、协防额外外委一员
	左营	分驻桃渚寨汛守备一员、把总一员、外委把总一员
		分防花桥汛千总一员、浬浦汛外委把总一员、前所寨汛千总一员、前所炮台额外外委一员、三石汛把总一员、新亭汛外委千总一员、旧城汛外委把总一员、小雄寨汛把总一员、泗淋汛外委千总一员
	右营	分防三江口汛把总一员、拗岭汛外委把总一员
宁海营		分防亭头汛把总一员、大湖汛千总一员、岳井汛额外外委一员、海游汛千总一员、亭旁汛外委把总一员、窦奥汛外委把总一员、大横渡汛把总一员、桑洲汛外委把总一员、西垫汛把总一员
太平营		分防江下汛把总一员、湖雾汛外委一员、隘顽汛把总一员、沙角汛外委一员、金清汛把总一员、洋屿汛外委一员

(此表根据民国《台州府志》卷五九《武备考下》制成)

晚清台州为了加强海门、松门、健跳等“海口要地”的设防，不仅把黄岩镇标中营移至海门、镇标左营移至健跳、镇标右营移至松门，还增设了驻守健跳和松门的将领：健跳由清前期的守备、把总各一员发展至游击一员、守备一员、专防千总一员、协防外委二员；松门由清前期的守备、千总各一员发展至游击一员、守备一员、千总一员、把总二员、外委六员。除了对海门、松门、健跳的海防进行重点加强外，其他沿海汛地的布防也进行了一些调整。相较于清前期，台协汛口依旧是十二个，但有一半汛地位置发生了变化，浬浦汛、小雄寨汛、泗淋汛、桃渚寨汛、三石汛、前所寨汛保留了下来，其他汛地则被内江马头山汛、花桥汛、新亭汛、旧城汛、三江口汛、拗岭汛所取代。宁海营原来二十个汛口中只剩大湖汛、海游汛、窦奥汛、大横渡汛、西垫汛五个，同时新增了亭头汛、岳井汛、亭旁汛、桑洲汛四汛。太平营在原有汛地基础上，新增了湖雾汛、沙角汛、洋屿汛三汛，共辖六汛。总体上看，晚清台州海防汛地数目略有减少，重要海口汛地或新设或在原有基础上加强设防，至于海防地位相对次要的汛地大多被取消。区别于清前期海岸、海岛星罗棋布的近海防御，晚清台州海防体现出“重要海口重点设防”的特点。但是，晚清海防的这一特点“与清代前期兵力分散布置相比有所进步，而与西方列强海权战略相比，仍然是落后的、力不从心的、消极的，无法根本改变中国被动挨打的命运”①。

(二) 增补军备

战船是水师机动性的保证，炮台是海岸守兵依托的工事。为了加强海防，晚清台州在战船和炮台方面有所添补。第一，增加战船。“自英夷滋事，定海镇暨提标右营、镇海营、昌石营、乍浦营各船悉皆被毁，其余黄岩等标营之船，因调赴镇海等处防堵，亦间被毁坏，又有因年限届满，及遭风击坏，驾厂修造之船，计各营现有船只，为数无多，

① 王宏斌：《晚清海防：思想与制度研究》“前言”，商务印书馆，2005年，第4页。

自应一律修造添补。”[①]鸦片战争后，清政府对浙江沿海各地的战船进行了大规模的“修造添补”，台州黄岩标的战船也在添补之列。咸丰年间，台州有战哨船 51 只，分别为：霆字号艇船 9 只、际字号同安船 21 只、同安梭船 6 只、捷字号钓槓船 6 只、际字号巡船 3 只、胜字号南田船 3 只、际字号钓船 3 只。[②]到了同治年间，台州水师战船再次得到增补。“现奉新拨广艇二只、新修广艇一只及随带钓船二只、前获盗艇一只，署镇拟将此项战守兵丁，内每广艇船派兵七十名，每钓船再加派兵二十名，所获盗艇派兵五十名，计大小号船六只，共派兵丁三百名，先行分配各船，令其常川在洋巡缉，并饬随带广勇训练技艺，俾资熟悉。将来另奉到批准前禀添造钓船十号，再行另选兵丁配用。”[③]这是同治时期添补的第一批战船，包括：调拨广艇 2 只、新修广艇 1 只、钓船 2 只、前获盗艇 1 只。此后，又添造钓船 10 只，前后共新添战船 16 只。[④]第二，修补炮台。“两次鸦片战争时期，中英之间的海战大都是英军战舰与清军炮台之间的对垒与交战，炮台成为清军对抗外敌的重要依托。”[⑤]基于以上经验，晚清沿海炮台建设的重点虽有变更，但清政府对炮台的重视却一以贯之。光绪六年(1880)，浙江巡抚谭钟麟认为，“以浙省沿海各口，巨舰之可深入者，距省最近为乍浦，次则宁波之镇海、定海、石浦，台州之海门，温州之黄华关。旧有炮台三十余座，惟海门镇炮台建筑合法”。看来台州海门镇的炮台建筑还算符合规制。但为巩固海防起见，海门镇炮台仍进行了一番整顿，“其澉浦之长山，乍浦之陈山，定海之舟山，海门镇之小港口各炮台，咸加修改”[⑥]。

不过，虽说台州沿海炮台得以“咸加修改”，可“大致不外用土修筑”，[⑦]相较于晚清宁波、温州两府的炮台建设，台州海防在炮台数量和质量上都远远落后了。晚清台州海防在战船数量上有所增加，而战船类型仍然是广艇、钓船一类。“巡洋钓艇等船，……以之出洋捕盗，尚虞力有不足，若与外洋兵船，角力于大海狂澜之中，胜负之数，较然可观矣。”[⑧]台州水师的这些战船在近代海洋防卫中所能发挥的作用可想而知。因此，晚清台州战船、火炮等军备的添补只是一种“量”的变化，并未真正推动台州海防实现向近代化的飞跃。

(三) 关注三门湾

19 世纪末，台州海防还因“三门湾事件”一度引起清廷的高度重视。三门湾，位于浙江省大陆海岸的中段，象山港和台州湾之间，是浙江的重要港口和门户。此处港阔水深，北、西、南三面为低山、丘陵，口外有三门岛为屏障，口中有航路三道，故名三门

---

① 齐思和等：《特依顺等奏会筹海疆善后事宜折》(道光二十三年(1843)七月辛亥)，《筹办夷务始末》(道光朝五)，中华书局，1964 年，第 2662 页。

② 陈宝善等：光绪《黄岩县志》卷一二《职官志三》，清光绪三年(1877)刊本，第 909-910 页。

③ 喻长霖等：民国《台州府志》卷五九《武备考下》，成文出版社，民国二十五年(1936)铅印本，第 3428 页。

④ 陈宝善等：光绪《黄岩县志》卷一二《职官志三》，清光绪三年(1877)刊本，第 910 页。

⑤ 张建雄、唐立鹏、曲庆玲：《两次鸦片战争时期炮台技术研究》，《明清海防研究》第八辑，广东人民出版社，2015 年版，第 214 页。

⑥ 赵尔巽等：《清史稿》卷一二〇《兵九》，中华书局，1977 年，第 2267-2268 页。

⑦ 宝鋆等：《杨昌濬奏浙江海防形势折》(同治十三年(1874)八月初七日)，《筹办夷务始末》(同治朝)，中华书局，1964 年，第 8881 页。

⑧ 宝鋆等：《属浙江巡抚布政使杨昌濬奏稿》(同治九年(1870)六月二十五日)，《筹办夷务始末》(同治朝)，中华书局，1964 年，第 6984-6985 页。

湾。明代为抗击倭寇，曾在此设巡检司；清初张煌言的抗清义军，也曾以此为据点。[①]光绪二十一年(1895)，清朝在甲午战争中被日本打败，被迫签订《马关条约》，随后列强掀起了瓜分中国的狂潮，德国、俄国、法国、英国等列强相继在中国强占“租借地”、划分“势力范围”。而势力较弱的意大利看到列强瓜分中国以及清政府软弱可欺，也紧跟其后，想在中国分一杯羹，于是在1899年向清政府提出了强租浙江三门湾以用作海军基地的要求。这一次，清政府不仅强硬地拒绝了意大利的要求，还在三门湾积极布防。浙江巡抚刘树堂奉旨后，增兵布防，严阵以待。集重兵驻守宁台一带三门湾等处各要隘以及叙浦、乍浦沿海各海岸；命令部下对海岸进行测量，凡水深可以停泊兵船的地方，在岸边一律“增筑土堤”，“多掘地营”，“广设疑台”；组织民团为“应敌之接济”，严查保甲以“杜奸究之潜踪”。[②]当时，“操法最精”“步伐分合进退，亦均娴熟”的浙江武备新军左营被调至三门湾一带驻防，[③]台州海防实力骤增。后来，随着意大利撤销最后通牒，三门湾危机解除。“三门湾事件”在一定程度上引起了清政府对台州海防的关注，“盖以三门湾曾经外人要索，故议于此自设军港，免再为人租借”[④]。清政府曾就此派崇善、张曾敭等人专门对三门湾建军港一事进行调查与商讨，台州海防似乎面临着一个近代化的机遇。

然而，当“三门湾事件”通过外交方式了结后，临时驻扎的新式军队便从台州撤走了。再者，鉴于“意国兵舰去三门湾后即改泊象山港，时来时去将及两年，……近来各国兵舰亦多至港中游弋”的现实状况[⑤]，以及“浙江象山港在定海之南，深入象山境六十六里，口宽而水深，群山环绕”的优势地理条件[⑥]，清廷认为象山港“作海军根据地最宜”[⑦]，最终导致三门湾建军港一事不了了之。可以说，“三门湾事件”对台州海防的影响是“船过水无痕”，这与十多年前遭受中法战争镇海之役的宁波府的处境迥然不同。宁波及时采取了改造或新建炮台、购置新式铜炮、整练新军等长期性的近代化海防措施，与之相反，“三门湾事件”并未给台州海防带来任何近代化气象，台州海防由此丧失了走向近代化的一次机会。

台州海防确实在晚清得到了一些发展。只不过从海防近代化角度来看，台州海防的这些调整与变化称不上进步，反倒是衰败的体现。因为其在沿海布防、军备方面的增补，只能看作传统海防的延续与局部调整；“三门湾事件”带来的仅仅是应急性的防御措施，并未产生海防近代化的深远性影响。

余　论

有清一代，台州海防体系的变迁是一个逐步发展完善的过程。清前期，出于“防内”的需要，台州海防通过安排布防、整缮军备等海防措施，逐渐建立起一个相对独立的海防体系，基本达到了当时中国海防的平均水平。到了晚清，随着政府的海防方针由“防

---

① 赵世培、郑云山：《浙江通史》(清代卷中)，浙江人民出版社，2005年，第245页。

② 倪侃：《“三门湾事件”述论》，《浙江社会科学》2001年第3期，第76页。

③ 赵尔巽等：《清史稿》卷一二〇《兵九》，中华书局，1977年，第2268页。

④ 朱寿朋：《东华续录》(光绪朝)卷二〇一，上海集成图书公司刊印清宣统元年(1909)本，第5234页。

⑤ 朱寿朋：《东华续录》(光绪朝)卷二〇一，上海集成图书公司刊印清宣统元年(1909)本，第5234页。

⑥ 赵尔巽等：《清史稿》卷一二〇《兵九》，中华书局，1977年，第2268页。

⑦ 赵尔巽等：《清史稿》卷一二〇《兵九》，中华书局，1977年，第2268页。

内”向“防外”转变，台州海防适应性地进行调整与变化，布防转向“重点海口重点防御”，船炮也得到一定程度的添补修缮。相较于清前期，海防实力确实有所增长。但是，要看到，清前期台州建立的是传统海防体系，存在分散布防、船小炮弱等问题，而晚清台州海防又是在清前期基础上进行的局部调整，甚至无法和临近的宁波等地相比。所以，从海防近代化角度看，清代台州海防是不断走向衰败的。当然，台州海防未能在清代实现近代化并非偶然，而是外部条件与内在弊端共同作用的结果。

台州海防体系是在“重陆轻海”的大背景下建立的，自然无法逃脱“先天不足”的命运。到了晚清，台州不突出的海防地位则进一步导致其在海防建设上的“后天畸形”。在中法战争结束后随之掀起的海防大讨论中，彻底修改了其南北海防平行发展的国策，从而导致了包括浙防在内的南洋海防全面走向衰落，浙江海防的地位更加衰微。[①]台州作为浙江下辖的府，深受晚清浙江海防战略地位不断弱化的影响。鸦片战争期间，浙江巡抚乌尔恭额认为：“就浙洋情形而论，海防以宁波为要，乍浦次之，台州、温州又次之。”[②]实际如乌尔恭额所料，台州确未遭受英军侵扰。中法战争前，浙江巡抚杨昌濬称：“浙江海口以宁波、镇海为最要，温州、乍浦次之，杭、绍、台所属又次之，定海、玉环则孤悬海面，道光年间之事，可为前车。”[③]可见，台州在晚清浙江海防中一直处于次要地位。到了19世纪末“三门湾事件”爆发，“浙中大吏不知三门湾何地，急檄沿海官吏查勘”。[④]三门湾作为台州的重要港湾和海防重地，竟然不为封疆大员所知，这就再次印证了台州海防地位之弱。

水师腐败无能，素质低下，加剧了台州海防的衰弱。同治八年(1869)，署台州总兵陈绍、知府刘璈会禀：“溯查从前官弁衙署兵丁，营房安设黄岩城中，与海门相距四十五里。所属弁兵，既未能熟悉海汛，又未经练习风涛，名为海防水师，实于海防无济。”[⑤]海防水师是专业化较强的职业，营房不近海，又不熟悉海汛风涛，这样的水师甚至缺少最基本的职业技能，难怪“于海防无济”。又知府刘璈向朝廷奏报，为了加强海防，准备将黄岩总镇移驻海门，虽然大家深知此事于公有益，却因为“镇标弁兵皆系黄岩土著，其良者只图就近偷安；其奸者，且能倚势为恶。一议移驻，仅便于公而不便于私，势必多方阻挠。在总镇亦不免惑于近听，适中其趋避之谋”。最终由清廷降旨，黄岩镇标才得以移驻海门。经由此事，刘璈不禁叹道：“大凡武员分居，崇品能者固多，而求其深明政体、至公无私、顾全大局者，卒所罕见。”面对这样一群缺乏训练、几无海上战斗力的台州水师，台州人只好空有恨铁不成钢之叹：“然则兵无强弱，视练不练为强弱耳。吾台民性强悍，人不畏死，教养无人，流为盗贼。若得一善兵者，起而练之，则吾台军岂在湘淮后哉？”[⑥]

在海防建设中，如何前瞻性地避免制度性缺陷，如何及时发现漏洞并调整海防政策，

---

① 方堃、张炜：《晚清浙江海防战略地位的弱化及原因透视》，《历史档案》1996年第1期，第109-112页。

② 宁波市社会科学界联合会、中国第一历史档案馆编：《浙江巡抚乌尔恭额奏报遵旨预筹浙省海口防英情形片》(道光二十年正月二十二日朱折)，《浙江鸦片战争史料》(上)，宁波出版社，1997年，第87页。

③ 宝鋆等：《属浙江巡抚布政使杨昌濬奏稿》(同治九年六月二十五日)，《筹办夷务始末》(同治朝)，中华书局，1964年，第6983页。

④ 《调查会稿：三门湾紧要调查书》，《浙江潮》(东京)1903年第5期，第184页。

⑤ 喻长霖等：民国《台州府志》卷五九《武备考下》，成文出版社，民国二十五年(1936)铅印本，第3427页。

⑥ 喻长霖等：民国《台州府志》卷五八《武备考上》，成文出版社，民国二十五年(1936)铅印本，第3373、3398页。

如何建立中央-地方的海防快速反应协调机制……通过回顾清代台州海防的历史，多少会促使我们不断去思考这些问题吧。

（本文系浙江省哲学社会科学规划课题子项目“古代浙东海上家谱文献整理与研究”(14YSXK05ZD-1YB)阶段性成果。）

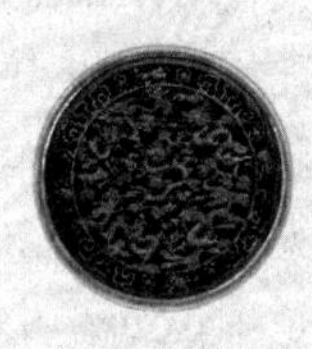

关于南海诸岛的历史主权问题

华中科技大学　夏增民

摘要：在历史时期，随着海事活动范围的扩展，中国人对南海诸岛的认识和了解不断加深，中国人因此成为南海诸岛的开发者，并在一些岛屿上临时或长久居住。正是这样，中国政府至迟在秦汉时期就开始对南海诸岛屿行使管辖权，这一切都说明，中国对南海诸岛拥有历史主权。近代以来，清朝和民国政府不断强化宣示南海主权措施，并得到国际社会的承认，这既是对南海诸岛历史性权利的继承，也为当代中国政府主张南海主权提供了基础。

关键词：南海问题；南海诸岛；历史主权

引言　历史主权与南海问题

我们说，南海诸岛自古以来就是中国的领土。这其实是主张我国对南海诸岛的历史主权。所谓历史主权，即是指在历史时期，一国对某地的最早发现和“自然”地持续占有以及当时世界范围内各国对其合法性的确认，该国因此对其拥有的历史性权利。因此，中国人对南海诸岛的发现、持续地开发和管理，以及各朝代明确将南海纳入管辖版图，这正是中国对南海诸岛主权的来源。

国家与国家之间的领土争端，必须考虑历史主权的归属问题。著名国际法学家、曾任联合国国际法委员会主席的伊恩·布朗利即指出：“当代争端可能不仅取决于国家权力的行使，而且需要援引古老的、原始的或历史性的权利，这个概念也表明了‘自古占有’(immemorial possession)原则，并且要依赖有关历史事实事项的一般性陈述或意见作为证据。”[①]而且，这一原则也为国际法的司法实践所支持。从已有的判例来看，“就领土主权与占有而言，国际司法机构较为一贯的裁判思路是，首先依历史居住或国际协议或有效继承能够确定争议土地合法所有者的，则不管现在归谁所控制，争议土地判归合法所有者，因为非法行为不产生合法权利。只有当争议土地根据上述途径无法确定合法所有者的，才依有效占有原则界定土地的归属(实际上也就是确定土地的合法所有者)，因为先占的对象原本就只能是无主地，不能是已有合法所有者的有主地”。[②]

对此，还必须要指出的是，历史主权的主张是符合时际法原则的。时际法(Intertemporal law)原则是用以解决国际法在不同时期如何适用法律的原则。它是指“法律事实必须考量当时所适用的法律原则，而非关于争端发生时所具有效力的法律”，即根据不同时期的法律与历史事实，适用不同类型的法律，特别是那些当时有效的法律原则与概念，借以解决法律因溯及既往所产生的争议。[③]因此，在尚未形成近代领土主权概念的古代，最早发现、命名南海诸岛并在其上居住或从事生产经营活动，具有重要的国际法意义。当代中国政府继承这一历史性权利并不违背国际法的基本精神和原则，也就是说，中国拥有对南海诸岛的历史主权是自然、合法的，而且是不容侵犯的。

正是这样，梳理历史时期中国人对南海诸岛的认知和开发活动，极有必要。学界对此展开了富有成效的研究。比较重要的成果有冯承钧的《西域南海史地考证论著汇辑》(中华书局，1957)和《西域南海史地考证译丛》系列(商务印书馆和中华书局版)，韩振华的《南海诸岛史地考证论集》(中华书局，1981)、《我国南海诸岛史料汇编》(东方出版社，1988)和《南海诸岛史地研究》(社会科学文献出版社，1996)，广东地名委员会编的《南海诸岛地名资料汇编》(广东省地图出版社，1987)，吕一燃的《南海诸岛(地理·历史·主权)》(黑龙江教育出版社，1992)以及卢建一点校的《明清东南海岛史料选编》(福建人民出版社，2011)等，这些论著用考据的方法，对史料索隐发微，求证出中国人对南海诸岛开发的贡献，从材料的角度明确了南海诸岛自古即是中国的领土。而在史料的基础上，也有不少论者对此做了进一步的论证，较有影响的著作有厦门大学南洋研究所南史组的

---

① 〔英〕伊恩·布朗利著，曾令良等译：《国际公法原理》，法律出版社，2003年，第154页。

② 见邵沙平主编：《国际法院最新案例研究》，商务印书馆，2006年，第357-406页；李杰豪：《条约主权论与占有主权论的适用及其发展》，《政治与法律》2013年第12期。

③ 李志文、马金星：《从时际法原则解析先占取得岛屿行为的效力》，《法学杂志》2013年第12期。

《南海诸岛历来就是中国的领土(1-5)》(《南洋问题研究》1975年第5期)、黄盛璋的《南海诸岛历来是中国领土的历史证据》(《东南文化》1996年第4期)和司徒尚纪的《从海洋制度文化看历代中国政府对南海领土主权的管理(上、下)》(《岭南文史》2012年第3、4期)以及李金明的《中国南海疆域研究》(福建人民出版社，1999)等。本文即在此基础上，对史料重新进行全面的梳理、整合，重述中国对南海诸岛拥有历史性权利的依据。

一 中国人对南海诸岛的发现和认知

中国最早记载了南海诸岛的情况，自汉代至近代从未间断，大量的历史记载表明，是中国人最早发现并开发了南海诸岛。

中国虽然是一个农业国家，但是中国也拥有18000公里的海岸线，中国人走向海洋的历史跟中国历史一样悠久。南海诸岛正是在中国人经海路与海外交往时发现的。随着中国沿海主要港口位置自西向东的转移，中国人对南海诸岛认识的范围越来越广，了解也越来越深。

至迟到秦代，中国人就开始了跨海旅行。在南海方向，已开辟了自雷州半岛经马六甲海峡至印度的航线。《汉书・地理志》记载："自日南障塞、徐闻、合浦船行可五月，有都元国，又船行可四月，有邑卢没国；又船行可二十余日，有谌离国；步行可十余日，有夫甘都卢国。自夫甘都卢国船行可二月余，有黄支国，民俗略与珠厓相类。"黄支国，一般认为即今之印度某沿海港口。[①]从考古上看，1983年，在广州发现的西汉初期南越王墓中曾出土来自波斯的银盒。[②]这充分说明，秦汉时期中国南海已有较发达的海路交通。当然，当时的海上交通基本上是近海航行，其路线除靠近今越南海岸之近岸航线外，还当有穿越西沙群岛的航线，因此，在秦汉时期，中国人至少已对南海西部有了较为充分的认识。

至迟在东汉时期，南海就被明确记入史册，当时称为"涨海"。[③]目前所见最早是在谢承《后汉书》中，其云："交趾七郡贡献，皆从涨海出入。"[④]后三国吴人万震《南州异物志》也记载："涨海崎头，水浅而多磁石，外徼人乘大舶，皆以铁鍱，鍱之至此，䨲以磁石不得过。"[⑤]"磁石"即是指隐没在水中的礁滩。《南州异物志》又曰："珊瑚生……在涨海中……珊瑚树洲底有盘石，水深二十余丈，珊瑚生于石上。"[⑥]"盘石"则是指各岛屿下面的礁盘。另，三国吴人康泰《扶南传》亦云："涨海中倒珊瑚洲，洲底有盘石，

① 黄支国地望仍有争议，也有认为在斯里兰卡的，见黄晓春：《黄支国新考》，载《历史地理》(第二十二辑)，上海人民出版社，2007年。

② 中国社会科学院考古研究所：《中国考古学・秦汉卷》，中国社会科学出版社，2010年，第920页。

③ 关于"涨海"之名，"万州城东外洋，有千里长沙、万里石塘，盖天地所设，以提防炎海之溢者。炎海善溢，故曰涨海"。见屈大均：《广东新语》卷四《水语》，清康熙水天阁刻本。

④ 见徐坚：《初学记》卷六地部中，清光绪孔氏三十三万卷堂本。

⑤ 见李昉：《太平御览》卷第九八八药部五，四部丛刊三编影宋本。此外，《南州异物志》又载："句稚去典游八百里，有江口西南向，东北行，极大崎头，出涨海，中浅而多磁石。"见李昉：《太平御览》卷第七百九十四夷部十一，四部丛刊三编影宋本。此条往往被误作出自杨孚《异物志》，不确。按：杨孚之《异物志》，又作《南裔异物志》、《交州异物志》或《交趾异物志》，未见称《南州异物志》者。

⑥ 见刘义庆：《世说新语・汰侈》刘孝标注，四部丛刊影明袁氏嘉趣堂本。

珊瑚生其上也。”[①]由此可见，由于三国时期的政治形势，吴国依赖海路交通维持其对南方的统治，从而使得中国人对南海及南海诸岛的认识也有了第一次大的飞跃。

南北朝时期，南海海路交通依然畅通，比如著名的僧人法显由陆路经西域赴印度求法，而后则是从斯里兰卡走海路经南海归国，即是一例。

隋唐统一，中南半岛一部成为中国直接管辖的行政区域，海路交通遂大发展。隋大业三年(607)，屯田主事常骏、虞部主事王君政等请使赤土国(在今苏门答腊)，《隋书·南蛮传·赤土》曰："其年十月，(常)骏等自南海郡乘舟，昼夜二旬，每值便风，至焦石山，而过东南，泊陵伽钵拔多洲，西与林邑相对，上有神祠焉。又南行至师子石，自是岛屿连接，又行二、三日西望见狼牙须国之山，于是南达鸡笼岛，至于赤土之界。”据黄盛璋先生考证，焦石山即西沙群岛中的宣德群岛之高尖石岛。[②]

比至唐代，由于中国南海的海路交通起点东移到广州，自珠江口至越南，尤其是通往马六甲海峡的航线经行西沙群岛几成当时的必经航道。《新唐书·地理志》留载唐德宗时宰相贾耽所记当时“广州通海夷道”，其详细记录以广州为出发点，经九龙半岛，西沙、南沙海域，穿越南海通往东南亚甚至印度洋各国的一条清晰的航道，沿途经过 30 多个国家和地区，全长约 1 万公里。直至 16 世纪，这是世界最长的远洋航线。[③]

隋唐时期，中国对南海的叫法，除传统的“涨海”外，对南海诸岛的名称也多有记载，比如“象石”“木饮州”等。

初唐时期的诗人沈佺期在流放驩州(今越南义安省)时，其所作《答魑魅代书寄家人》诗中即云：“涨海缘真腊，崇山压古棠。雕题飞栋宇，儋耳间衣裳……”可见“涨海”一名仍被唐人沿袭。至唐代中期，贾耽遍询各国来使，作《皇华四达记》，其中把西沙群岛称为“象石”，其云：“广州东南海行二百里，至屯门山，乃帆风西行二日，至九州石，又南二日，至象石，又西南三日，行至占不劳山，山在环王国东二百里海中。”[④]生活于晚唐时期的段成式所作《酉阳杂俎》则把南海诸岛称为“木饮州”，书中记载：“木饮州，珠崖一州，其地无泉，民不作井，皆仰树汁为用。”[⑤]“木饮州”之名当缘自晋代，左思《吴都赋》中即有“穷陆饮木，极沉水居”之句。李善注曰：“朱崖海中有渚，东西五百里，南北千里，无水泉。有木斩之，以盆瓮承其汁而饮之。”而成书于晋代的《太康地记》亦云：“朱崖、儋耳无水，唯种大瓠藤，断其汁用之，亦足。”[⑥]可见，朱崖海中之“渚”，当即是南海诸岛，而这一名称，自魏晋南北朝时期即有端倪。

在宋代，由于中国与西方的陆路交通被截断，海上交通开始高速发展，中国出海的起始点再次东移，泉州港成为当时世界第一大港。由于此时指南针被用于航海，而且南宋已有能力制造远洋大船，南宋船队跨海行驶几无障碍，这样，由泉州出发至波斯湾地区，则东沙群岛、中沙群岛和南沙群岛都成为必经之路。宋代把南海诸岛统称为石塘(或石床、石堂)，分开则有长沙、石塘，千里长沙、万里石塘之称，而且此后这些名称一直被沿用。这是中国人对南海诸岛认识的第二次大的飞跃。

---

① 见李昉：《太平御览》卷第六九地部三十四，四部丛刊三编影宋本。

② 黄盛璋：《南海诸岛历来是中国领土的历史证据》，《东南文化》1996 年第 4 期。

③ 司徒尚纪：《中国南海海洋文化》，中山大学出版社，2009 年，第 36 页。

④ 欧阳修：《新唐书》卷四三下《地理志下》，清乾隆武英殿刻本。

⑤ 段成式：《酉阳杂俎》卷之四，四部丛刊影明本。

⑥ 王谟：《汉唐地理书钞》，中华书局影印本，1961 年，第 169 页。

《宋会要辑稿》“占城国”条记宋真宗天禧二年(1018)前来朝贡的占城人之语：“国人诣广州，或风漂船至石堂，则累岁不达矣。”[①]此石堂，即石塘。南宋初期的周去非所著《岭外代答》云：“东大洋海有长砂、石塘数万里。”[②]著于两宋之交的《琼管志》也说：“东则千里长沙，万里石塘，上下渺茫，千里一色。”[③]闽南方言称礁为塘，“石塘”当是指南海诸岛中的珊瑚岛，而“长沙”则当指由珊瑚碎屑在岛的周围构成的浅滩；露出水面就是沙洲，而隐在水下者则称为暗沙，千里、万里则形容岛、洲之多，绵延之长。[④]赵汝适《诸蕃志》在“海南”条下亦称：“东则千里长沙、万里石床，渺茫无际，天水一色。舟舶来往，惟以指南针为则。”[⑤]

元代继南宋，开创了中国古代航海的黄金时代。元至元二十九年(1292)，史弼率领海船千艘，“发泉州……过七洲洋[⑥]、万里石塘，历交趾、占城界”[⑦]。明确记载了中国大型船队横跨南海的情形。元代旅行家汪大渊在其旅行途中也曾经过南海诸岛，他在《岛夷志略》“万里石塘”条中感慨：“俗云万里石塘，以余推之，岂止万里而已哉！”[⑧]

宋元海上交往的日益频繁，给明人留下了丰富的旅海资料，当时中国人对南海群岛的记述也越来越多，对其认识也越来越深刻。

明初有郑和下西洋的壮举，而郑和航线大多是穿越南海诸岛的。《郑和航海图》(原载茅元仪《武备志》卷二百四十)中，在南海绘有“石星石塘”、“石塘”和“万生石塘屿”。据图上方位及符号判断，“石星石塘”绘在东面，用点和圈交错表示，乃水下礁沙，指中沙群岛；“石塘”绘在西面，指西沙群岛；“万生石塘屿”一名仅见于该图，而不见于其他古籍中，疑是“万里石塘屿”之误，绘在“石塘”之东偏南，且范围画得比“石塘”大，指南沙群岛。[⑨]

万历四十五年(1617)，张燮著《东西洋考》，其卷五云：“文莱，即婆罗国，东洋尽处，西洋所自起也。”意即以今婆罗洲为界，婆罗洲以西称西洋，婆罗洲以东称东洋。在该书卷九“舟师考”中有“西洋针路”和“东洋针路”两条，详细记载了我国历代的南洋航路。

而明代著名海道针经《顺风相送》不仅记载了南海诸岛的位置，还对南海诸岛一带的航路、岛礁的分布、海流潮汐的变化规律以及航行与风向的关系，都进行了极其详细的描述。嘉靖十九年(1540)，顾岕所撰《海槎余录》更是明确记载了南海诸岛的方位、里程和地理形势。该书说：“千里石塘，在崖州海面之七百里外，相传此石比海水特下八九尺，海舶必远避而行，一堕即不能出矣。万里长堤出其南，波流甚急，舟入回溜中，未有能一脱者。”[⑩]吕一燃认为，这里的“千里石塘”，是指尚未露出水面的中沙群岛；而“万

① 徐松辑：《宋会要辑稿》，第197册，中华书局，2001年，第7784页。

② 周去非：《岭外代答》卷一，文渊阁《四库全书》本。

③ 骆伟、骆廷辑注：《岭南古代方志辑佚》，广东人民出版社，2002年，第461页。

④ 黄盛璋：《南海诸岛历来是中国领土的历史证据》，《东南文化》1996年第4期。

⑤ 赵汝适：《诸蕃志》卷下，清学津讨原本。

⑥ 关于“七洲洋”，俗以为即今西沙群岛，而实乃指今海南省文昌县东七洲列岛附近海面。见谭其骧：《七洲洋考》，载《长水粹编》，河北教育出版社，2000年，第405页。

⑦ 宋濂：《元史》卷一六二《史弼传》，清乾隆武英殿刻本。

⑧ 汪大渊：《岛夷志略》，文渊阁《四库全书》本。

⑨ 广东地名委员会编：《南海诸岛地名资料汇编》，广东省地图出版社，1987年，第420页。

⑩ 顾岕：《海槎余录》，明顾氏四十家小说本。

里长堤即是指南沙群岛”。[①]

此外，嘉靖《广东通志》、黄衷《海语》、章演《古今图书编》、罗曰褧《咸宾录》等书，也都记载了南海诸岛的情况。这一切，都反映了明代中国人对南海的认识更进了一步。而到了清代，受西方“大航海时代”的影响，中国人对南海的状况可谓了如指掌。这是中国人对南海诸岛认识的第三次大的飞跃。

清初的《指南正法》和陈伦炯的《海国闻见录》及其附图明确将南海诸岛分为四个岛群，至此南海中东、西、南、中四个岛群已完全分开，而且沿用至今。[②]康熙年间施世骠绘制的《东洋南洋海道图》、乾隆二十年(1755)绘制的《皇清各直省分图》、嘉庆二十二年(1817)绘制的《大清一统天下图》及道光《琼州府志》也都绘出了南海诸岛的地理位置和名称。

至此，中国人对南海诸岛的发现、命名全部完结，根据“先占原则”，中国无疑对南海诸岛拥有历史主权。

中国对南海诸岛的命名，在历史上也一直被外国人航行南海时所遵用，为国际航海家所公认。黄盛璋先生指出，南洋诸国使臣来中国，述其所经航程，均用中国名称；在日本德川时代的朱印船贸易中，至广东、东南亚一带也多用中国针路和地名；葡萄牙人早期所绘地图全把南海诸岛绘成长带状或长三角形长沙列岛，实为千里长沙、万里石塘的示意，其来源必出于中国商船和商人。[③]此亦为中国最先占有南海诸岛之例证。

二　中国人在南海诸岛的开发与管控

由于南海处于海上交通要道，南海中的岛屿就必然成为海船避风、修缮、补给之所，而且随着造船技术和航海技术的发展，这些岛屿也成为中国沿海居民从事海洋捕捞的基地。到了明清时代，中国大陆居民开始季节性甚至长期居住于岛上。中国人在南海诸岛的活动，更证明其为中国领土无疑。不仅是中国人发现了南海诸岛，更是中国人开发了南海诸岛，因此说，南海诸岛并非所谓的“无主地”。

中国人对南海岛屿的经营、开发，是与对其的发现同步的。至晚在秦汉时期，中国人就在南海地区从事海洋捕捞的工作，捕捞对象包括珊瑚虫类、棘皮类、贝类、甲壳类、鱼类、爬行类、鸟类等。晋人裴渊《广州记》即云：“珊瑚洲。在(东莞)县南五百里。昔有人于海中捕鱼，得珊瑚。”[④]随着历史的发展，中国古籍有关南海诸岛动物的记载越来越多，也越来越具体、细致，充分反映了我国人民在南海诸岛的活动越来越频繁，从另一个角度证实了南海诸岛是中国的领土。[⑤]

不仅如此，考古工作者在南海诸岛不断发现、出土中国历代遗物、遗址，也是中国持续经营南海的有力佐证。

1920 年，日本渔民在西沙群岛珊瑚礁上发掘出一些我国古代使用过的铜钱，其中最

---

① 吕一燃：《南海诸岛(地理·历史·主权)》，黑龙江教育出版社，1992 年，第 30 页。

② 黄盛璋：《南海诸岛历来是中国领土的历史证据》，《东南文化》1996 年第 4 期。

③ 黄盛璋：《南海诸岛历来是中国领土的历史证据》，《东南文化》1996 年第 4 期。

④ 乐史：《太平寰宇记》卷一五七《岭南道一》，清文渊阁《四库全书》补配古逸丛书影宋本。

⑤ 中国科学院地理研究所历史地理组：《我国古籍有关南海诸岛动物的记载》，《动物学报》1976 年第 1 期。另见文焕然等：《中国历史时期植物与动物变迁研究》，重庆出版社，2006 年，第 156 页。

早的竟然是王莽时期的钱币。[①]

1957 年，广东省博物馆考古人员在西沙群岛的考古调查中，在其北礁采集到南朝时期的青釉六耳罐。[②]

1974 年，广东考古工作者在甘泉岛上发现了一处唐宋居住遗址，出土了一批唐宋瓷器以及铁锅残片。另外还在永兴岛、金银岛、珊瑚岛、和五岛等地挖到了一批明清、近代的瓷器和 1 枚宋代铜钱、1 枚明代铜钱。[③]

1995 年，王恒杰在西沙七连屿发现一批明代居住遗址。该居址为竹木结构，门向南开，居址里有炉灶、排水沟，炉底下有烧过的火灰硝，还有吃剩的动物骨头和用过的贝壳。[④]据明中期王佐纂修的《琼台外纪》记载："(万)州东长沙、石塘、环海之地，每遇铁飓挟潮，漫屋渰田，则利害中于民矣。"[⑤]这同样也是明代中国人在岛上定居的实据。

这说明，至少从唐代以来的千余年时间，我国人民就已在西沙群岛从事生产经营和居住。尤其是在明清时期，中国人对南海诸岛的开发达到高潮。据考古工作者实地调查，在西沙群岛和南沙群岛上都有明清时期所建立的小庙以及古井、椰林、大树等。这些小庙"是我国广东渔民为悼念因开发南海诸岛而航海遇难的先辈亲人而建造的"[⑥]，除一座是砖墙外，其他都是就地取材，用珊瑚石垒砌的。其中琛航岛上的小庙还遗留有明代龙泉窑烧造的瓷观音像，广金岛和北岛的小庙中分别遗留有清代景德镇窑和德化窑所烧造的瓷器。这些孤魂庙，有佛像的叫娘娘庙，其他的则称为公庙、石庙、土地庙。[⑦]

不只是西沙，在南沙群岛北子岛还发现有两座清代中国居民的坟墓，据墓碑，其一是同治十一年(1873)去世的翁文芹，另一个是同治十三年(1875)去世的吴□□。[⑧]这无疑是中国人定居南沙群岛的证据。

为了方便长期居住，中国人还在南海诸岛掘井以获取淡水资源。谢清高《海录》"小吕宋"条云："掘井西沙，亦可得水。沙之正南，是为石塘，避风于此者，慎不可妄动也。"[⑨]而西沙群岛的甘泉岛，正是因为能够积聚地面降水并形成甘泉而得名的。这些都为定居南海诸岛创造了条件。

除此之外，记载南海航线的航海针经《更路薄》(亦曰《水路薄》)一直在海南、广东等地渔民中保存流传。这也有力地证明，我国人民对南海诸岛的经营开发，自秦汉以来一直持续不断地进行着。

另外，中央政府还曾于南海诸岛进行天文观测。元至元十六年(1279)，郭守敬奏请测量四方纬度，"遂设监候官一十四员，分道而出，东至高丽，西极滇池，南逾朱崖，北尽铁勒，四海测验，凡二十七所"。[⑩]黄盛璋先生根据《元史·天文志》"四海测验"的数据，

---

① 李金明：《中国南海疆域研究》，福建人民出版社，1999 年，第 89 页。

② 广东省博物馆、广东省海南行政区文化局：《广东省西沙群岛第二次文物调查简报》，《文物》1976 年第 9 期。

③ 广东省博物馆：《广东省西沙群岛文物调查简报》，《文物》1974 年第 10 期。

④ 王子壮：《南沙群岛自古就是中国领土》，《文史杂志》1996 年第 1 期。

⑤ 见道光《万州志》卷三《舆地略·气候·潮汐附》，广东省中山图书馆复制本。

⑥ 见《人民日报》1976 年 8 月 31 日，第 4 版；广东省博物馆、广东省海南行政区文化局：《广东省西沙群岛第二次文物调查简报》，《文物》1976 年第 9 期。

⑦ 广东省博物馆：《广东省西沙群岛文物调查简报》，《文物》1974 年第 10 期。

⑧ 广东地名委员会编：《南海诸岛地名资料汇编》，广东省地图出版社，1987 年，第 159 页。

⑨ 谢清高：《海录》，《海山仙馆丛书》本，1851 年刊印。

⑩ 宋濂：《元史》卷一六四《郭守敬传》，清乾隆武英殿刻本。

指出“南海这个测点，远在琼州(海南岛)南四度多，必在西沙群岛”[①]。这也说明，中国人始终是把南海诸岛当作本国的领土的。

而且，欧洲殖民者来到西沙群岛、南沙群岛，见到中国人民在各个岛上的开发活动，以及遗留下来的各种史迹，也公开承认这是中国人的生活地。[②]

历史时期，中国人不仅在南海诸岛居留、开发，而且中国历代政府也都对这一区域进行管辖和行使主权。不过，在中国古代，对所属疆域往往是以书面公布的形式宣示主权的。南海诸岛历来就是中国沿海人民生产活动的地区，所以我国沿海有关的省、州、县地方政府都把南海诸岛作为自己管辖地区的一部分，有关志书，包括中央和地方的志书也都把它们列在管辖的“疆域”或“山川”条目中，以此表示它们在自己的行政疆域之内。

由于受海上交通和自然条件的限制，政府很难在海岛设官置守，所以历代政府对南海诸岛行政管辖权的主要方式之一就是巡海。[③]目前所见，最早对南海地区进行巡视是在东汉时期。谢承《后汉书》云：“汝南陈茂尝为交州别驾，旧刺史行部，不渡涨海。刺史周敞涉海遇风，船欲覆没。茂拔剑诃骂水神，风即止息。”[④]此后魏晋至唐，均有不定期的巡海举措。唐宪宗时，郑权出任岭南节度使，韩愈在《送郑尚书序》中说：“隶府之州，离府远者至三千里，悬隔山海，使必数月而后能至……南州皆岸大海，多洲岛，帆风一日，踔数千里，漫澜不见踪迹……若岭南帅得其人，则一边尽治，不相寇盗贼杀，无风鱼之灾、水旱疠毒之患，外国之货日至。”[⑤]可见，唐时中国已对南海地区行使了管辖权。

北宋时期，始在珠江口营建巡海水师营垒，强化对南海的控制。《武经总要》载：“命王师出戍，置巡海水师营垒在海东西二口，阔二百八十丈。至屯门山二百里，治舠鱼入海战舰。”[⑥]另据顾祖禹《读史方舆纪要》云：“宋于中路置巡海水师营垒，今为东莞县南头城东。”[⑦]其地当即今深圳南头附近。

至元明，中央政府更是在沿海广布巡检司。元代尚在海南岛部署“白沙水军”“巡防海上”。[⑧]而明代还在东南沿海设巡视海道副使[⑨]，明正德七年(1521)又曾“立海防营于万州(今海南万宁)”[⑩]，并在南海有剿灭海盗、勒制夷商之举。清代沿袭历代定期巡视南海诸岛的海防制度，乾隆《泉州府志》即载：“吴升，擢广东副将、调琼州。自琼崖，历铜鼓，经七洲洋、四更沙，周遭三千里，躬自巡视，地方宁谧。”[⑪]

---

① 黄盛璋：《南海诸岛历来是中国领土的历史证据》，《东南文化》1996年第4期。另，任念文《“中国南海”范畴及我国行使主权沿革考》(《太平洋杂志》2013年第2期)与韩振华《元代“四海测验”中的中国疆宇之南海》，指出元朝这次测量的27点都比较精确，绝大多数测点结果与现在纬度差值在1度以下。可见当时我国先进的海洋地理测量技术，对国家海洋版图界定的科学性。见《南海诸岛史地考证论集》，中华书局，1981年，第87、98-102页。

② 黄盛璋：《南海诸岛历来是中国领土的历史证据》，《东南文化》1996年第4期。

③ 黄盛璋：《南海诸岛历来是中国领土的历史证据》，《东南文化》1996年第4期。

④ 见李昉：《太平御览》第六十地部二十五，四部丛刊三编影宋本。

⑤ 见《昌黎先生文集》卷二一，宋蜀本。

⑥ 曾公亮：《武经总要》前集卷二十，文渊阁《四库全书》本。

⑦ 顾祖禹：《读史方舆纪要》卷一百《广东一·海》，清稿本。

⑧ 唐胄：《(正德)琼台志》卷二一“海境”，明正德刻本。

⑨ 见李庆新：《明代海道副使及其职能演变》，载陈春声、陈东有主编：《杨国桢教授治史五十周年纪念文集》，江西教育出版社，2009年，第405-432页。

⑩ 阮元主修：同治《广东通志》卷一二四《海防略·万州》，商务印书馆影印本，1934年，第2391页。

⑪ 黄任：《泉州府志》卷五六“国朝武迹”，同治九年刻本。

在欧洲殖民主义者的刺激下，到清代，中国人已明显意识到必须公开宣示南海诸岛为中国固有之领土，确定中外疆域的界限。颜斯综在《南洋蠡测》中就明确指出："南洋之间有万里石塘，俗称万里长沙，向无人居。塘之南为外大洋，塘之东为闽洋。夷船由外大洋向东，望见台湾山；转而北，入粤洋，历老万山，由澳门入虎门，皆以此塘分华夷中外之界。"[①]另，清朝徐继畬《瀛环志略》及郭嵩焘《使西纪程》等书也都明确强调南海海域的岛屿为中国领土。

所谓"南海问题"，是殖民主义扩张的结果。殖民主义者破坏了中国领土的完整性，造成中国边疆的危机，并使中国边疆问题复杂化。而自晚清以往，受西方的影响，中国人的海权意识也逐步产生，中国政府开始改变对南海诸岛宣示主权的方式，采取措施保护中国居民人身安全，保障航道安全，制定开发南海诸岛的章程，强化对南海诸岛的控制。

1885 年，当时法国占领越南，中法两国政府签订《中法越南条约》，其中未提及南海诸岛。而 1887 年签订的《中法续议界务专条》则明确了南海诸岛为中国所有。其第三条载："广东界务，现经两国勘界大臣勘定边界之外，芒街以东及东北一带；所有商论未定之处，均归中国管辖。至于海中各岛，照两国勘界大臣所画红线向南接画。此线正过茶古社东边山头，即以该线为界，该线以东，海中各岛归中国。"[②]芒街近东经 108 度，该条约规定此线以东及东北一带归中国，而西沙和南沙群岛均在该线以东，按条约规定，两地均属于中国领土无疑。

1907 年，日本人非法侵占东沙岛，时任两广总督的张人骏于 1909 年 8 月将日人逐离。此后，清政府一面派兵驻岛看守，一面招商承办东沙渔业和磷矿等，并制定《试办东沙岛章程》十条。

与日本交涉东沙岛的同时，张人骏又派副将吴敬荣前往西沙群岛查勘，于 1909 年 3 月设立"筹办西沙岛事务处"，制定《复勘西沙岛入手办法大纲》十条。4 月，广东水师提督李准率官兵和测绘人员等 170 余人，分乘 3 艘兵轮前赴西沙群岛，将西沙群岛的西七岛和东八岛分别绘图、命名，"书立碑记，以保海权而重领土"。[③]

比至民国，面对日、法等国对我国南海主权的侵犯，中央和广东地方政府不断采取强化主权管辖的措施。中国政府开始在东沙岛和西沙群岛建设气象台、无线电台和灯塔等设施。20 世纪 30 年代，广东省建设厅开始引入企业，进一步开发、建设东沙群岛和西沙群岛，并设立东沙岛管理处。[④]

1934 年，当时的"中国水陆地图审查委员会"公布了南沙各岛屿的中英文岛名。次年 4 月出版《中国南海各岛屿图》，这是第一份中国政府公开出版的具有官方性质的南海专类地图，向全世界宣示了中国对南海诸岛的主权主张。

抗战期间，南沙群岛被日本强占。战后，根据《开罗宣言》和《波茨坦公告》，中国收回了对南海诸岛的主权。1946 年 12 月，中国海军 4 艘军舰在林遵率领下，正式接收南沙群岛的各岛屿，并树碑绘图；同时在太平岛设置南沙群岛管理处，隶属广东省政府管

---

① 魏源：《海国图志》卷九"东南洋四"，清光绪二年(1876)魏光寿平庆泾固道署刻本。

② 褚德新、梁德主编：《中外约章汇要(1689—1949)》，黑龙江人民出版社，1991 年，第 232 页。

③ 陈天锡编著：《西沙岛东沙岛成案汇编(西沙岛部分)》，商务印书馆，1928 年，第 16 页。

④ 林金枝：《1912—1949 年中国政府行使和维护南海诸岛主权的斗争》，《南洋问题研究》1991 年第 4 期。又可参考吕一燃：《近代中国政府和人民维护南海诸岛主权概论》，《近代史研究》1997 第 3 期 。

辖，后又“暂行交由海军管理”。[①]这次主权接收极具历史意义，它是历代政府为维护南沙群岛主权所采取的最强有力的措施，而且得到了国际社会的承认。1947 年国民政府内政部方域司内部出版《南海诸岛位置图》，该图明确了我国的最南端在北纬 4 度左右，即曾母暗沙。也是从这一年开始，中国官方出版的地图将以前地图中的“南沙群岛”改为“中沙群岛”，将“团沙群岛”改为“南沙群岛”，将“曾母滩”改为“曾母暗沙”；同时，将以前地图中连续的国界线改为十一段线段组成的断续线，西起北部湾中越陆地边界线终点(约东经 108 度处)，沿越南沿岸东面海域斜向断续标出，最南端在北纬 4 度附近，东至巴士海峡(约在东经 121～122 度之间)，往菲律宾的西南侧海域斜向。[②]以上一系列举措，在法理上申明了中国对南海地区拥有主权，明确了南海诸岛为中国固有之领土。

清代和民国政府强化南海主权的措施，是中国对南海地区拥有历史性权利的继承，更为当代中国政府对南海主权的主张奠定了坚实的基础。正是这样，我们才可以坚定地表态：南海诸岛是由中国人民最早发现、最早命名、最早经营开发的，是由中国政府最早行使行政管辖权的，中国对南海诸岛拥有历史性权利。而且，历代政府都对南海诸岛实施了持续有效的主权管辖，南海诸岛毫无争议地是中国领土不可分割的组成部分。

① 史滇生主编：《中国海军史概要》，海潮出版社，2006 年，第 425 页。

② 新中国成立后，将十一段线改为九段线，减去北部湾的两段线段。见张海文：《南海的传统海疆线的演变》，海南南海研究中心南海问题研讨会论文，2002 年 3 月，第 3 页。又见中国南海研究院：《历史性权利与历史性水域研究》，中国南海研究院，2004 年，第 232 页。

胡适与中国本位文化之争

山东师范大学　王仓仓　田海林

摘要：1935年，『十教授』发表《中国本位的文化建设宣言》一文所引发的『中国本位文化之争』是新文化运动后知识分子阶层针对中国文化出路的选择而出现的一场学术思想运动。同时这也可以说是中国知识界在一味引进西方政治经济思想、制度以后仍然没有改变中国社会现状的一种反思下的运动。胡适作为五四运动的核心人物、新文化运动的领袖之一，或被动、或主动地参与到这场『中国本位文化之争』中，并与各派就中国社会分析、东西文化观、中国文化的出路等问题进行了较为深入的探讨。

关键词：胡适；本位文化；中西文化融合；全盘西化

“中国本位文化之争”是新文化运动后知识分子阶层针对中国文化出路的选择而引发的一场学术思想运动。这场运动在 20 世纪 30 年代发端于王新命、何炳松、陶希圣等十位教授在上海《文化建设》月刊上联名发表的《中国本位的文化建设宣言》一文。文中就中国及中国文化现状，提出“中国政治的形态、社会的组织和思想的内容与形式，已经失去它的特征”，因此“没有了中国”。[①]这个主张引起了一场“中国本位”与“全盘西化”的激烈论战，持续时间长达半年之久。围绕“中国文化出路”即文化的现代化问题，不同研究领域的许多不同学派纷纷加入到此行列中来，并根据自身不同的学术理念和治学方法乃至政治立场，对中国传统文化自身以及它与社会现实、西方文化、现代化的关系进行梳理考辨，从而形成“中国本位派”“全盘西化派”等众多流派。

胡适作为五四运动的核心人物、新文化运动的领袖之一，或被动、或主动地参与到这场“中国本位文化之争”中。虽说中国本位文化之争肇始于“十教授宣言”，但早在 1929 年，胡适在《中国今日的文化冲突》一文中就正式提出了“全盘西化”一词；而且在“十教授宣言”发布不久，胡适就对其进行抨击，认为“他们的保守心理都托庇于折衷调和的烟幕弹之下”。[②]纵观整个运动期间，胡适就中国本位文化之争，与陈序经、“十教授”、潘光旦、张佛泉、梁实秋等人皆有文化论争。这些论争涉及在当时历史条件下，在为自己思想划分属性的同时，对中国社会分析、东西文化观、中国文化的出路等问题进行了较为深入的探讨。

学术界目前关于胡适与中国本位文化运动之间关系的研究主要有王东和李韦两位学者，王东认为胡适在中国本位文化的论争中始终主张中西文化融合，“全盘西化”只是权宜之计，是一种策略。[③]李韦也认为胡适并不赞同“全盘西化”派那种基于简单的“单一线性”的文化进化论，“全盘西化”与“充分世界化”都不过是寄望中国文化能够在西方文明的冲击下焕发自身光彩。[④]总体来说，目前有关胡适与中国本位文化运动之间的关系研究缺乏系统性的分析，未能对胡适及各派之间的观点进行整体性的考察。本文力图通过对胡适与不同派别围绕“中国文化出路”问题所进行的多层面的论争进行叙述、分析，对胡适在本位文化运动中的地位、其中西文化观的整体性及这场文化运动的现实启迪进行较为深入的考察，进而呈现中国本位文化运动的整体图景。

一　“本位文化之争”的缘起与各派论争

1935 年 1 月 10 日的《文化建设》月刊上，王新命、何炳松、陶希圣等十位教授联名发表了《中国本位的文化建设宣言》。他们沉痛地发出了“没有了中国”的呼喊，极力渲

---

① 王新命、何炳松、陶希圣等：《中国本位的文化建设宣言》，《文化建设》1935 年第 4 期。

② 胡适：《试评所谓的“中国本位文化建设”》，《国闻周报》1935 年第 13 期。

③ 王东、王洪慈：《胡适不是“全盘西化”论者而是主张中西文化融合论者——关于“全盘西化”与“中国本位文化”的讨论》，《绥化学院学报》2008 年第 6 期。

④ 见李韦：《在“全盘西化”与“中国本位文化”之间：以胡适为中心的探讨》，《理论学刊》2010 年第 2 期。另，有关中国本位文化之争的研究可参见：宋小庆、梁丽萍的《关于中国本位文化问题的讨论》(百花洲文艺出版社，2004 年)；贾维军的《20 世纪 30 年代中国本位文化论战研究》(硕士学位论文，山东师范大学，2004 年)；陈晨的《20 世纪 30 年代中国文化论战研究》(博士学位论文，华东师范大学，2008 年)；马克锋的《试论三十年代中期的中国本位文化建设运动》(《宝鸡师院学报(哲学社会科学版)》1987 年第 4 期)；杨金广、黄艳永的《试评 20 世纪 30 年代“中国本位文化建设”论战》(《黑龙江教育学院学报》2009 年第 7 期)。

染中国文化如今的没落，过去的光荣，认为中国从太古直到秦汉之际，都是在上进的过程中，春秋战国形成了我们的古希腊罗马时代，是中国文化大放异彩的隆盛期，但是“汉代以后，中国文化就停顿了”。由此，需要在中国来一场中国本位文化建设，才能恢复往日的光荣，重新在世界上占有重要的地位。同时，他们把中国分为文化、政治和经济三个部分，总体认为“中国在文化的领域中是消失了；中国政治的形态、社会的组织和思想的内容与形式，已经失去它的特征”，而在政治领域，先前通过孙中山领导的革命运动，“中国的政治改造终于达到了相当的成功”。目前，在国家建设的问题上，政治、经济等方面也已经开始，那么，作为中国的文化领域也应该在“没有了中国”的历史条件下，“文化建设亦当着手，而且更为迫切”。[①]

为了建设所谓的中国本位文化，“十教授”认为应当“不守旧；不盲从；根据中国本位，采取批评态度，应用科学方法来检讨过去，把握现在，创造未来”。并据此提出五点建议，即：

(1) 中国本位文化建设要注意中国的特殊性和时代性，即中国此时此地的需要。

(2) 要对中国古代的制度思想以及一切加以检讨，存其所当存，去其所当去，好的要发扬光大，坏的要淘汰务尽。

(3) 吸收欧美的文化要以现代中国的需要为标准，予以取舍。

(4) 中国本位的文化建设，是创造，是迎头赶上去的创造；其创造目的是使在文化领域中因失去特征而没落的中国和中国人，不仅能与别国和别国人并驾齐驱于文化的领域，并且对于世界的文化能有最珍贵的贡献。

(5) 在文化建设上，把中国建成一整个健全的单位，然后在促进世界大同上发挥充分的力。

经过以上种种努力最后才能真正达到“产生有光有热的中国，使中国在文化的领域中能恢复过去的光荣，重新占着重要的位置，成为促进世界大同的一支最劲最强的生力军”。[②]

中国本位文化建设在此时被提出来，绝不是什么偶然事件，而是具有深刻的时代和政治背景。在政治上，一方面，辛亥革命虽然推翻了清王朝和君主专制，建立了资产阶级民主共和国，但是并没有在实质上完成中国由专制向民主政治的过渡，军阀割据和混战日益激烈。直至1928年“东北易帜”之时蒋介石才完成国家形式上的统一，然而不久其即鼓吹“一个主义、一个政党、一个领袖”思想，进行独裁统治。另一方面，日本在1931年9月18日悍然发动“九一八事变”，占领东三省，使本已严重的民族危机更加恶化，整个社会处在沉闷之中。在经济上，中国的资本主义经济虽然经历了较快的发展，但是与世界资本主义强国相比仍有较大差距。如“中国的钢铁工业，如果从1890年创办汉阳铁厂算起，用了50多年时间，才形成年产100万吨钢铁的生产能力(因战争破坏，实际产量还远低于生产能力)，这个数字约是世界钢铁产量的1/160、美国的1/70、日本的1/3。”[③]在文化上，中国的落后直接导致大部分知识分子对本国固有文化有所质疑并主张向西方文化学习，以致在五四新文化时期就使得是否应当“西化”的问题论争达

---

① 王新命、何炳松、陶希圣等：《中国本位的文化建设宣言》，《文化建设》1935年第4期。

② 王新命、何炳松、陶希圣等：《中国本位的文化建设宣言》，《文化建设》1935年第4期。

③ 章开沅、罗福惠：《比较中的审视：中国早期现代化研究》，浙江人民出版社，1993年，第795-796页。

到了高潮，随后又就怎样“西化”以及选择什么样的方式“西化”进行论争。这些都使得知识分子阶层不可避免地出现焦虑情绪，思想趋于激进，他们对现存制度的不满日益增加，对国家的前途感到害怕和迷茫，并不断就中国前途问题提出不同的解决方案。是坚守中国本位来拯救中国，还是选择彻底“西化”来拯救中国？这已然成为当时知识分子阶层论争的主题。

此外，还应注意的是虽然何炳松对于他们为何要发表《中国本位的文化建设宣言》做出如此说明：其实我们的初衷，无非想矫正一般盲目复古和盲目西化这两种不合此时中国需要的动向，此外别无他意。但是“十教授宣言”所发表的刊物《文化建设》是以CC派陈立夫为理事长，以“中体西用”为主张，以统一整个思想文化界为目标的“中国文化建设协会”的机关刊物。同时，还应该注意的是“十教授”都是国民党员，并大部分在政府任职。诸如陶希圣自1928年起即任国民党中央军校高级政治教官和政治部训导处长。而且，这个宣言发表以后，国民政府当局的官方报刊进行了大肆的宣传、赞扬，“中国文化建设协会”各分会组织“中国本位文化建设座谈会”进行了讨论和学习。这些都无形中影响了对“十教授宣言”到底是文化方面学术性的探讨还是政治性宣传、加强思想控制策略的评价。也许正如“平民”在《对中国本位文化建设运动的检讨》一文中所说的，“当社会渐趋安定，政治渐入正轨时，社会之上层阶级，必选择于其有利之精神思想而提倡之或默认之，此种精神思想，为社会原有之某一种，或某几种折中调合而成者”。[①]

“十教授宣言”发表之后，当时大批学者诸如胡适、蔡元培、樊仲云、陈序经、吴景超、于野声等纷纷参与进来，以《独立评论》《每周评论》等报纸为主要阵地，展开有关“中国本位文化建设”问题的论战，并逐渐形成两大派别，赞成“中国本位文化建设”的被称为“本位文化建设”派，主张中国文化应当“全盘西化”的，被称为“全盘西化”派。这样就迅速地在全国范围内引发了一场关于中国文化出路即文化如何现代化问题的论战。

“十教授宣言”由于没有就什么是中国本位、什么是文化、怎样去建设中国本位文化等问题给予解释并提出具体的措施予以解决，只是在理论、原则上做到了对中国本位文化建设“颠扑不破”的解释，因而许多学者就从对“文化”和“中国本位”的定义出发，对中国本位文化建设提出了不同的见解。

陈鸿年把文化释义为：人类适应环境需要，由劳力所发生的一切表现的总成绩。并进一步认为本位文化就是“一个国家或一个民族之固有文化和经过改造后之外来文化而支配其本国或本民族人民生活而言的”，从而主张中国本位文化建设，当以从民生问题入手解决中国人民之生活、社会之生存、国民之生计、群众之生命。[②]于野声则认为文化应该从两方面来把握：(1)文化是人类活动的优美成绩。这样的文化是有价值的，是有高低之差、等级之别的。(2)文化是人类生活的方式。这样的文化是人类都有的，因为每个民族的生活方式就是文化。并据此指出本位文化就是“就各民族之生活特征上立说”。他还认为本位文化建设在当前是必要的，并以意大利的本位文化建设为例，从经济、政治、宗教等方面就中国如何进行本位文化建设提出建议，认为建设本位文化应该以我们“需要的真、善、美”为标准。他批评“十教授”关于“适合当今需要者便是本位”的论调，

① 平民：《对中国本位文化建设运动的检讨》，《文化与社会》第2卷第3、4期，1936年。
② 平民：《对中国本位文化建设运动的检讨》，《文化与社会》第2卷第3、4期，1936年。

认为这就像在说“中餐可用，西餐亦为当不可用”，理论上是不能成立的。[①]而何子宽则从阶级角度出发，认为“文化是阶级斗争的武器”，它可以有民族的形式，却不可以没有阶级的内容。他批评“十教授”嘴里说不能模仿意德，实际上他们却“侍奉着中国的最野蛮的专制主义”，认为所谓“迎头赶上去的创造”是“不守旧，不盲从”的论调，其实是“对于封建势力，和欧美日本军国财阀无耻的投降”；所谓“新的道路”，最终只会是中国被瓜分、中国民众被奴役和中国文化传统的永远绝灭。从而，如果想要避免如此，本位文化运动应该以“帮助现实中国工农的反帝国主义的土地革命”为内容，以“进向无阶级无国家的人类社会”为旗帜。[②]蔡元培批评“十教授”存在空谈之风，认为要解决此问题，最紧要的是“择善”，即：分清不同条件下的“善”与“不善”，并把它们分别列举出来，然后进行比较研究，何者应取何者应舍，把应取的从新系统中编制起来，最后可以作为文化建设的方案。如果没有此等方案而凭空辩论，势必如张之洞“中体西用”的标语、梁漱溟“东西文化”的悬谈，赞成和反对都成了一套空话。[③]

吴景超与陈序经则从文化是否具有整体性问题、文化与文明关系出发，就中国文化能不能“全盘西化”进行激烈论争，把运动推向高潮。吴景超在《建设问题与东西文化》一文中批评陈序经关于“文化本身上是分不开的，所以他所表现出的各方面都有连带及密切的关系，设使因了内部或外来的势力冲动或变更任何一方面，则他方面也受其影响”的论调，认为文化的各部分，有的是分不开，有的是分得开。别国的文化，有的我们很容易采纳，有的无从采纳。而能被采纳的是“文明”的部分，包括自然科学等，不能被采纳的是“文化”的部分，包括教育系统等。因为文明和文化是具有不同含义的：文明是发明，发明是可以传播、采纳的；而文化是创造，它是一个时代一个民族性的表现，是不能传播和采纳的。他还指出：西方文化本身是存在诸如资本主义和共产主义、独裁制度与民主政治等种种诸多矛盾的，这是“全盘西化者的致命伤”。[④]不久，陈序经发表《关于全盘西化答吴景超先生》一文对上述批评加以驳斥。他认为“文化是人类的创造”，既然是人类的创造，只要我们不承认我们是生来就没有西洋人那样聪明的，那么，“西洋人能达到的文化，我们也能达到”。还有所谓的“文化”和“矛盾”问题，他认为吴景超只关注到枝节问题，没有从根本上把握这些问题背后的原则。西方文化虽然五光十色，斑驳陆离，但却有“共同的基础，共同的阶段，共同的性质，共同的要点”。所以，“西洋人虽有的有皇帝，有的有总统，有的独裁；可是他们的独裁，不但是暂时和局部的现象，而且能够顾及民意，奖励民治”。由此，无论是皇帝也好，还是总统也好，甚至独裁也好，不但在趋势上，是朝向较为民主化的途道发展，而且事实上，西洋人民所享受政治的权力，无论在数量上，或在范围上，比欧战以前只有增加没有减少。此外，吴景超认为文化建设应该以折衷思想为基础，选取中国固有文化中适应环境的那一部分保存下来，同时还要指出西洋文化中应当被采纳、能够被采纳的，从而创造出一种适应于新环境和新需要的新文化。而陈序经批评道：中国文化正在趋于消灭的路途上，而西方文化则处在共有的道路，中国文化的各个方面好的不如人家好，坏的比别人更坏。而且所谓

① 于野声：《中国本位文化建设与意大利本位文化建设》，《新北辰(附录)》1935 年第 8 期。

② 何子宽：《评“中国本位的文化建设宣言”》，《时事公论》1935 年第 2 卷第 1 期。

③ 蔡元培：《复何炳松》(1935 年 3 月 19 日)，《蔡元培全集》(第 14 卷)，浙江教育出版社，1998 年，第 14 页。

④ 吴景超：《建设问题与东西文化》，《独立评论》1935 年第 139 号。

的“中国的固有文化”具有较深的惰性，没有了创造力，已经不适合于现代的环境和趋势，已经成为采纳西洋文化的障碍物。因此，他最后指出“中国的文化是保守的文化，西洋的文化是创造的文化”，那么“全盘西化”“实为中国创造别一种新文化的张本了”。[①]就此，吴景超又在《独立评论》发表了《答陈序经先生的全盘西化论》一文，对其中的两个问题继续深入讨论。第一，整个文化是否“有连带及密切的关系”而分不开。第二，对于西方文化的估值，他依然坚持文化是可分的，并用霍布浩士教授生产方法划分社会的理论对此加以佐证，同时以“西藏耕种的民族，是行一夫一妻制的，而畜牧的民族，却不行此种制度”的事例进一步说明“文化分不开”的理论证据是很薄弱的。而对于“西方文化的估值”的讨论，集中于“我们对于西化，是否都全盘赞赏”的问题上。他认为，对于某一部分西洋文化可以整个的接受，用它来代替中国文化中类似的部分；对于一部分西洋文化愿意整个的接受，但是只是作为对中国类似文化的补充；对于某一部分西洋文化愿意作为参考文化，但是绝不抄袭；对于某一部分西洋文化要加以排弃。[②]

二 中国本位文化之争中胡适的观点

“十教授宣言”发表时恰逢胡适在南方各地讲演，因此他一开始并没有对此给予太多注意。直到吴景超在《建设问题与东西文化》一文中把胡适划分为折衷派，而且说“十教授”对于东西文化的态度“与胡先生一样”，[③]此后陈序经又在《关于全盘西化答吴景超先生》中认为胡适整个的思想“虽不能列为全盘西化派而乃折衷派中之一支流”，并希望胡适来给他们“一个解答”。[④]其实，早在1929年，胡适在《中国今日的文化冲突》一文中就正式提出了“全盘西化”一词，认为“选择折衷”的议论看上去非常有理，其实骨子里只是一种变相的保守论，所以当别人把他与“十教授”一起划分为折衷派时，他自然会为自己辩解一番。

于是，胡适在1935年第142号《独立评论》“编辑后记”里发表了《我是完全赞成陈序经先生的全盘西化论的》一文，阐明自己“全盘西化”的立场。胡适认为把自己划分为折衷派“大概是吴先生偶然的错误”，“此时我只借此说明我是完全赞成陈序经先生的全盘西化论的”，并在文中提出中国文化具有很大惰性的观点，以此来支持自己的“全盘西化”论，而且认为要解决这个问题，没有别的路可走，只能努力地全盘接受西方文明，“全盘接受了，旧文化的惰性自然会使他成为一个折衷调和的中国本位文化。我们不妨拼命走极端，文化的惰性自然会把我们拖向折衷调和上去”。[⑤]随后，胡适又发表《试评所谓“中国本位的文化建设”》一文对自己的观点加以补充。他批评“十教授”所谓的“中国本位的文化建设”只是“中学为体，西学为用”的最新式的化装出现，“他们笔下尽管宣言‘不守旧’，其实还是他们的保守心理在那里作怪”。他认为“中国的文化本位”应该是“那无数无数的人民”，而它“是没有毁灭的危险的”，指出“在今日有先见远识

① 陈序经：《关于全盘西化答吴景超先生》，《独立评论》1935年第142号。
② 吴景超：《答陈序经先生的全盘西化论》，《独立评论》1935年第147号。
③ 吴景超：《答陈序经先生的全盘西化论》，《独立评论》1935年第147号。
④ 陈序经：《关于全盘西化答吴景超先生》，《独立评论》1935年第142号。
⑤ 胡适：《编辑后记》，《独立评论》1935年第142号。

的领袖们，不应该焦虑那个中国本位的动摇，而应该焦虑那固有文化的惰性之太大”，让西方文化“充分和我们的老文化自由接触，自由切磋琢磨，借它的朝气锐气来打掉一点我们的老文化的惰性和暮气。将来文化大变动的结晶品，当然是一个中国本位的文化，那是毫无可疑的”，从而“正可以不必替‘中国本位’”担心。①

文章发表不久，“十教授”等人纷纷对此做出回应。何炳松重申所谓中国本位就是“中国此时此地的需要”，而不是胡适说的“保守本国固有的文化”，中国本位文化建设就是“要根据这个本位，采取批评的态度，用科学的方法，来淘汰中国固有的文化，吸收外来的文化”。②同期，萨孟武也提出中国本位的文化就是“适宜于中国现在社会需要的文化”，这种文化具备“不复古”“不盲从”的两种特质：“不复古”是指，文化要适合于现代社会需要，过去的文化若不适合现在社会需要，必须一概排斥；“不盲从”是指，文化是要适合于中国现在社会需要的文化，舶来的文化如果不适合中国现在社会，也必须一概反对。③

此后，“中国本位文化”派与“全盘西化”派论争更加激烈。为了调和各派矛盾，胡适发表了《充分世界化与全盘西化》一文。他说：之所以赞成“全盘西化”，只是因为这个口号最接近于他十几年来“充分”世界化的主张，并提议把“全盘西化”改为“充分世界化”，以此减少“许多无谓的文字上或名词上的争论”和“得着同情的赞助”。因为，在“充分世界化”原则下，不仅吴景超、潘光旦等是“我们的同志”，而且在“十教授”的“充实人民的生活，发展国民的生计，争取民族的生存”三个标准下，也可以欢迎“十教授做我们的同志”。④对此，陈序经在《独立评论》第160号上发表《全盘西化的辩证》一文予以回应，他认为“充分”这个名词“不但很含混”，而且“很容易被一般主张折衷，或是趋于复古者，当作他们的护身符”，因为“充分”是可伸可缩的、可多可少的，就像“中学为体，西学为用”也可以说是尽量西化或充分西化。如果想要解决各派争论，恰恰需要“全盘西化”，在此之下，“张佛泉先生可以专心提倡共和国的头脑，刘湛恩先生也可以努力宣扬基督教的精神，吴景超先生也可以致至鼓吹科学”，因为这些东西都是“我们即已有或不能不有”的。同时，“全盘西化”不是凭空捏造出来的，它“在需要上、在趋势上、在事实上、在理论上”都是有可能性的，绝不是为博得几个人的同情，而就要“抛弃或避免”。⑤同期，胡适也在《独立评论》上发表了《答陈序经先生》一文，对其所提出的“充分世界化”进一步做出解释说：我们理想中的“充分世界化”，是用理智来教人信仰我们认清的大方向，用全力来战胜一切守旧恋古的情感，用全力来领导全国朝着那几个大方向走，如此而已。⑥

至此，随着国内政治形势的变化，胡适退出此次争论，中国本位文化之争暂告一段落。

① 胡适：《试评所谓“中国本位的文化建设”》，《国闻周报》1935年第13期。

② 何炳松：《论中国本位文化建设答胡适先生》，《文化建设》1935年第8期。

③ 萨孟武：《论中国本位文化建设答胡适先生》，《文化建设》1935年第8期。

④ 胡适：《充分世界化与全盘西化》，《天津大公报》1935年6月21日。

⑤ 陈序经：《全盘西化的辩证》，《独立评论》1935年第160号。

⑥ 胡适：《答陈序经先生》，《独立评论》1935年第160号。

三 胡适“中西文化融合”观的建构

纵观整个运动，胡适虽然参与时间稍晚，但却推动了“本位文化建设”派与“全盘西化”派的论争，扩大了其影响和范围。其与陈序经、“十教授”等人对中国社会分析、东西文化观、中国文化的出路等问题所进行的较为深入的探讨，对于研究胡适的本位文化思想，把握其中西文化观的发展脉络是具有重要意义的。

胡适的中西文化观总体来说经历了三个大的阶段：第一阶段是20世纪20年代之前，这一时期对于中西文化胡适主要主张中西文化融合论。第二阶段是20世纪30—40年代，这一时期则极力贬低中国传统文化，褒扬西方文化。第三阶段从20世纪40代后期至1962年，此时，胡适已为半百之人，思想却处于较大的波动期，对于自己早年思想多有否定，观点反复无常。总体来说，他此时已不再对中国传统文化进行猛烈攻击，而是希望通过对中国传统文化的研究来寻找到与西方科学文化相吻合的东西。胡适的性格是“率性”与“作圣”两种气质并存的，因而其“在不同场合，对不同的听众，说不同的话”。[①]这说明其思想并不是始终如一的，而是具有较强的时间性、变动性和复杂性。不然就不会有那么多同时代的人在“中西文化观”上将他划分在不同派别了，例如吴景超认为其是与“十教授”一样的“折衷派”，陈序经则认为其是“折衷派之一支流”，保守派却把他看为“全盘西化”派。罗志田就认为胡适思想存在一个隐与显的流转变迁过程：“少年很盛，专讲爱国；中岁作圣‘心重，以外国传教士’自居，故此情绪颇压抑；晚年老还小，民族主义复盛。”[②]

中国本位文化运动时期，胡适刚开始时把自己塑造为“全盘西化”论者，他说他是“完全赞成陈序经先生的全盘西化论的”，中国文化“没有别的路可走，只能努力地全盘接受西方文明”。但是，其后又说“全盘接受了，旧文化的惰性自然会使他成为一个折衷调和的中国本位文化。我们不妨拼命走极端，文化的惰性自然会把我们拖向折衷调和上去”。[③]胡适又指出，我们现在最应该做的是，虚心接受以科学工艺为主的世界文化，以及隐藏于其后的精神文明，通过“充分和我们的老文化自由接触，自由切磋琢磨，借它的朝气锐气来打掉一点我们的老文化的惰性和暮气。将来文化大变动的结晶品，当然是一个中国本位的文化，那是毫无可疑的”。胡适强调，我们现在仅仅涉及的是世界文化的一点皮毛，妄谈折衷和侈谈“创造”都是大言不惭的，不过是徒增时髦的烟雾弹而已。可见，其所说的“全盘西化”与陈序经所谓的“全盘西化”是不一样的。[④]陈序经认为“西洋文化，是现代的一种趋势。在西洋文化里面，也可以找到中国的好处；反之，在中国的文化里未必能找出西洋的好处”，“中国的道德，不及西洋；为的是中国的道德家本身不好。中国人无论公德私德都不好。教育亦的确落后。法律的观念薄弱。一国之本的宪法，素来也不很讲究。哲学也不及西洋的思想如柏拉图哲学之有系统。物质方面更不用说”。“不能不承认，中国文化不论在哪一方面，都比不上西洋文化”。所以“中国文化的

① 罗志田：《再造文明的尝试：胡适传(1891—1929)》，社会科学文献出版社，2006年，第60页。

② 罗志田：《再造文明的尝试：胡适传(1891—1929)》，社会科学文献出版社，2006年，第230页。

③ 胡适：《编辑后记》，《独立评论》1935年第142号。

④ 胡适：《试评所谓“中国本位的文化建设”》，《国闻周报》1935年第13期。

出路，无疑是要从彻底全盘西化着手”。[①]因此，陈序经的“全盘西化”就是要用西方文化完全代替中国文化，他认为“百分之一百的全盘西化，不但有可能性，而且是一个较为完善、较少危险的文化的出路”。[②]而胡适只是把“全盘西化”作为中国文化复兴的一种手段和方法，纵使“全盘西化”，但是由于“文化惰性”的存在，全盘西化的结果自然会有一种折衷的倾向，最后的结果只不过是“再造文明”——中西文化而且是具有中国本位文化性质的“结晶品”。不久，胡适在其《充分世界化与全盘西化》一文中，连“全盘西化”的名号也舍弃了，主张用“充分世界化”代替“全盘西化”，因为这样可以减少“许多无谓的文字上或名词上的争论”和“得着同情的赞助”。由此可见，虽然胡适自己说“这里面本来没有‘折衷调和’的存心，只不过是为了应用上的便利而已。我自信我的长袍和缎鞋和中国字，并没有违反我主张‘充分世界化’的原则”。[③]但是，胡适此时思想更加趋于“折衷调和”。

胡适中西文化观总体来说，无论是早期的中西文化融合论、“全盘西化”，还是及至晚年对中国传统文化的大力维护，他有一个根本未变的思想基础，也就是这一切过程下的文化结果：复兴中国文化。从“教育救国”到提倡“文学革命”再到“整理国故”运动，无论思想和实践形式如何变化，是对中西文化都有褒贬，还是极力贬低中国文化、赞扬西方文化，其所坚守的文化结果始终没有变。那些思想和实践形式归根结底还是实现中国文化复兴的手段和方法。固然，胡适认为中国“百事不如人”，要国人“肯认错”，然后“死心塌地的去学人家”。[④]在《我们对于西洋近代文明的态度》一文里，他也批判“西方文明为唯物的、东方文明为精神的”这个“妖言”，认为西方文明是“利用厚生”的文明，改变了人类生活环境，变革了社会政治制度，“谋人类最大多数的最大幸福”，是“精神的文明”，绝不是“唯物的文明”。[⑤]但是从 1914 年胡适所发表的《非留学篇》中所讲的“吾国之旧文明，非不宝贵也，不适时耳！不适于今日之世界耳”，而改造其方法则是“尽去其旧而新是谋，则有削足适履之讥。取其形式而遗其精神，则有买椟还珠之诮。必也。先周知我之精神与他人之精神果何在？又需知人和我相异之处果何在？然后可取他人之长，补我之不足。折衷新旧，贯通东西，以成一新中国之新文明”。[⑥]到 1923 年 1 月，胡适发表《〈国学季刊〉发刊宣言》一文，指出：“国学”过去的成绩“未可厚非”，[⑦]再到 1934 年，胡适发表《信心与反省》一文，肯定祖宗“留下了不少的遗产”，[⑧]又在《三论信心与反省》一文中说：“我们的固有文化有三点可以在世界上占数一数二的地位”，即“最简易合理的文法、平民化的社会构造、薄弱的宗教心”。[⑨]我们可以发现胡适对于中国文化并不是一味地否定，而是在部分肯定的基础上提出向西方学习，即中西融合论；而中国本位文化运动结束前后，胡适这一思想更加趋向于对中国传统文化的赞

① 陈序经：《中国文化之出路》，《岭南学报》第 5 卷第 1 期，1934 年。

② 陈序经：《再论全盘西化》，《独立评论》1935 年第 147 号。

③ 胡适：《充分世界化与全盘西化》，《天津大公报》1935 年 6 月 21 日。

④ 胡适：《介绍我自己的思想》，《新月》第 3 卷第 4 期，1930 年。

⑤ 胡适：《我们对于西洋近代文明的态度》，《现代评论》第 4 卷第 83 期，1926 年。

⑥ 胡适：《非留学篇》，《留美学生年报》1914 年 1 月第 3 期。

⑦ 胡适：《〈国学季刊〉发刊宣言》，《北京大学日刊》1923 年第 1185 期。

⑧ 胡适：《信心与反省》，《独立评论》1935 年第 103 号。

⑨ 胡适：《三论信心与反省》，《独立评论》1935 年第 107 号。

赏。他在《今日思想界的一个大弊病》一文里，否认自己曾经有过“与封建主义斗争的光荣”的历史，认为《论语》只是被保留作为统一帝国的交通工具，与“封建主义何干”。[①]1942年，胡适发表《中国人的思想》一文，又指出“古典中国的理智遗产”有三个方面：“人文主义”、“合理主义”和“自由精神”。[②]

此外，胡适不仅在理论上呈现出中西文化融合的思想，而且实践上更是处处体现着这种思想。他不仅著有《先秦名学史》《中国哲学史大纲》《诗三百篇言字解》，还对《水浒传》《红楼梦》等中国古典小说进行考证与整理，又先后考证与评介了《西游记》《醒世姻缘传》等书。20世纪20年代以后，他还发表了一系列研究禅宗史的论文如《禅学古史考》《从译本里研究佛教的禅法》《论〈牟子理惑论〉》等以及《中国中古思想小史》《戴东原的哲学》等论学著作。胡适如此重视对中国传统文化的研究与整理，目的就是要对历史去伪存真，然后在真实可信的史料的基础上还历史“一个本来面目”，最终建立中国现代史学。在研究方法上，胡适认为，“我们应该先从研究中国社会上政治上，种种具体问题下手，有什么病，下什么药；诊察的时候，可以参考西洋先进国的历史和学说，用作一种‘临症须知’；开药方的时候，也可以参考西洋先进国的历史和学说，用作一种‘验方新编’”。[③]“整理国故必须……以古文还古文家，以今文还今文家；以程、朱还程、朱，以陆、王还陆、王……各还他一个本来面目，然后评判各代各家各人的义理是非。不还他们的本来面目，则多诬古人。不评判他们的是非，则多误今人。但不先弄明白了他们的本来面目，我们决不配评判他们的是非。”[④]由此，可见胡适在研究方法上一方面主张向西方借鉴，一方面他又用乾嘉学派的考据方法，“小心求证”。因此，他在回顾红学考证时才会说：“我是用乾、嘉以来一班学者治经的考证训诂方法来考证最普遍的小说，叫人知道治学的方法。”[⑤]

胡适在本位文化运动时期的思想转变可以视为其在中西文化观上由激进转变为稳健，甚至趋于保守。但是有一个需要注意的是，正如上文所说，胡适有一个根本未变的思想基础也就是这一切过程下的文化结果：复兴中国文化，也就是胡适所说的“无论什么文化，凡可以使我们起死回生、返老还童的，都可以充分采用，充分收受”。[⑥]而在此过程中，他所提出的“全盘西化”与“文化惰性”思想，并不只以其中某一个思想作为其文化主张，而是让它们互为基础，即互相抵消彼此的消极影响，从而达到一种文化的平衡状态，最终推动中国传统文化的现代化。本位文化运动之前，胡适思想核心是中西文化融合论，但是其还没有从心理和形式上放弃“全盘西化”的论调。而从主张用“充分世界化”替代“全盘西化”开始，胡适不仅从思想核心上变为中西文化融合论者，而且形式和心理上也变成了中西文化融合论者。他的主要思想已经趋向于对中国传统文化的研究与整理，意图在其中寻找到与西方科学、民主相吻合的东西。

---

① 胡适：《今日思想界的一个大弊病》，《独立评论》1935年第153号。

② 胡适：《中国思想史纲要》，转引自《胡适全集》，安徽教育出版社，2003年，第149页。

③ 胡适：《四论问题与主义——论输入学理的方法》，《每日评论》1919年第37号。

④ 胡适：《〈国学季刊〉发刊宣言》，《北京大学日刊》1923年第1185期。

⑤ 胡适：《跋乾隆甲戌〈脂砚斋重评石头记〉影印本》，转引自《胡适全集》，安徽教育出版社，2003年，第514-541页。

⑥ 胡适：《介绍我自己的思想》，《新月》第3卷第4期，1930年。

余　论

中国本位文化运动时期，胡适与各流派之间看似围绕中国“文化出路”这一具有文化特性的问题进行论争，其确实是在中华民族面临巨大民族危机时将文化变革作为社会改革的一种方案，用民族文化的复兴完成民族的救亡，而不是仅仅在学理上去探究中华文化的出路与性质。“中国本位文化”、“全盘西化”或者“充分世界化”只不过是在推动中国如何由传统型社会向近代化社会转型中不同的方法，目的并不是要将中华文化进行自我封闭或者变为西方文化的附庸。

文化是一个民族的血脉，而文化自信则是一种更基本、更深层、更持久的力量，是中华民族实现伟大民族复兴的基石。鸦片战争以来中国屡次遭受列强入侵，中国人第一次对自己的文化与民族自信心产生了动摇。中国本位文化之争的目的就是意图建立一个与西方文化相并行的文化系统，成为英美各国所真正尊重的国家。而其中的过程则是先破后立，固然“全盘西化”或者“充分世界化”都已近乎完全接受西方文化，但这不过是用西方文化来冲击中华文化中的“封建性”，然后再重新塑造中华民族文化，建立中华民族的文化与民族自信。

当前中国社会处于一个不断发生巨变的发展环境中，它涉及政治、经济、文化等各个方面。作为一个国家综合国力的重要标志，文化的复兴对于当前的中国尤为重要。文化复兴就是从自身的优秀民族文化出发，博采众长，吸收人类其他优秀的文明成果，形成一个适合新时代、新需求的文化体系。中华民族的复兴取决于中华文化的复兴，把中国本位文化中的有益思想、艺术价值与时代特点和要求相结合，定能创造出适应于现代社会与世界的优秀文化。

獾獾之臑：北大简（肆）《反淫》篇『臒臒之濡』试析

西南大学　欧　佳　王华平

摘要：《北京大学藏西汉竹书（肆）》所收录的《反淫》是出土汉代文学文献中的重要作品。通过与传世文献中《七发》及《吕氏春秋·本味》的对比，并结合释文意见，文章就《反淫》篇『臒臒之濡』的具体释义提出了新解，认为『濡（臑）』不当理解为『熟烂』，而应取其『动物前肢』之意。但『臒臒（獾獾）』究竟指何种动物仍待考察。

关键词：北大简；《反淫》；臒臒之濡；獾獾之炙；臑

《北京大学藏西汉竹书(肆)》所收的《反淫》是一篇西汉佚赋。出土简帛文献中有关古代诗赋的材料，目前所见还不太多[①]，故《反淫》的史学意义和文学价值不言自明。自该篇公布以来，学者们对文章字词释文展开了热烈的研究讨论，可谓精彩纷呈。但在阅读简文及各家考释成果之时，笔者发现现有研究对《反淫》篇内容的解读尚有值得商榷补充之处，有关“臒臒之濡”一语的理解即是其中之一。现在各家观点的基础上，综合其他文献材料，对此进行粗浅考释。率尔操觚，祈请方家批评指正。

“臒臒之濡”见于《反淫》简一二、一三、一四对“饮食滋味”的描述：

> 鳿鸧之美，□□酱菹；楚英之昔(腊)，菜以山肤；濮之肉，肒(芼)以笋蒲；阳山之蔡(穄)，鹜水之苽(菰)；胜胜(猩猩)之唊，旄象之腬；变(鸾)冯(凤)之卵，<u>臒臒(獾獾)之濡(臑)</u>。伊尹煎熬，狄(易)牙调和，芬芳烼(燠)热，过之咽唾。[②]

关于“臒臒之濡”，有两处颇为难解。一为“臒臒”。释文认为即“獾獾”，并进一步解释：“《吕氏春秋·本味》：‘獾獾之炙。’高诱注：‘獾獾，鸟名，其形未闻。獾，一作獲。’”二是“濡”。释文认为该字“与‘臑’均日母候部，可通。”其说可从，故“臒臒之濡”当可读为“獾獾之臑”。不过，关于“臒臒之濡”的具体所指，释文所言或有可商之处，而其中的关键又在于对“濡(臑)”的理解。

释文认为：“臑：熟烂。”并引王逸注《楚辞·招魂》“肥牛之腱，臑若芳些”为据。附录中的《〈反淫〉字词考释》(下文简称《考释》)对此又有补充。该文先归纳了“臑”的五项音义：“(一)乃到切，人或动物前肢。……(二)人朱切，肱骨。(三)人之切，煮熟。(四)怒困切，肉酱。……(五)乃管切，温暖。”接下来引文献进一步阐明“‘臑’之音义关系比较复杂”。最后的案语则仍以《吕氏春秋·本味》“獾獾之炙”及“以‘烤肉’释‘炙’”为据，认为应“以‘熟烂’释‘臑’”。[③]

以上考释主要从前人对同类或相似文献的注疏入手取材论证，是简牍文字考释的惯常做法。不过，由于文献的具体用语与整体文意息息相关，故考释字词当不能脱离对上下文意的整体把握，应回归文本本身进行探究。然若从《反淫》文本出发对“臒臒之濡”加以考虑，释文的看法则似乎难以成立。

《反淫》中，“臒臒之濡”紧随于“胜胜之唊”“旄象之腬”“变冯之卵”之后，系并列关系，则“臒臒之濡”在句法上当与此三者一致。依释文意见，“胜胜”即猩猩，“旄象”是旄牛和大象，“变冯”即鸾凤，皆指动物，故与此对应的“臒臒(獾獾)”自不必言亦当指一种动物。又由于“胜胜(猩猩)”“旄象”“变(鸾)冯(凤)”都仅言动物本身，而不能直接加以烹煮，故才需要以“唊”、“腬”和“卵”指出具体用来烹饪食用的部分。同理，“濡(臑)”也应当是用以指明来自“臒臒(獾獾)”这种动物的可用来烹饪的某部分，而不宜作“熟烂”解。

《考释》在讨论“臒臒之濡”时还提到《七发》中的一处内容：“《文选》枚乘《七发》‘熊蹯之臑’李善注：‘左氏传曰：“宰夫臑熊蹯不熟。”《方言》曰：‘臑，熟也，音而。’亦以‘臑’为动词，取第(三)项音义。”的确，“熊蹯之臑”与“臒臒(獾獾)之濡(臑)”

---

① 李零：《简帛古书与学术源流》(修订本)，三联书店，2008年，第358页。

② 北京大学出土文献研究所编：《北京大学藏西汉竹书(肆)》，上海古籍出版社，2015年，第124页。

③ 邵永海：《〈反淫〉字词考释》，见北京大学出土文献研究所编：《北京大学藏西汉竹书(肆)》，上海古籍出版社，2015年，第124页。

在句法用词上似乎也颇为相似，对《七发》之“臑”的理解当有助于探求《反淫》之“濡(臑)”的字义。不过，《反淫》篇虽与枚乘《七发》关系密切，内容结构上多有相同，可供对读。[①]但将两者进行对比却不难发现，《七发》与《反淫》对“饮食滋味”的描写在组织安排上实有较大区别，对《七发》中“臑”的释义也并不适用于《反淫》之“濡(臑)”。

先看叙述顺序。《七发》[②]中的这段文字首先列举了两种主料及辅料的组合：“犓牛之腴，菜以笋蒲。肥狗之和，冒以山肤。”李善注：“腴，腹下肥者。……和，谓和羹也。”“菜”“冒”二字皆有加入蔬菜调和之意。虽然之后插入了两种似乎已煮熟的粮食：“楚苗之食，安胡之饭。抟之不解，一啜而散。”但接着就说：“于是使伊尹煎熬，易牙调和。”而接下来才是：“熊蹯之臑，芍药之酱。薄耆之炙，鲜鲤之鲙。秋黄之苏，白露之茹。兰英之酒，酌以涤口。山梁之餐，豢豹之胎。”也就是说，与“熊蹯之臑”并列的“芍药之酱”“薄耆之炙”“鲜鲤之鲙”等内容都出现在两位先秦名厨的“煎熬”和“调和”之后，当表示经过烹饪加工，而“酱”“炙”“鲙”皆正是已经处理好的可以食用的食物。之后的“兰英之酒”可直接饮用，“山梁之餐，豢豹之胎”则应是互文手法，意指雉鸡、豹胎做成的食物，则此处确当以“臑”之“煮熟”意表“熊蹯”经烹饪后的“熟烂”状态。

但《反淫》却先列举出了所有食材：前三组也是主菜搭配辅料的组合，结合释文意见，“鳿鸧之美，□□酱菹”当指肥美的水禽配以酱腌菜；“楚英之昔(腊)，菜以山肤”当指楚之英地所产干肉要加入蔬菜；“濮之肉，毤(芼)以笋蒲”当指濮地所产之肉要用菜调和。后三组中每组各述两种，仅言产地或出处，“臒臒之濡”正在其中。结合释文意见，“阳山之蔡(穄)”意为阳山所产的糜子，“骛水之苽(菰)”意为骛水所产的茭白，“胜胜(猩猩)之唊”即猩猩的嘴唇[③]，“旄象之腝”即旄牛和象的肥美之肉，“变(鸾)冯(凤)之卵”即鸾凤产的蛋。但不管是组合还是独立，这些都应该是需要烹熟或调味的食材，故下文才有“伊尹煎熬，狄(易)牙调和”，以至“芬芳烞(燠)热，过之咽唾”。最后才是“捖【之】不毁，一啜而散”的“楚苗之食，旋(玄)山之饭”。虽然《反淫》将“饭之美者”安排在了两位名厨之后，但与“臒臒(玃玃)之濡(臑)”并列的仍是需要烹调加工的三组组合食材和五种独立食材，尤其是“臒臒(玃玃)之濡(臑)”更是紧随于三种来自动物的未经加工的食材之后。且若“濡(臑)”取“熟烂”意，又何须“伊尹煎熬，狄(易)牙调和”？故将“濡(臑)”理解为“煮熟”、“熟烂”或“煮得熟烂的肉”，完全与整体文意相左。

再看从具体用词。《七发》中的“熊蹯”即熊掌，“薄耆”乃切成薄片的兽脊肉，二者都已经过初步处理，甚至备料处理；而“鲜鲤”是做“鲙”，即鱼生，“芍药”则做酱，故基本可以整体入馔。换言之，这些食材都已是具体要食用的部分，可直接用于烹调成菜，李善注“薄耆之炙”为“薄切兽耆之肉以为炙”即正合此意，故此处之“臑”可释为“煮熟”。不过，“臑”之“熟”意或应来自“胹”之假借。《楚辞·招魂》云“肥牛之腱，臑若芳些。”亦与此同类，王逸注：“腱，筋头也。臑若，熟烂也。言取肥牛之腱，熟烂之，则肥濡膗美也。”[④]此用以烹煮的是肥牛蹄筋一类，与熊蹯同是经过处理可用于

---

① 《〈反淫〉与〈七发〉文字异同对照表》，见北京大学出土文献研究所编：《北京大学藏西汉竹书(肆)》，上海古籍出版社，2015年，第144-150页。

② 萧统编，李善注：《文选》卷三四，上海古籍出版社，1986年，第1559-1573页。

③ 按：萧旭先生认为“唊”当指“舌”，见《北大汉简(四)〈反淫〉校补》，复旦大学出土文献与古文字研究中心网站 http://www.gwz.fudan.edu.cn/Web/Show/2841.

④ 黄灵庚：《楚辞集校》，中华书局，2009年，第1137-1138页。

烹饪的具体食材，且同样言“臑”。黄灵庚《疏证》曰：“《文选》唐写本‘臑’作‘胹’。《补注》引《释文》‘胹’作‘㶣’。案：胹、㶣同。臑，借字。《说文·肉部》：‘胹，烂也。从肉，而声。’”[①]即已辨明“臑”与“胹”之间的假借关系。而与《七发》李善注所引不同，今本《左传·宣公二年》言：“宰夫胹熊蹯不熟。”[②]今本《方言》亦曰：“胹、饪、亨、烂、糦、酋、酷，熟也。”[③]皆用“胹”而非“臑”。且正如前文分析，《反淫》中的“臒臒(貛貛)”指的是动物本身，应当不能直接烹饪，故与之组合的“濡(臑)”亦当不可作“煮熟”或“熟烂”解。所以，虽然粗看之下“熊蹯之臑”与“臒臒(貛貛)之濡(臑)”在句法用词上似颇为相类，但实际所指却迥然有别，二者之“臑”并非同意。

那么，《反淫》中的“臒臒(貛貛)之濡(臑)”该作何解为宜？《吕氏春秋·本味》所载及后人注疏当可提供一些线索。《反淫》中“胜胜(猩猩)之啖”至“臒臒(貛貛)之濡(臑)”这四组文字与《吕氏春秋·本味》中“肉之美者”的一段描述在形式和内容上也颇为类似，《本味》曰：“肉之美者：猩猩之唇，貛貛之炙。隽觾之翠，述荡之𩪍，旄象之约。流沙之西，丹山之南，有凤之丸，沃民所食。”[④]可见其与《反淫》“臒臒(貛貛)之濡(臑)”所在部分更趋一致，故可供对读比较的价值更大。为论述方便，还是先跳过“貛貛之炙”看另外五种食材。需要说明的是，今人陈奇猷曾结合前人注疏和考释成果对这段文字中的名物所指进行过考辨分析，理清了不少疑难问题。[⑤]现结合陈先生的意见加以讨论。

“猩猩之唇”[⑥]和“凤之丸”表意较明，自不必说。“隽觾之翠”，高诱注：“鸟名也。翠，厥也。其形未闻也。”陈先生考作“肥燕之尾肉”，可从。“述荡之𩪍”，高诱注：“兽名。……𩪍者，踏也，其形未闻。”陈先生考为“述荡之腿圈肉”，亦当确。“旄象之约”的“旄象”即高注所说的“旄牛”和“象兽”，而有关“约”字的解释则较复杂，《考释》和陈先生对以往说法和自己的意见都有所罗列考述[⑦]，但似乎未可定论，不过几种较合理看法基本可归纳为旄牛、大象身上的美味之肉。可见，这五种亦是来自动物而未经烹调的食材。故虽然历来基本都以“烤肉”或“火烤”释“貛貛之炙”中的“炙”，但同整体文意实则有所冲突。所以这里的“炙”恐怕当依王念孙所言：“炙读为‘鸡跖’之跖。”[⑧]陈奇猷先生更认为“炙、跖通”，意为脚掌，“貛貛之炙”即“貛貛的脚掌”[⑨]。如此一来，便与上下文文意统一连贯。《考释》虽认为：“以‘熟烂’释‘臑’，则‘臒臒之濡’与‘貛貛之炙’用词不同，而句法一律。”然若从王、陈所言，则今出土《反淫》与传世《吕览》

---

① 黄灵庚：《楚辞章句疏证》，中华书局，2007年，第2049页。

② 左丘明传，杜预注，孔颖达正义：《春秋左传正义》，北京大学出版社，2000年，第684页。

③ 华学诚、王智群、谢荣娥等：《扬雄方言校释汇证》，中华书局，2006年，第516页。

④ 陈奇猷：《吕氏春秋新校释》，上海古籍出版社，2002年，第745页。

⑤ 陈奇猷：《吕氏春秋新校释》，上海古籍出版社，2002年，第757-760页。《〈吕氏春秋〉记载的几种美味肉食》，收入陈奇猷：《晚翠园论学杂著》，上海古籍出版社，2008年。

⑥ 另有说法认为“猩唇”并不是猩猩的嘴唇，而当是由麋鹿嘴唇干燥后制成的。

⑦ 邵永海：《〈反淫〉字词考释》，见北京大学出土文献研究所编：《北京大学藏西汉竹书(肆)》，上海古籍出版社，2015年，第173-182页。陈奇猷：《吕氏春秋新校释》，上海古籍出版社，2002年，第759-760页。

⑧ 许维遹撰，梁运华整理：《吕氏春秋集释》，中华书局，2009年，第315页。按：《吕氏春秋集释》卷首“引用诸书姓氏”之“王念孙”条言：“著《读书杂志》、《吕氏春秋校本》(即《吕氏春秋杂志》初稿，依毕刻本)。”陈奇猷《吕氏春秋新校释》亦载引王氏此二书。查《读书杂志》，不见有“炙”条，则此当出自《吕氏春秋校本》。而据张锦少《王念孙古籍校本研究》(上海古籍出版社，2014年)考证，许氏所说王念孙著《吕氏春秋校本》实为王念孙对毕沅校刻《吕氏春秋》的批校本。由于该本现藏台湾“中研院”傅斯年图书馆，大陆似未有影印出版，故笔者未可得见，亦未能核查王氏原注。

⑨ 陈奇猷：《吕氏春秋新校释》，上海古籍出版社，2002年，第757页。

正恰可互证，故两个短语的“句法一律”反倒恰可证明不应以“熟烂”释“臑”。

综合以上分析，《反淫》中的“濡(臑)”应该是一种来自“臛臛(獾獾)”身上未经烹煮的食材，故不当释为“煮熟”或“熟烂”，而应以“动物前肢”[①]释“濡(臑)”为长。

《说文·肉部》：“臑，臂，羊矢也。”[②]其表意略有不明。段玉裁云：“许书之体，本多言‘曰某’，转写者多改‘曰某’二字为一‘也’。字既改‘曰臑’为‘也’，又误羊豕为矢，袭缪者久矣。”并更正为：“臑，臂，句。羊豕曰臑。”还说：“许书严人物之辨，人曰臂，羊豕曰臑，此其辨也。……人臂无称臑者……谓人之臂，在羊豕则曰臑也。”[③]由此，则羊猪等牲畜的前肢曰“臑”。《史记•龟策列传》引古之传说：“取(龟)前足臑骨穿佩之……以入深山大林中，不惑。”《集解》引徐广曰：“臑，臂。”[④]也明言臑属前肢。郑玄注《仪礼•乡饮酒礼》亦曰：“凡牲，前胫骨三：肩、臂、臑也。”[⑤]而牲畜之“臑”还是祭祀用肉。如《仪礼•特牲馈食礼》言进行特牲馈食礼时，尸俎所承为特牲，即一豕之“右肩、臂、臑、肫、胳……”清胡培翚《正义》引《礼经释例·释牲》：“前体谓之肱骨，又谓之前胫骨。肱骨三：最上谓之肩，肩下谓之臂，臂下谓之臑。”[⑥]则混言之，“臑”当可谓“动物前肢”，析言之可谓“动物前肢下段”。那么，《反淫》的“臛臛(獾獾)之濡(臑)”可理解为“臛臛(獾獾)”的前腿或前腿下部，当同属“肉之美者”。

不过这样一来，“臛臛”的解释更成了需要考虑的问题。高诱注《吕氏春秋·本味》谓“獾獾”为“鸟名”。此当本自《山海经·南山经》所谓“其状如鸠，其音若呵”的“灌灌”。而《反淫》该部分内容又与《本味》十分近似，或即脱胎于此，那么《反淫》之“臛臛”与《本味》之“獾獾”或许仍指同一物。不过，将“獾獾之炙”解为“某种鸟的足底肉”尚且可通，但就两汉文献来看，“臑”基本用于四足动物，也只有四足动物方有前肢可言，若“臛臛”是鸟则恐难以成立。

然而，陈奇猷先生在解读“獾獾之炙”时，不但认为“炙”指脚掌，更径直谓“獾獾”为鼬科獾属的猪獾或狗獾。此说虽于文意更显合理，用于“臛臛(獾獾)之濡(臑)”亦可说通，但遗憾的是，陈先生没有给出“獾獾”是“猪獾或狗獾”的理据。而另查传世文献，除《吕氏春秋》外，以“獾獾”称鼬科獾属动物较早的用例见于初唐刘知幾《史通·言语》所收西魏童谣：“獾獾头团栾，河中狗子破尔苑。”[⑦]两汉文献则基本称“獾”，而鲜见有类似“獾獾”的用例。

不过前人似乎一直未注意到《山海经》中尚有一种名为“讙”或“讙讙”的奇怪动物，从名称和出处来看似乎也与《反淫》之“臛臛”有关。《山海经·西山经》言：“……翼望之山，……有兽焉，其状如狸，一目而三尾，名曰讙。其音如夺百声，是可以御凶，服之已瘅。”[⑧]《太平御览》则引作：“翼望之山，有兽状如狸，一目而三尾，名曰讙讙。

① 按：《考释》谓“臑”有“人或动物的前肢”意，恐不确。“臑”当仅指“动物前肢”，详见下文论述。

② 许慎：《说文解字》(附检字)卷四，中华书局，2013年，第87页。

③ 许慎撰，段玉裁注，许惟贤整理：《说文解字注》卷四，凤凰出版社，2007年，第301-302页。

④ 司马迁：《史记》卷一二八，中华书局，2013年，第3227-3228页。

⑤ 郑玄注，贾公彦疏，彭林整理，王文锦审定：《仪礼注疏》卷一〇，北京大学出版社，2000年，第193页。

⑥ 胡培翚撰，段熙仲点校：《仪礼正义》卷三六，江苏古籍出版社，1993年，第2215页。

⑦ 刘知幾撰，浦起龙释：《史通通释》卷六，上海古籍出版社，2009年，第152页。按：对其具体内容的考察可参见高殿石：《中国历代童谣辑注》，山东大学出版社，1990年，第111页。

⑧ 袁珂：《山海经校注》(最终修订版)，北京联合出版公司，2014年，第50-51页。

其音如百声，是可以御凶，服之已痺。”[①]依释文意见，“䑋”读作“貛”，并引郝懿行《笺疏》：“灌灌，郭云或作‘濩濩’。……今案，貛与灌、获与濩，俱字形相近，即此鸟明矣。”而“讙”与“灌”“貛”亦字形相近且皆从雚得声，也极有可能出现讹误或通假。且“讙”(或“讙讙”)为兽，正是四足动物，服之又可治病，以其前肢入馔似也合理。虽然这种动物外貌古怪，恐非现实所有，但却也和“胜胜(猩猩)”“旄象”“变(鸾)冯(凤)”一样见于《山海经》，不仅有相同出处，且同样亦幻亦虚。因此，《反淫》中的“䑋䑋”或可能是指这种状如狸的怪兽“讙讙”。

当然，目前仍缺少有力的证据对“䑋䑋”所指加以佐证，因而此说也仅是提供一种猜测。故严格来说，“䑋䑋”究竟为何种动物仍待进一步考察。

(本文受中央高校基本科研业务费专项资金“出土文献、文物与汉赋名物新证”(SWU1709457)资助。)

① 李昉：《太平御览》卷九一三，中华书局，1960年，第4045页。按：通行本原经文“名曰讙”下有小字郭璞注：“讙音欢，或作原。”郝懿行也发现其与《太平御览》所引文字有异，言：“疑郭注‘讙’字本在经文，传写者误入郭注耳。”(郝懿行笺疏，范祥雍补校：《山海经笺疏补校》卷二，上海古籍出版社，2013年，第76页。)

两周青铜钟镈上动物类铭文分期断代及功能隐喻研究

河北师范大学　王一凡

摘要：青铜钟镈类器物是礼乐祭祀场合的重要元素，而附着在其上的动物类铭文，长期以来并未得到应有的重视与研究。动物类铭文以统一形式、固定位置和相似形象的反复出现，承载了殷周先民的社会意识及对于原初自然的精神寄托。通过类型学方法排列比较动物类铭文，为青铜钟镈的分期断代提供了参考。此外，从文献、乐音、击奏方式等多角度分析动物类铭文出现的思想层面原因，使世人得以窥见先民精神世界的脉动。

关键词：钟镈；动物类铭文；分期断代

绪　　论

乐器铭文是青铜器铭文中重要的类别，在古文字研究中具有重要地位。通过筛选《殷周金文集成》(修订增补本)一书中所收录的358件青铜钟镈类铭文，其中有动物类铭文的器物有16件，时代归属西周中期(𤼩钟)至春秋中期(陈大丧史仲高钟)，年代跨越300余年，出土位置遍布陕西、山东、湖北、湖南等广大地区。动物类铭文的形象有鸟型、野猪型，其中鸟类形象有15件，为绝对多数。[①]这些动物类铭文均铸于钟镈类青铜器的鼓部右侧，而鼓部左侧并没有与之对称的动物类铭文，大多为常规文字铭文片段或空白，呈现出非对称性。对于为何在出土位置并不毗邻、制作风格并不相似、存在年代并不临近的拥有动物类铭文的青铜钟镈中，大多以鸟类形象作为铭铸，目前为止学界鲜有学者关注，由此可见，非对称性的动物铭文是学界长期以来没有深入研究的一个问题，在此作文以论之。

一　历代青铜钟镈类器研究回瞻

回稽历代学者对青铜钟镈的研究，主要集中在功用起源、铭文纹饰等方面。现存时代最早的金石学著作《考古图》便著录有周代乐钟8件，每器绘图、摹铭、记重，内容齐备。[②]《宣和博古图》中收录周代有铭乐钟17件，并附以考释，描述其形制纹饰。[③]此外，影响较大的还有赵明诚与李清照的考释类著作《金石录》，书中对相关钟铭多有建树。[④]两宋时期的金石学家，对出土器物的形制、时代、铭文做了初步的研究与考释，对后世金石学研究产生了深远的影响。

元明两朝“金石学”逐渐式微，直到清代才重获振兴。《陶斋吉金录》[⑤]、《捃古录金文》[⑥]等书对钟镈铭文进行了拓片、考释；孙诒让的《古籀拾遗》[⑦]可谓是当时的研究性著作，并在考释乐钟铭文释字上提倡偏旁分析法，注意根据文字假借的原理采用声训方法，然而取得的突破性成果却有限。清人研究周代乐钟所运用的方法，仍是宋以来金石学的旧法，科学的器形学仍没有建立起来，出土地点、共出器物等因素一般不被重视。[⑧]

进入20世纪以后，这方面的研究才获得突飞猛进的发展。从1902年刘心源的《奇觚室吉金文述》问世到1937年罗振玉的《三代吉金文存》[⑨]，期间十多种著录中，很多学者都对青铜钟镈铭文进行过考释。郭沫若先生的《两周金文辞大系图录考释》收有铭钟镈102件，并在此书中将中国青铜器的发展分为四个时期，概要地指出各期主要器类与纹饰特点，进而指出各期铭文章法与字体特征，并以钟、鼎二类为例加以说明，可谓

① 详见中国社会科学院考古研究所：《殷周金文集成》(修订增补本)，中华书局，2007年，第1-500页。

② 吕大临：《考古图》，中华书局，1987年，第130、132-137页。

③ 王黼：《宣和博古图》，文渊阁《四库全书》本。

④ 赵明诚、李清照：《金石录》，文渊阁《四库全书》本。

⑤ 端方：《陶斋吉金录》，文渊阁《四库全书》本。

⑥ 吴式芬：《捃古录金文》，文渊阁《四库全书》本。

⑦ 孙诒让：《古籀拾遗》，中华书局，1989年，第16-17页。

⑧ 朱凤瀚：《中国青铜器综论》，上海古籍出版社，2009年，第40页。

⑨ 罗福颐：《三代吉金文存释文》，香港问学社，1983年，第13页。

成绩斐然。[①]于省吾先生的《双剑誃吉金文选》中收录了秦公钟、厵羌钟等34件有铭钟镈并一一做了考释。[②]唐兰先生在1933年所著的《古乐器小记》[③]，则是最早将商周乐器作为单独彝器类别进行系统论述的著作。

新中国成立后，青铜钟镈的研究有了全新的发展。利用测音技术，以商周考古发掘品为主，结合文献、民族学资料来探讨乐器的形制演变、历史发展、音响性能、铭文考释的论著颇丰，而具有突破性意义的则集中在后两方面。对于音响性能的研究主要有李纯一先生的《曾侯乙墓编钟的编次和乐悬》[④]、王湘先生的《曾侯乙墓编钟音律的探讨》[⑤]及王子初先生的《晋侯苏钟的音乐学研究》[⑥]。

对于青铜钟镈铭辞的研究主要有：陈双新的《两周青铜乐器铭辞研究》[⑦]和《青铜乐器铭文的排列形式及其时代意义初探》[⑧]等。近年来，则有学者对钟镈组合的等级规范及器主身份进行研究，代表作品有高西省先生的《青铜钟的形制、用途及其他》[⑨]，常怀颖先生的《西周钟镈组合与器主身份、等级研究》[⑩]等。公维军的《中国青铜钟的功用与起源》[⑪]，陈双新的《青铜钟镈起源研究》[⑫]等论作则对青铜钟镈的功用起源进行了探索，从文字学、考古学角度分析了钟镈等青铜乐器不同的起源方式。

而目前为止，将青铜钟镈动物类铭文单独作为研究对象的目前未见具有一定影响之说。杨晓能先生《另一种古史：青铜器纹饰、图形文字与图像铭文的解读》一书中曾以“图像铭文”确定了一批青铜器纹饰，鸟型图案也列于其中，认为其是兼具铭文效用与纹饰外表的独特的视觉载体，看似是纹饰，却有着铭文的功能，充当着青铜器纹饰与图形文字的中介，是一种未曾被识别出来的新媒体，[⑬]此说颇具参考价值。

对于殷周青铜器上鸟纹的专题研究有陈公柔、张长寿先生所作的《殷周青铜容器上鸟纹的断代研究》长文[⑭]，以殷周青铜容器上的鸟纹为例，进行分析和排比，用以阐明装饰鸟纹在铜器断代上的意义和作用。然此文的重点放在了青铜容器与鸟型纹饰上，并着重考虑纹饰在铜器分期断代中的作用，且未将动物类铭文单独列出考虑，与笔者所预想的研究方向存在差别。不过“在有些铜器上往往有几种鸟纹同时并存，有的多达三、四种，这对了解有关各种鸟纹之间的相对年代关系是很重要的”；“鸟纹和其他纹饰的共存

---

① 郭沫若：《两周金文辞大系图录考释》，科学出版社，1957年，第127-128页。

② 于省吾：《双剑誃吉金文选》，中华书局，2009年，第83-114页。

③ 唐兰：《古乐器小记》，《唐兰先生金文论集》，紫禁城出版社，1995年，第355页。

④ 李纯一：《曾侯乙墓编钟的编次和乐悬》，《音乐研究》1985年第2期，第62-70页。

⑤ 王湘：《曾侯乙墓编钟音律的探讨》，《音乐研究》1981年第1期，第68-78页。

⑥ 王子初：《晋侯苏钟的音乐学研究》，《文物》1998年第5期，第23-30页。

⑦ 陈双新：《两周青铜乐器铭辞研究》，河北大学出版社，2002年，第2-3页。

⑧ 陈双新：《青铜乐器铭文的排列形式及其时代意义初探》，《古代文明》(第2卷)，文物出版社，2003年，第198-212页。

⑨ 高西省：《青铜钟的形制、用途及其他》，《西安音乐学院学报》1990年第2期，第10-13页。

⑩ 常怀颖：《西周钟镈组合与器主身份、等级研究》，《考古与文物》2010年第2期，第51-59页。

⑪ 公维军：《中国青铜钟的功用与起源》，《太原师范学院学报(社会科学版)》2013年第5期，第32-34页。

⑫ 陈双新：《青铜钟镈起源研究》，《中国音乐学》2002年第2期，第23-29页。

⑬〔美〕杨晓能著，唐际根、孙亚冰译：《另一种古史：青铜器纹饰、图形文字与图像铭文的解读》，生活·读书·新知三联书店，2008年，第202-207页。

⑭ 陈公柔、张长寿：《殷周青铜容器上鸟纹的断代研究》，《考古学报》1984年第3期，第265-286页。

关系，对于研究鸟纹的断代问题也是很有帮助的”。[①]

故笔者将以青铜钟镈上动物类铭文为着力点，尝试凭借动物类铭文，建立青铜钟镈分期断代的新参考，并分析在此类器物上铭铸动物形象的原因，探求非对称性动物类铭文的铭铸含义及其背后的社会功能。

二　动物铭文的界定及相关青铜钟镈整理

首先，需要明确的是，所谓动物铭文是一类与传统动物图案不同的以铭文形式出现的动物类形象。突出的特点表现如下。

(1) 铭铸方式：动物铭文是与传统文字铭文相同、以文字大小与形制铸印于青铜器器表未被图案装饰之处的表意铭文。

(2) 装饰效果：动物铭文的装饰效果与传统文字铭文一样，相较于通常被认知的动物图案，可以忽略不计，不具有鲜明的装饰功能。

(3) 动物铭文具有延续性的特点：随着时代的变化，动物铭文虽然在形态细节上会发生变化，但是并不与图案相同，会随时代而发生巨大改变甚至泯没消失。

为了便于探寻不同青铜钟镈因形制、地域和时代因素所呈现出的规律，现将从《殷周金文集成》(修订增补本)中所辑录的 16 件青铜钟镈的名称、铭文字数、时代、出土或流传过程、铭文内容、动物铭文形象等信息列表如表 1 所示。

表 1　《殷周金文集成》(修订增补本)所辑录的 16 件青铜钟镈信息表

序号	名称	编号(集成增补本)	铭文字数	时代	出土流传	现藏地	铭文内容	动物铭文形象
01	用享钟	00002	2	西周晚期	1966 年陕西扶风县齐镇	宝鸡市博物馆	用享	
02	鲁原钟	00018	8	西周晚期	流传	上海博物馆	鲁原乍(作)穌钟，用享考(孝)	

① 陈公柔、张长寿：《殷周青铜容器上鸟纹的断代研究》，《考古学报》1984 年第 3 期，第 278 页。

续表

序号	名称	编号(集成增补本)	铭文字数	时代	出土流传	现藏地	铭文内容	动物铭文形象
03	眉寿钟	00040	13	西周晚期	叶东卿旧藏	唐兰先生藏拓片	眉无疆，龏事朕辟皇王，眉寿永宝	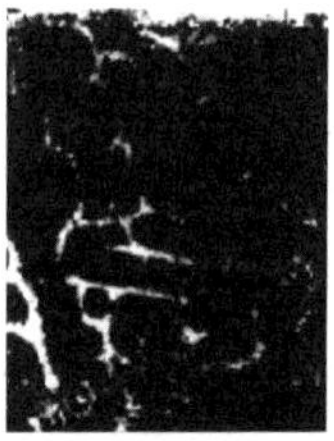
04	眉寿钟	00041	13	西周晚期	叶东卿、刘喜海旧藏	唐兰先生藏拓片	年无疆，龏事朕辟皇王，眉寿永宝	
05	楚公豢钟	00042	12(又重文2)	西周中晚期	陈介祺旧藏	日本京都泉屋博古馆	楚公豢自铸锡钟，子子其永宝	
06	楚公豢钟	00043	14	西周中晚期	陈介祺旧藏	日本京都泉屋博古馆	楚公豢自乍(作)宝大林钟，孙孙子子其永宝	
07	昆疕王钟	00046	14	西周晚期	罗振玉旧藏	考古研究所藏拓片	昆疕王铸乍(作)稣钟，其万年子孙永宝	
08	㝬狄钟	00049	16(又重文4)	西周中晚期	潘祖荫、吴大澂等旧藏	考古研究所藏拓片	侃先王，先王其严(俨)在帝左右，㝬狄不恭，數數彔彔，降	

续表

序号	名称	编号(集成增补本)	铭文字数	时代	出土流传	现藏地	铭文内容	动物铭文形象
09	虘钟	00092	25	西周中期	袁理堂、陈介祺旧藏	日本京都泉屋博古馆	首，敢对扬天子不(丕)显休，用乍(作)朕文考釐伯稣林钟，虘眔蔡姬永宝	
10	沕(梁)其钟	00189	74(又重文4)	西周晚期	传1940年陕西扶风县法门寺任村	上海博物馆	梁其曰：不(丕)显皇祖考，穆穆异异，克哲厥德，农臣先王，得屯(纯)亡湣，梁其肇帅井(型)皇祖考，秉明德，虔夙夕，辟天子，天子肩	
11	沕(梁)其钟	00192	40(又重文6)	西周晚期	传1940年陕西扶风县法门寺任村	上海博物馆	梁其曰：不(丕)显皇祖考，穆穆异异，克哲厥德，农臣先王，得屯(纯)亡湣，梁其肇帅井(型)皇祖考，秉明德，虔夙夕，鎗鎗鏓鏓，锗锗雍雍，用卲	
12	虢叔旅钟	00244	17(又重文1)	西周晚期	出长安河壖土中	山东省博物馆	皇考惠叔大林龢钟，皇考严在上，异在下，數數	

续表

序号	名称	编号(集成增补本)	铭文字数	时代	出土流传	现藏地	铭文内容	动物铭文形象
13	秦公钟	00266	24(又重文2)	春秋早期	1978年陕西宝鸡县(今宝鸡市)杨家沟太公庙村	宝鸡市博物馆	厥龢钟，灵音锗锗雍雍，以匽(宴)皇公，以受大福，纯鲁多，大寿万年，秦	
14	陈大丧史仲高钟	00355	21(又重文2)	春秋中期	1977年山东沂水县院东头刘家店子	山东省文物考古研究所	陈大丧史仲高乍(作)铃钟，用祈眉	
15	井叔采钟	00356	37	西周晚期	1984年陕西长安张家坡西周墓(M163：34)	社科院考古所	井叔叔采作朕文祖穆公大钟，用喜乐文神、人，用祈福禄寿诲鲁，其子孙永日鼓乐兹钟，其永宝用	
16	井叔采钟	00357	38	西周晚期	1984年陕西长安张家坡西周墓(M163：34)	社科院考古所	井叔叔采作朕文祖穆公大钟，用喜乐文神、人，用祈福多寿诲鲁，其子孙永日鼓乐兹钟，其永宝用	

注：本文拓片均采自中国社会科学院考古研究所：《殷周金文集成》(修订增补本)，中华书局，2007年。

其中15件青铜钟镈拥有鸟类铭文，均位于器物鼓部右侧，文字铭文则大多位于钲间和鼓部左侧，呈非对称性分布(故笔者将此现象称为非对称性动物类铭文)。鸟类铭文造型相似，呈侧面立式姿态，整体为“h”型。具有上钩明显的喙，圆圈状眼，喙与头相接处向上延伸出一带状冠，弯曲盘绕。足部单线勾勒，三趾似握于某物体而立。腹部有勾叶状花纹表示羽翼，尾部分叉，一向上卷曲，一平行向后伸展，一向下后上卷。

这15件青铜钟镈中具有出土位置信息的有8件，分别为：用享钟，1966年出土于陕西扶风县齐镇；汈(梁)其钟两件，据传1940年出土于陕西扶风县法门寺任村；虢叔旅钟，“出长安河壖土中”；秦公钟，1978 年出土于陕西宝鸡县(今宝鸡市)杨家沟太公庙村；陈大丧史仲高钟，1977年出土于山东沂水县院东头刘家店子；井叔采钟两件，1984年出土于陕西张家坡西周墓(M163：34)。

由此不难发现，在地理位置上没有明显联系的青铜钟镈类器物在图像铭文上出现了相同题材的鸟类铭文，且铭铸部位也均选择在钟镈鼓部右侧，呈现出隐藏的规律。接下来笔者将按时间发展顺序，纵向考虑鸟类铭文形式上的演变过程，同时从横向上归纳不同地区或不同归属的鸟类铭文因地理因素的不同而做出的相应变型。以此来管窥非对称性动物类铭文的铭铸含义及其背后所反映的不同历史与社会环境中各因素影响下的独特社会功能。

三　基于鸟类铭文的青铜钟镈分期断代

青铜钟镈上的鸟类铭文因所处年代的不同，呈现出各异的形态，根据时间发展顺序存在可寻规律的演变过程，按照类型学原理这15件青铜钟镈可按照鸟类铭文的不同形态分期，能够纳入类型学谱系的共有13件，可分为4期，分别可近似归属于西周中期，西周晚期，西周末到春秋初，春秋早、中期，见表2所示。

第一期(约西周中期)：鸟类铭文造型简练臃肿，线条浑润，喙部较钝，头部带状冠为单条曲线，在末端上卷。眼部用相对于身躯比例较大的圆圈勾勒。爪部为树杈状，似抓握于某物体上。属于此期的有：用享钟(集成00002)；䧹钟(集成00092)。

第二期(约西周晚期)：因保存状况不佳，眉寿钟(集成00040)已拓印不清，但依旧能够识别出此期鸟类铭文的风格变化。第二期较第一期，鸟形体略瘦，喙部较第一期变尖锐，头部带状冠形态初显飘逸，但仍有第一期的遗风。身躯加以简单线条与点状装饰，尾部开始进行描绘。属于此期的有：眉寿钟(集成00040)；眉寿钟(集成00041)。

第三期(西周末到春秋初)：三件归属于此期的鸟类铭文拓印清楚，较前两期显得更加灵动，身躯用较为复杂的卷曲线条装饰表示羽毛。头部带状冠更加复杂，开始出现分叉且一根主带上会分出些许次要线条。喙部较第二期更为尖锐。尾部较第二期开始出现分叉，出现尾部上卷现象。属于此期的有：昆疕王钟(集成00046)；𪒠狄钟(集成00049)；虢叔旅钟(集成00244)；楚公豢钟(集成00043)。

第四期(春秋早、中期)：此期鸟类铭文铭铸最为复杂，整体飘逸自然，喙部有的开始使用单线勾勒，总体呈钩状。头部带状冠有固定为一根主带上分出两根近似平行次带的趋势。身躯装饰为四期中最复杂的一期，除用卷曲线条装饰以外，开始使用横线表示分界处。属于此期的有：井叔采钟(集成 00357)；井叔采钟(集成 00356)；梁其钟(集成00189)；梁其钟(集成00192)；鲁原钟(集成00018)。

表2　13件鸟类铭文青铜钟镈分期情况表

	A型	B型	C型	D型	E型
第四期	 井叔采钟 (集成00357)	 井叔采钟 (集成00356)	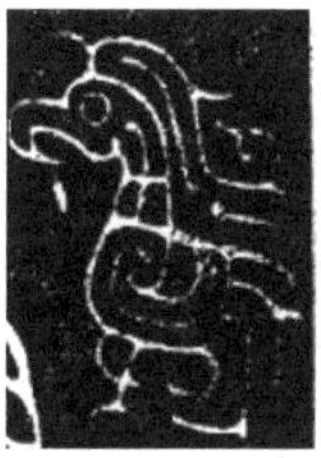 梁其钟 (集成00192)	 梁其钟 (集成00189)	 鲁原钟 (集成00018)
第三期		 虢叔旅钟 (集成00244)	 昆疕王钟 (集成00046)	 楚公豢钟 (集成00043)  䥶狄钟 (集成00049)	
第二期		 眉寿钟 (集成00041)	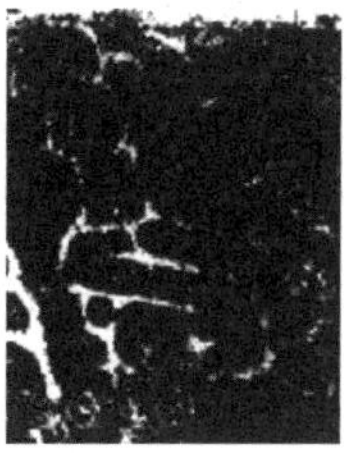 眉寿钟 (集成00040)		

续表

	A 型	B 型	C 型	D 型	E 型
第一期	用享钟 (集成 00002)	虘钟 (集成 00092)			

初步将15件青铜钟镈按年代顺序分为四期后，为了降低类型学方法的主观盲目性造成的谬误，佐之前人青铜器分期断代成果后，可作为明确年代基点的几件青铜钟镈有：

(1) 1966年出土于陕西扶风县齐镇的用享钟(集成 00002)，根据其出土地层与伴出器物可以大致确定年代为西周晚期偏早阶段①，可见将其归属于第一期是有理由的。

(2) 第二期因并无明确纪年及出土位置可做参考，故无法确定基点。

(3) 第三期中，梁其钟(集成 00189、00192)据传1940年出土于陕西扶风县法门寺任村，伴随其同一地点出土的梁其诸器中梁其鼎铭文："隹(惟)五月初吉壬申，梁其乍(作)尊鼎"可以确定梁其器组的年代。此梁其为西周中、晚期任善夫之职的善夫梁其，梁其钟的形制、铭文与虢叔旅钟、邢人钟相似，应为西周晚期之器，故梁其钟或可定于夷、厉时期，②因此将梁其钟、虢叔旅钟置放于第三期。

(4) 归属于第四期的鸟类铭文所附着的青铜钟镈，大多是考古发掘出土的，具有明确的层位关系与伴出器物，确定绝对年代相对前三期较简单。其中1984年出土于陕西长安张家坡西周墓(M163：34)的井叔采钟，据发掘简报称，应处在懿、孝之世，③且从制作工艺与铭文风格上看，笔者认为其年代因略晚于梁其诸器。陈大丧史仲高钟1977年出土于山东沂水县院东头刘家店子莒公墓中，④可以确定其是归属于陈国的青铜乐器，沂水莒公墓的时代在《简报》中定在春秋中期，从墓内同出的两件黄太子白克盆以及器物形制、纹饰的明显过渡特征来看，略晚于河南光山出土的黄君孟夫妇墓，应在春秋中期前段，即公元前648年(楚成王二十四年)楚师灭黄前后。⑤故陈大丧史仲高钟的年代也与此临近，属于春秋中期，将此种造型的鸟类铭文放置于第四期，从绝对年代上看也是科学的。

由此可见，从西周中期到春秋中期，青铜钟镈上以鸟类占绝大多数的动物铭文整体呈现出如下演化趋势：鸟类躯体整体由臃肿转变为飘逸灵动；喙部由圆钝变为尖锐钩状；

① 陕西省考古研究所等编：《陕西出土商周青铜器》，文物出版社，1980年，图第70-73页、文第10页。

② 陈佩芬：《繁卣、趞鼎及梁其钟铭文诠释》，《上海博物馆集刊》(1982年卷，总第2期)，第15-25页。

③ 中国社会科学院考古研究所沣西发掘队：《长安张家坡西周井叔墓发掘简报》，《考古》1986年第1期，第22-27页。

④ 山东省文物考古研究所、沂水县文物管理站：《山东沂水刘家店子春秋墓发掘简报》，《文物》1984年第9期，第1-10页。

⑤ 徐少华：《陈国铜器及其历史地理与文化综论》，《江汉考古》1995年第2期，第59-67页。

头部带状冠由单条上卷变为多条分叉朝多个方向延展伸出；眼睛在整个身体中的比例降低；身体由无线条纹饰变为由较为丰富的卷曲线条装饰；尾部由下垂转变为出现分叉与上翘。

这一归纳，对于西周中期到春秋中期的青铜钟镈类器物分期断代存在一定的参考价值与借鉴意义，将存在可排列比较条件的青铜钟镈类乐器置放于动物铭文构建的衡量标准中，是可以得出科学性的年代与风格定位的。而鸟类铭文的演变发展，从根本上说是随着当时社会历史环境的变化，造器者与器物使用者的精神思想以及对于钟镈类器物使用需求的改变而产生变化的，这一点将在后文展开进一步探索。

四　渴望沟通与精神寄托

《殷周金文集成》(修订增补本)收录的具有动物铭文的 16 件青铜钟镈中(其中鸟类铭文 15 件)，拥有出土位置信息的有 8 件，分布于陕西、山东等省，此外楚公豢钟可根据器形纹饰及铭文内容认为应属于楚器，梁其钟可根据铭文确定应出土于今河南一带。在这广大的地域范围内，不同地区文化相互交流、影响，而鸟类铭文在青铜钟镈上的出现，已经逐渐形成了一种隐约的精神趋同。

撇开“图腾”“萨满”等在先秦文献中找不到任何依据的说法，其实鸟类铭文之所以出现在青铜钟镈鼓部右侧这一固定位置上，是具有极强目的性的。这种强烈目的性的内涵则是殷周先民原始精神认知的寄托，以及渴望与天地、祖先沟通的人类自然行为。从事青铜钟镈制作的人群及使用者在仪式上的行为表现不过是“一种管理神事而属于政府的专门职业”，[①]而所谓“巫术宗教”与近年来讨论很是热闹的“巫”在这里是不存在的。

《左传·昭公十七年》郯子曰：“我高祖少皞，挚之立也，凤鸟适至，故纪于鸟，为鸟师而鸟名。”[②]又《国语·周语》载：“周之兴也，鸑鷟鸣于岐山。”韦昭注：“鸑鷟，凤之别名也。”[③]可见鸟与殷周时期政治有着密切的关系，而鸟纹作为器物的纹样也在这方面有着突出的展现。在古代典籍中，鸟常作为建邦兴国的祥瑞。通过文献，可以认识到鸟是祭祀礼仪中沟通天地的媒介。天，是祭祀对象，它包含的内容在殷周时期，则是祖先、祖神和上帝。先民所面对的在想象中存在的实体，在现实中则是虚幻的，而通过鸟作为中介，虚幻与实体之间得以统一，因此鸟也以鸟类铭文的形式出现在青铜钟镈这种礼乐之器上，承载着先民这种原初的自然思想的对话渴望。

同样，在甲骨卜辞中也有“于帝史凤，二犬”[④]的记载，亦有“翌癸卯，帝不令凤？贞、翌癸卯，帝其令凤”。[⑤]王占卜问帝令不令凤，凤来不来？显而易见，凤鸟是帝与王之间往来的使者。在先民的原始认知中，自然世界是多重的、有层次的，在广阔的空间中，存在着诸多神灵及与神灵上帝相伴的自己的祖先。而鸟的飞翔传布帝之命令于四方，是先民的想象与期待。

---

① 饶宗颐：《历史家对萨满主义应重新作反思和检讨——“巫”的新认识》，《中华文化的过去现在和未来》，中华书局，1992 年，第 396-412 页。

② 阮元校刻：《十三经注疏》(附校勘记)，中华书局，1980 年，第 622 页。

③ 《国语》韦昭注本，台北商务印书馆，1968 年，第 10 页。

④ 郭沫若：《卜辞通纂》，台北大通书局，1976 年，第 376 页第 398 片。

⑤ 郭沫若主编、胡厚宣总编辑：《甲骨文合集》，中华书局，1982 年，第 164-165 页第 672 片。

《尚书·益稷》中有言："《箫韶》九成，凤凰来仪。"[①]这里已赋予鸟以祥瑞之意，而天瑞之意，则是原意的引申，但这依然契合于鸟自古以来传递信息与沟通天地的具体身份。卜辞和文献清楚地表明鸟类其实是祖先、王、帝与人间往来的一种物化形象的寄托，这是一种简单的自然感情的体现，而非赋予了巫术、原始宗教的象征图腾。

有学者提出编钟鼓部右侧的凤鸟纹位于可击奏出第二基音的位置，是一种符号显示，具有标志性，同时又包含凤鸟鸣声动听悦耳之寓意，[②]这是存在其合理性的。基音，即泛音列的最低音，又称"第一分音"；[③]整体振动所生之音称"基音"，而第二基音则比同一音的第一分音音调高亮，[④]因此钟镈类乐器的第二基音处则承担了演奏较高音调的任务。[⑤]

在先民视野中，鸟类是一种可以在多维空间中自由运动和达到较高点的动物，与较高的第二基音相匹配，是先民对"高"、"上"和"与高、上沟通"愿望的体现。

故鸟类铭文的"鸟"是沟通天地的使者，以鸟类铭文铭铸钟镈，在礼乐祭祀场合击奏出的乐响传递至祖先、天帝左右。借敲击钟镈所鸣铿锵之音，匹比鸟鸣悠远之声，同时又希望钟镈鸣响借助鸟这一形象得到顺利传递，从而达到沟通祖先天地的行为，是符合情理的。这就是鸟类铭文出现在青铜钟镈类器物固定位置及以固定形象出现的思想认知层面的重要原因，更是在当时社会历史环境下，先民认知情况与精神世界的自然反映。

结　语

鸟类铭文之所以广泛出现在青铜钟镈类器物上，是殷周先民沟通天地、实现祖先愿望的物化体现。现在还没有证据可以证明原始巫术、萨满图腾在中国早期文明社会中出现并发挥作用。

通过排列比较青铜钟镈上鸟类铭文形象，依稀可识别出鸟类铭文从西周中期至春秋中期的演变历程，利用这类信息，为青铜钟镈的分期断代提供了一借力之处。同时，附着在青铜钟镈上的鸟类动物铭文，以及蕴含在鸟类动物铭文中的精神寄托与自然思想，二者在殷周先民对钟镈的装饰与使用上得到了深刻体现。

通过对青铜钟镈类器物上动物铭文的研究，可以窥见殷周历史与社会环境中许多未曾触及的细节。将动物铭文这类独特的信息载体从传统的动物图案中剔除出来，作为一个独立的研究对象；再用全新的视角审视长期以来学界对于动物形象在青铜器物上出现的局限，同时获得以铭文研究的方法所提取的物质、精神信息，这种研究方法的引入，必将对现有的青铜器研究有所助益。

---

① 杨筠如著，黄怀信标校：《尚书覈诂》，陕西人民出版社，2005年，第76页。

② 方建军：《商周乐器的动物纹饰及其隐喻》，《天津音乐学院学报(天籁)》2006年第1期，第14页。

③ 缪天瑞主编：《音乐百科词典》，人民音乐出版社，1998年，第279页。

④ 缪天瑞主编：《音乐百科词典》，人民音乐出版社，1998年，第165-166页。

⑤ 参见马承源：《商周青铜双音钟》，《考古学报》1981年第1期，第131-146页。

明代学者《史通》批评研究

湖北科技学院 朱志先

摘要： 明代中叶以后，随着陆深、张之象、张鼎思、郭孔延、王惟俭等学者对《史通》的刊印及评释，明代学者在前人的基础上，对刘知幾及其《史通》进行了系统的批评。这些批评主要体现在诸多《史通》刊本的序跋中，以及杨慎、焦竑、胡维霖、王志坚、胡应麟等人的文集中，有的着眼于《史通》文本，有的则批评刘知幾论史的态度。而郭孔延《史通评释》则从多方面对刘知幾及其《史通》展开批评，诸如批判刘知幾所论之误、以正统观点批评《史通》、赞同刘知幾之论及从论史之优劣两方面评析刘知幾之论。明代学者通过对《史通》的批评，进而引发对历代正史及其他史学问题的评析。

关键词： 明代；郭孔延；《史通》；批评研究

明代中叶以后，随着《史通》的不断刊刻及整理，明代学人开始关注刘知幾及其《史通》[①]。嘉靖十三年(1534)，陆深对《史通》予以摘录评点，形成《史通会要》，嘉靖十四年(1535)对《史通》予以校勘出版。在陆深所刊《史通》之后，相继出现了万历五年(1577)张之象刊本、万历六年(1578)胡东塘刻本、万历三十年(1602)张鼎思刻本、万历三十二年(1604)郭孔延《史通评释》、万历末年王惟俭《史通训故》，“不到百年，《史通》接连出了6个版本，无疑扩大了《史通》的社会影响，对明朝史学的发展来说是有意义的”[②]。目前学界有关《史通》在明代的刊刻、传播及其影响论之较多[③]，但对明代学人如何系统批评刘知幾及其《史通》的研究则相对较少。

在明代“《史通》学”兴起的过程中[④]，陆深、张之象、张鼎思、郭孔延、李维桢及王惟俭等学者起到了重要的作用，他们分别以校订刊刻和评点训释《史通》为己任。古今学者对陆深与《史通》在明代的传播之功论之较多[⑤]。《史通会要》是陆深按照自己的意思对《史通》予以节选和编排的，其由卷上“建置”“家法”“品流”“义例”、卷中“书凡”“修词”“叙事”“效法”“隽永”“篇目”、卷下构成。仅《史通会要》卷上四篇目中有陆深的简短评论，但立意不甚高，如“建置”篇末“右历代史官采其名姓尤章章者，著于篇，职业有上下，学识有浅深，与夫世道推移，粗可览观矣”；“家法”篇“右六家，

---

① 按：傅振伦曾言因唐宋时期，学人不看好《史通》，“则《史通》不盛行于唐宋，固意中事也。宋儒如朱晦翁犹以未见其书为恨，而《玉海》中所引《史通》，又多伪字脱文；盖其时善本亦少，且流刻亦不广也”(《刘知幾之史学》，景山书社，1931年，第100页)。曹鑫《上海图书馆藏〈史通〉明刻本述略》(《图书情报工作网刊》2012年第10期)言：“《史通》在宋代之前没有得到足够重视，但是明代以降，随着士人对其逐渐重视，遂出现大量刻本和抄本，翻刻本也随之产生，川蜀、吴越等地皆有翻刻本，且版式、内容不同。”

② 钱茂伟：《明代史学的历程》，社会科学文献出版社，2003年，第156-157页。按：杨绪敏亦言“久已不传的《史通》重新传布于世，由此在明代掀起校勘、重刊、学习《史通》的热潮”(《论明清时期〈史通〉的流传、整理和研究》，《史学月刊》2008年第11期)。实际上，除了钱茂伟所言的六个刊本外，还有一些手抄本。

③ 钱茂伟《论明中叶史学风气的变化》(《史学史研究》2001年第2期) 论述了陆深《史通会要》的撰写情况及其对《史通》在明代传播中的作用(又见于《明代史学的历程》，社会科学文献出版社，2003年，第152-157页)；杨艳秋《刘知幾〈史通〉与明代史学》(《史学史研究》2002年第4期)分析明代学者对《史通》的评价及《史通》对明代史学的影响(又见于氏著《明代史学探研》，人民出版社，2005年，第91-100页)；毛春伟《杨慎评〈史通〉二题》(见瞿林东主编《史学理论与史学史学刊》(2009年卷)，社会科学文献出版社，2009年)专门论述杨慎对《史通》的评析；傅范维《明代〈史通〉学研究——以陆深、李维桢与郭孔延父子为中心》(硕士学位论文，台湾佛光大学，2009年)主要论述国史纂修与明代《史通》学的兴起、明代《史通》的流传与版本问题、江右地域与明代《史通》学的发展；安尊华《试论〈史通〉对明代史学的影响》(《贵州社会科学》2009年第6期)主要从扩展史家三才说、史文繁简、纪传编年二体之比较、史馆陋习及对历代正史的批评诸方面，评析《史通》对明代史学的影响；杨绪敏《论明清学者对刘知幾史学理论的批评、阐发和实践》(《学习与探索》2010年第4期)主要分析明代学者对《史通》的校勘、注释及对《史通》相关理论问题予以批评和继承；王嘉川《清前〈史通〉学研究》(社会科学文献出版社，2013年)对明代学者有关《史通》的刊刻与研究论之较多。

④ 按：许刚《张舜徽先生之〈史通〉学研究》(《长春师范学院学报》2005年第4期)、傅范维《明代〈史通〉学研究——以陆深、李维桢与郭孔延父子为中心》(硕士学位论文，台湾佛光大学，2009年)、王嘉川《清前〈史通〉学研究》(社会科学文献出版社，2013年)、刘海波《清代〈史通〉学研究》(博士学位论文，武汉大学，2014年)对“《史通》学”皆有论述。

⑤ 陆心源《仪顾堂题跋》卷五《影宋抄〈史通〉跋》言《史通》“明刊本以陆本为最先，张之象又翻陆本，西江郭孔延之据张本重刊而加评，王惟俭又据郭本而加注，国朝黄叔琳又据郭本删定重刊”(见刘知幾著，刘占召注：《史通评注》，中央编译出版社，2010年，第466页)；蒙文通《馆藏明蜀刻本〈史通〉初校记》指出：“自陆深本后，张鼎思补之，而郭氏又校正之，此为一系。张之象别据宋本，亦照对以陆氏本，又别为一系。至王惟俭依郭本而校以张之象本，始合二流于一。是后黄氏、浦氏并出于王，虽各有校正，然要无大出入也”(见《蒙文通文集》第三卷《经史抉原》，巴蜀书社，1995年，第449页)；王嘉川指出“明代一些重要学者纷纷对《史通》进行研究”，“追本溯源，都不能不归功于陆深对《史通》的校刻”(《清前〈史通〉学研究》，社会科学文献出版社，2013年，第226页)。

俱存淳朴，既散之余，所为祖述者，惟左氏、班氏二家而已”；“品流”篇“右十品具列史之流派备矣，至于吕氏、淮南、玄、晏、抱朴，皆以叙事为宗，抑亦史之杂也，既别出名目，不复编于此科”；“义例”篇“右义例十余，作史者参伍以变，曲畅而通，制作之道，其庶几矣。若夫神而明之，固筌蹄云尔”[①]。万历年间，张之象、张鼎思的《史通》刻本[②]，无疑为《史通》的进一步传播提供了必要文本[③]。《史通评释》是郭孔延在校勘《史通》的基础上，针对《史通》原文，逐篇以“评曰”和“按语”的形式对《史通》予以评析[④]；万历末年，王惟俭称其看了郭孔延《史通评释》后，认为和他的理解多有不合之处，于是参照张之象的《史通》刻本，对《史通》予以校注[⑤]。王惟俭在注《史通》之前，已经注解了《文心雕龙》，他以注《文心雕龙》的方式注解《史通》，“增《因习》一篇及更定《直书》《曲笔》二篇外，校字一千一百四十二字”[⑥]。陈九职言王惟俭在注解《文心雕龙》之后，“复有《史通》之纂述，校雠翻摩，发凡立例，删赝订讹，旁援互证，抉秘补漏，提要括繁，事详而核，辞赡而雅，条分而贯，上下数千百年，理乱兴衰之迹，臧否得失之林，一一如指掌，用力斯已勤矣。况公诸人而广布之，则王充之《论衡》，讵唯蔡邕得之而已哉！”[⑦]陈九职与王惟俭有同年之谊，对其《史通训故》的评价颇有溢美之词。实际上，王惟俭《史通训故》中仅有注，而少有评。

嘉靖、万历间相继出现陆深《史通会要》、郭孔延《史通评释》[⑧]、王惟俭《史通训故》[⑨]，使明代中晚期史学批评的百草园中多了一个被批评的对象，并进一步推动了史学批评的发展。如内藤湖南所言，陆深《史通会要》“不过这也是仅有三卷简单的著作，而且没有什么著述手法，有些地方就是单纯对《史通》的引用而已，有些内容还继《史通》之后有所增加，看来是一些自己的备忘录。总之，很明显此书具有由《史通》了解史学要领、继续史学批评的观点”[⑩]。而钱茂伟从另一个角度指出，“《史通》是刘知幾用骈体文写成的一部史学理论著作，陆深用明朝人思维与口气，对《史通》进行改编，同时兼采历代精辟的史学名言，这是一个进步。经过陆深的改编，《史通》的精华部分更加突出

① 按：对于陆深《史通会要》如何纂成，钱茂伟、杨艳秋、傅范维、王嘉川等论之较多，兹不赘述。

② 按：张所望《阅耕余录》卷四《史通》言“唐刘知幾作《史通》，雅自矜重，自比扬子云……《史通》一书，知幾殁后不甚著，至我明而陆子渊刻之蜀中，吾宗玄超先生复得善本，再授剞劂，于是此书遂盛行于世”(《四库全书存目丛书·子部》，第110册，齐鲁书社，1995年，第196页)。

③ 按：王嘉川在《清前〈史通〉学研究》中论述了张之象、张鼎思刊刻《史通》的情况(《清前〈史通〉学研究》，社会科学文献出版社，2013年，第254-265页)。

④ 按：刘海波、谢贵安《郭孔延〈史通评释〉探析》(《理论学刊》2013年第9期)、王嘉川《郭孔延〈史通评释〉编纂考》(《扬州大学学报》2017年第1期)对《史通评释》的编纂过程予以探析。笔者将在后文专门论及郭孔延与《史通》批评。

⑤ 王惟俭：《史通训故·自序》，上海古籍出版社，2006年，第247-248页。

⑥ 王惟俭：《史通训故》，上海古籍出版社，2006年，第251页。

⑦ 王惟俭：《史通训故·陈九职跋》，《续修四库全书·史部》，第447册，上海古籍出版社，2002年，第426页。

⑧ 按：对于《史通评释》的两个不同版本，即郭孔延单评本和郭孔延、李维桢合评本的差异，王嘉川已经予以详细论证，笔者在文中论述的仅指学界无争议的郭孔延单评本。

⑨ 按：汤勤福称“明朝有几部为《史通》作节取、考订、补遗、评价之书，如陆深的《史通会要》节取《史通》精粹者，但亦时夹自己见解。李维桢的《史通评释》不出明人游谈之习，并无多少价值。郭孔延在李著基础上又杂引诸书、附录己见，作同名之书。但郭氏引书不注出处，评价亦有舛漏。王惟俭的《史通训故》，价值亦不大。”(汤勤福主编：《中国史学史》，山西教育出版社，2001年，第332页)汤先生从宏观角度简要评点了陆深、李维桢、郭孔延、王惟俭等人的《史通》著述，其观点不全尽然，但一定程度上概括了这几部《史通》研究著作的特点。

⑩ 〔日〕内藤湖南著，马彪译：《中国史学史》，上海古籍出版社，2008年，第220页。

了，便于时人及后人的学习与掌握”[①]。对于这场颇具体系的《史通》传播运动[②]，杨艳秋指出“明代史家对《史通》的整理评释也许并没有取得太大的成果，但是与明代史学的发展联系起来，我们至少应该提出一个问题：对一部史学理论著作的普遍重视意味着什么？这说明明代史家对史学评论已经引为重视。已经开始有了对史学的总体把握意识，那么明代史学思想中所表现出来的另一个现象——对历代正史展开评论便并不会令人感觉突兀。”[③]即通过长时期有体系的《史通》整理活动，达到了“通经学古之士，家有其书”[④]，甚至“逐渐普及底层知识分子之间”[⑤]。

程千帆在《史通笺记·凡例》中指出自明代以来对《史通》的研究主要体现在三个方面，即校雠、注释和评论[⑥]，鉴于本文的着力点主要论述明代学者《史通》批评研究，故而下文主要论述明代学者是如何评论刘知幾及其《史通》的。

刘知幾以其犀利的学术眼光对唐代以前的史家、史著及史学活动进行批判，对于自己的著述，曾言“余著《史通》，见者亦互言其短”[⑦]。刘知幾所言不虚，针对《史通》的观点，唐代柳璨著有《史通析微》十卷，专论其非。宋代学人更是从不同角度抨击《史通》之谬，宋祁言刘知幾“工诃古人而拙于用己”[⑧]。吴缜指出翻阅《史通》，“考其谬戾，则亦无异于前人”。张唐英认为刘知幾“好辩而不知《春秋》之旨矣。其他事以类推之，圣人之志皆显然明白，故不复辩，学者当自求之，无惑刘子之异说可也”[⑨]。杨万里言：“知幾《史通》毛举前史，一字必呵。尝得其所撰《高宗、武后实录》而读之，意其可拳石班、马而臧获陈、范也。及观其永徽三年事，则目发遣薛延陀，此何等语邪？天授二年事，则言传游艺死矣；至长寿一年遣使流人，则曰传游艺言之也。游艺之死，至是三年，岂有白骨复肉而游魂再返乎？古人目睫之论，诚有味也。”[⑩]唐代柳璨专论《史通》之非，宋人宋祁言其“拙于用己”、吴缜“考其谬戾”、张唐英所谓“刘子之异说”、杨万里的“目睫之论”，一定程度上反映了唐宋学人对刘知幾及其《史通》的态度。随着不同《史通》刻本的流出，明代学人在前人的基础上开始从多方面展开对刘知幾及其《史通》的批评。

一　明代《史通》刊本序跋中对刘知幾及其《史通》的批评

从嘉靖到万历末年，陆深、张之象、张鼎思等人在不同历史时段对《史通》予以刊

---

① 钱茂伟：《论明中叶史学风气的变化》，《史学史研究》2001 年第 2 期。又见于钱茂伟：《明代史学的历程》，社会科学文献出版社，2003 年，第 157 页。按：傅增湘称嘉靖十四年陆深刻本，系陆深“得因旧刻校之，补残剜缪，又订其错简，还其缺文，于是史通始可读云”(《藏园群书经眼录》，中华书局，1983 年，第 507 页)。

② 按：傅范维《明代〈史通〉学研究——以陆深、李维桢与郭孔延父子为中心》(硕士学位论文，台湾佛光大学，2009 年)一文的附录详细梳理了从陆深《史通会要》及其刊刻《史通》后明代《史通》的传播示意图。

③ 杨艳秋：《明代史学探研》，人民出版社，2005 年，第 99-100 页。

④《史通评释·金炳壎序》，转引自赵吕甫：《史通新校注》，重庆出版社，1990 年，第 1130 页。

⑤ 傅范维：《明代〈史通〉学研究——以陆深、李维桢与郭孔延父子为中心》，硕士学位论文，台湾佛光大学，2009 年，第 53 页。

⑥ 程千帆：《史通笺记》，武汉大学出版社，2008 年，第 1 页。

⑦ 刘知幾著，浦起龙通释，王煦华整理：《史通通释》卷一〇《自叙》，上海古籍出版社，2009 年，第 272 页。

⑧ 欧阳修、宋祁撰：《新唐书》卷一三二《刘知幾传》，中华书局，1975 年，第 4542 页。

⑨ 刘知幾著，刘占召注：《史通评注》，中央编译出版社，2010 年，第 470 页。

⑩ 刘知幾著，刘占召注：《史通评注》，中央编译出版社，2010 年，第 470 页。

刻，每次对《史通》的刊刻，都有刊印者及其他学者的序跋，这些序跋一定程度上体现了他们从不同角度对《史通》的感悟，或可称之为对其的批评。

陆深《题蜀本史通》详述其与《史通》之缘及对刘知幾的评价：

深在史馆日，尝于同年崔君子钟家获见《史通》写本讹误，当时苦于难读也。年力既往，善本未忘。嘉靖甲午之岁，参政江西时，同乡王君舜典以左辖来自西蜀，惠之刻本。读而终篇已，乃采为《会要》，颇亦恨蜀本之未尽善也。明年乙未，承乏于蜀，得因旧刻校之，补残刓谬，凡若干言，乃又订其错简，还其阙文，于是《史通》始可读。云昔人多称知幾有史才，考之益信，兼以性资耿介，尤称厥司，顾其是非任情，往往捃摭贤圣，是其短也。至于评骘文体，憎薄牵排，亦可谓当矣。善读者节取焉可也。①

按：陆深此论言及当时流通的《史通》乏陈善本，为政江西时，读到蜀本《史通》，读完后，摘录而成《史通会要》。又感于蜀本中多有错谬脱漏，于是进行校勘订补和刊刻，为学人研习《史通》提供了良本。陆深通读《史通》中，又按自己的想法予以摘录，并对《史通》进行系统校勘，故而对《史通》了解颇深，指出缘于刘知幾耿直的性格，对前贤不如其意者多加批驳，是其缺憾。但又指出刘知幾于文体的评点亦有可取之处，善读者应该从中取其长处。另外，陆深在《题史通后》又言“知幾之为此书也，高自标致。尝谓国史以叙事为工，叙事以简为主。故自子长丘明而上，皆涉评弹，然此篇之冗长亦不少矣。笑前人之未工，忘己事之已拙。呜呼！修辞之难也如此”②。陆深主要针对刘知幾在叙事繁简问题方面的批判，言其批评他人甚严，而自己又重演相同的错误。

陆深刊刻《史通》时，为之作序者有王阁、高公韶、李佶、彭汝寔、杨名，他们不仅论述了陆深传播《史通》之功绩③，同时也分别从不同角度对《史通》予以评析。

王阁在《刊正史通序》中言：

昔人谓《史通》一书宜置座右，史法存焉耳。我蜀藩司板册照新，以属来哲，其意一也。然人虽得而葆之，不免蒙翳之患，舛讹烦乱，龃龉惟艰，脱简缺文，坐令荒惑，不有先觉，将为聚敛之书也。④

陆深同年高公韶《跋新刊史通》言：

同年俨山陆子牧蜀三越，尝病蜀本《史通》难读，乃公暇厘讹续脱，芟其

---

① 陆深：《俨山集》卷八六《题蜀本史通》，文渊阁《四库全书》，第1268册，上海古籍出版社影印本，1987年，第551-552页。

② 陆深：《俨山集》卷八六《题史通后》，文渊阁《四库全书》，第1268册，上海古籍出版社影印本，1987年，第552页。

③ 按：相关序跋中评析陆深对《史通》的传播之功较多。王阁曰：“俨山先生顷膺方伯莅蜀，省阅是本，悯其乱亡，乃乘公暇，肆笔裁订，或考同辨异，辑类次编；或会文疏义，联属血脉；或衍去支离芜秽，以就凡例。反复内、外诸篇，有所谓足其所未尽，补其所未圆，白其所未莹，贯其所未一者，嘉惠之意，可浅言哉！夫隶古定著，有裨壁经；石鼓剔苔，光价百倍。愚也嘉《史通》之遭经先生之笔，文既足征，史法于是焉在。博雅者所以无憾矣。”（《史通评注》，第459页）高公韶称陆深：“盖其沉酣史馆者三十年，才擅三长，稍出余绪，即义例峻凛，论严取怒，作史、观史之法斯备。嗣令学史其知务循据，岂直嘉惠吾一方兹一时焉耳矣！截短于为材，其长也自足于用也。子玄复生，当喜增价，何庸乎《释蒙》。”（《史通评注》，第460页）李佶称陆深对《史通》的刊正，“俨山先生帅蜀之初，乃取而正之，篇章旨趣，各循其轨，意惬而文顺，事核而理莹，自是始为完书”。（《史通评注》，第460页）

④ 刘知幾著，刘占召注：《史通评注》，中央编译出版社，2010年，第459页。

繁蔓，间勘决其讥，举前失之失辟。光弼一号令，子仪军气色益倍；寒朗平反楚狱，群疑亡而多理出。①

李佶《刊正史通序》言：

愚旧读《史通》，见其缺文复意，繁词冗意，心颇疑之。掩卷而思，展卷而玩，莫可为怀者矣。②

彭汝寔在为陆深校刻《史通》所作序中言：

子玄生秉异质，少有伟志。甫总角，即能上下诸史，包括寰区。是书盖入东观所成，皆商榷校勘诸家，精语奇诡毕陈，如斗草囊萤，裁剪掇拾。光采裒聚，吁亦勤矣。然语激而气轻，于道或未可会耳。按子玄语张说入证魏玄忠事曰："无诬青史，为子孙累。"及答郑惟忠所问文士史材之说，世称笃论。子玄者，正亦不愧良直也已……彼丘明、迁、固而下，世亦有作，未暇深议。《史通》历有评品，或者未免遗论中间，然有可以质诸仲尼者。③

杨名作《跋史通》言：

知幾以良史才三为史官，徘徊司籍之曹，岁月浸久，其所以沉潜考证之者，当不寡薄。则其著而为书，固宜兼备诸体，网罗百家，驰驱列代，几自成一门户。独惜夫评议徇于意见，是非谬于圣哲，不能使人无遗憾焉。④

张之象刊刻《史通》时，在《史通序》中言：

既而以前代史书，序其体法、因习、废置，缀其述作深浅曲直，分内外篇，著为评议，备载史册之要。剖击惬当，证据详博，获麟以后，罕睹是书。⑤

张鼎思刊刻《史通》时，在《续校史通序》中言：

然子玄身秉史笔，不自成家，龙姿美业，未闻光阐，晨鸡秽德，未闻昭戒，至其论史，则信冢书而疑坟典，讥尧、舜，訾汤、文，排周、孔，不少顾忌，故宋子京有工拙之讥，柳炤之有《析微》之论，刻之不广，大率为此。要以序体法，明典要为作史者准绳，则是书亦岂可少哉？夫其上自唐、虞，下及陈、隋，网罗千祀，贯穿百家，虽谓前无古人可矣。此徐坚所以有座右之许也。⑥

王惟俭《史通训故》刊印时，河南中牟张民表为之作序，指出：

刘子玄目洞千秋，手裁万化，决断无疑，于义进退，各厌其心。虽证事稍乖，制词多靡，乃得失自在，取舍由人。信史家之砥砺，述者之夷庚也。⑦

---

① 刘知幾著，刘占召注：《史通评注》，中央编译出版社，2010年，第460页。
② 刘知幾著，刘占召注：《史通评注》，中央编译出版社，2010年，第460页。
③ 赵吕甫：《史通新校注》，重庆出版社，1990年，第1124页。
④ 刘知幾著，刘占召注：《史通评注》，中央编译出版社，2010年，第460页。
⑤ 刘知幾著，刘占召注：《史通评注》，中央编译出版社，2010年，第462页。
⑥ 赵吕甫：《史通新校注》，重庆出版社，1990年，第1123页。
⑦ 王惟俭：《史通训故·张民表序》，上海古籍出版社，2006年，第246页。

按：从刊刻《史通》的相关序跋中可见，明代学人对《史通》批评有三：其一，认为《史通》文本在流传过程中出现错谬；其二，指出《史通》文本本身的错谬；其三，对刘知幾评史优劣的批评。具体体现为：王阁、高公韶、李佶主要指出明代《史通》版本之差，脱简讹文较多，不便于研读；彭汝寔既指出刘知幾撰述《史通》用功之勤，也批评刘知幾用词“语激而气轻”；杨名则认为具有良史才能的刘知幾，其所著《史通》应该“兼备诸体，网罗百家”，成为一家之言，但刘知幾《史通》中所论却“评议徇于意见，是非谬于圣哲”；张之象认为《史通》“剖击惬当，证据详博”；张鼎思亦指出《史通》之弊在于妄议前贤，轻信《汲冢书》，而其论诸史之体，为史家作史提供了必要的参考，对众家的系统评析，可谓前无古人。

二　明代学者对刘知幾及其《史通》的批评

自明代中叶开始，兴起了一股评点之风，诗者论诗，文者析文，史者评史。众多博学之士置身于此学术洪流中，更是于芸芸著述中指点江山，激扬文字，颇有与昔人争高下之势。刘知幾以其传世之作《史通》成为古代强有力的史学批评者[①]，自古以来文人相轻，习于纠他人之谬，面对唐宋学人批判的《史通》，明代学者亦是誉其长而纠其谬，出现较多相关著作，诸如杨慎《老泉评史通》、于慎行《刘子玄评史举正》、胡维霖《刘子玄史通》、王志坚《史通载文篇》、郑鄤《题史通》等。

杨慎素以博学疑古著称，具有极强的批评精神，面对《史通》自然提出了自己的见解[②]。杨慎赞同苏轼、杨万里认为《史通》“多俚辞俳状”“目睫之论”的批评，称“二公之论当矣”[③]，同时，杨慎亦指出《史通》的优点，“实中前人之膏肓，取节焉可也。黄山谷尝云论文则文心雕龙，评史则史通，二书不可不观，实有益于后学焉”[④]。

于慎行著有《读史漫录》，对上古到元代的相关历史史实、历史人物多有评点，是一位具有批判意识的史家[⑤]。于慎行曾著《刘子玄评史举正》专门评析刘知幾评史之优劣。在《刘子玄评史举正》中，于慎行首先肯定刘知幾治史之广及用功之勤，称他不愧为一

① 按：林时民在《刘知幾史通之研究》一文中论析了刘知幾的批判精神及怀疑精神(文史哲出版社，1987 年，第 41-61 页)；张三夕《批判史学的批判——刘知幾及其史通研究》一书第三部分从八个方面论析“刘知幾史学批评方法论”(华中师范大学出版社，2010 年，第 74-124 页)。

② 按：毛春伟《杨慎评〈史通〉二题》(见瞿林东主编：《史学理论与史学史学刊》(2009 年卷)，社会科学文献出版社，2009 年)专门论述杨慎对《史通》的评析。

③ 按：杨慎曾言“《史通》云《史记·相如传》具在《相如集》中，子长因录斯篇，即为列传。刘知幾盖及见《相如集》也，然文君夜奔事，亦不自讳，何哉？”(《升庵集》卷四七《相如传》，清文渊阁《四库全书》补配清文津阁《四库全书》本)。

④ 杨慎：《升庵集》卷四七《老泉评史通》，清文渊阁《四库全书》补配清文津阁《四库全书》本。按：明代胡维霖《胡维霖集·墨池浪语》卷一《刘子玄史通》专门摘录杨慎此论。

⑤ 按：廉敏《于慎行〈读史漫录〉的历史思想》(《文史哲》2002 年第 6 期)分析了于慎行围绕国家治乱兴衰展开史论的特点；孟祥才、张平《从〈读史漫录〉对战国秦汉人物的品评看于慎行的历史眼光》(《济南职业学院学报》2005 年第 1 期)论析了于慎行善疑求真的批判精神；拙著《明人汉史学研究》对于慎行评汉史的情况予以论析(湖北人民出版社，2011 年，第 216-225 页)。

代良史[①]；其次，于慎行指出刘知幾“好奇自信，拘见深文”，导致“小则取笑于方家，大则得罪于名教”。于慎行非常遗憾拥有良史之才的刘知幾会被方家所取笑，甚至得罪于名教。究其原因，于慎行归结为“其罪有二”，“其失有三”。其罪之一，“信传疑之语，遵好事之说，以竹书为龟策，以壁经为土苴。信其言也，则丹朱之不帝，重华有筑坛之谋，苍梧之不返，文命有胶舟之志。履辛之不道，乃陈琳草檄之诬；西伯之戡黎，如桓温拜表之辙。遂使皇图帝箓，萃逋逃之渊”，“是可忍也，孰不可忍！茫茫万世，人安适归，侮圣之罪一也”；其罪之二，“不窥圣意，辄谓有私，至所断据，则魏丕曰：舜禹之事吾知之也。何其不信大圣权舆之准，而信乱臣依附之言”，“人之不聪，一至于此，而能品藻人伦，劝惩万世者乎？离经之罪二也”。其失之一在于浅，于慎行认为善为史者在人物刻画方面应得其精神，在史实整理方面应得其命脉，“是故词有繁而不杀，事有细而靡遗，欲其一披简书千古如觏也”，诸如“公索亡祭牲，录门人致问之词；子罕哭介夫，载觇者反报之语”，系《左传》传神之处。“鲁仲见辛垣衍，则介绍之词毕载；王孙从孔渤海，则醉呼之状具陈”，系《史记》《汉书》奇妙之处。而刘知幾“剸略榛芜，一切删去，读之索然，了无神采，是犹操公输之矩墨，而裁成度索之枝；执神禹之斧斤，而沟洫吕梁之水也。天下之奇观，何从而睹之哉！其失也浅。”其失之二在于固，于慎行认为著书立说的宗旨在于体现本质，“褒贬之辞，或多拟议”，不能偏执一据而妄下结论。如果“以书有漂杵之文，而诗载孑遗之咏也。今焉执西州之无鱼，而疑赵盾鱼飧之事；谓晋阳之无竹，而惑细侯竹马之迎。以鸟啼花笑，驳智不如葵之言；以中山磨笄，评无恤最贤之语。是必译輶轩之使，而后方物不遗；本篆籀之形，而后书法无爽也”，“其失也固”。其失之三在于昧，于慎行认为“夫人之哲愚区以别矣，而品流靡一，风轨固殊，必得其情，谈何容易”，对于刘知幾所言“太史公述《儒林》，则不取游、夏之文学；著《循吏》，则不言冉、季之政事”[②]，“假使羽窃帝名，正可抑同群盗”[③]，怀疑曹操让崔琰代其召见匈奴使者为无有事[④]。于慎行认为“游、夏列儒林，冉、季称循吏，是不知达者之规模也；项羽为群盗，蜀汉为僭君，是不睹英雄之梗概也；疑曹操见匈奴无崔琰在坐之事，是不究奸谋之诡也”，刘知幾“其失也昧矣”。故而，于慎行叹曰：“嗟夫！才识特达有如子玄，而舛错不经，彰彰若是。谅哉！史之难乎！”而且于慎行也表达了自己指出刘知幾所论不妥的目的：“夫磨纤毫之瑕则完盈尺之璧，刮数寸之朽则成合抱之材。是故表而正之，使其全书不废于世云尔。”[⑤]

焦竑非常熟识《史通》，其所撰笔记《焦氏笔乘》卷三《史通所载书目》详载《史通》中所载相关书目，并且在《焦氏笔乘》一书中专门有一条《史通》，兹述其文如下：

---

① “唐有刘子知幾夙以卓资，独秉渊览，三为史臣，两入东观，博淹载集，驰骋古今，提要钩玄，括囊殆尽。观其《史通》所述，自三坟、五典之书，南史素臣之纪，两京三国之纂，中朝江左之历，亦有汲冢古篆，禹穴遗编，金匮之所不藏，西昆之所未备，莫不探厥渊源，总其统系，捃摭纂著，靡有遁形，斯以勤矣。尔其神识融洞，取舍严明，操笔有南狐之志，摛藻有班、马之文，克其蕴藉，不足称一代良史哉？”(于慎行：《穀城山馆文集》卷四〇《刘子玄评史举正》，明万历于纬刻本)

② 刘知幾著，浦起龙通释，王煦华整理：《史通通释》卷一六《外篇·史记八条》，上海古籍出版社，2009年，第430页。

③ 刘知幾著，浦起龙通释，王煦华整理：《史通通释》卷二《内篇·本纪第四》，上海古籍出版社，2009年，第34页。

④ 刘知幾著，浦起龙通释，王煦华整理：《史通通释》卷二〇《外篇·暗惑第十二》，上海古籍出版社，2009年，第545-546页。

⑤ 于慎行：《穀城山馆文集》卷四〇《刘子玄评史举正》，明万历于纬刻本。

> 山谷称《史通》、《文心雕龙》皆学者要书。余观知幾指摘前人，极其精核，可谓史家申、韩矣。然亦多轻肆讥评，伤于苛刻。《浮词篇》云："《汉书》：'萧何知韩信贤。'贤者，不陨获于贫贱，不充诎于富贵，又曰：'知进退存亡而不失其正者，其惟圣人乎？'淮阴堕业无行，满盈速祸，以贤为目，不能无谬。"夫贤之为言异于人云耳。而辄律之以儒行，责之为圣人，不已甚乎！《人物篇》云："皋陶、伊尹、傅说、仲山甫，功烈尤显，事迹居多，盍采而编之为列传首。"夫迁书与经典并行，世多其书，辄弗论著，而复责之以编纂，不亦复乎。《辨识篇》云："彰善贬恶，不避强御，若董狐、南史者上也；编次成书，郁为不朽，若丘明、子长者次也；高才博学，名重一时，若史佚、倚相者下也。"夫史佚当盛周绾史职，与董狐、南史，未知先后，而抑居丘明、子长之下，此何据乎？《杂说篇》："《李陵与苏武书》，观其文体，不类西汉。迁《史》编于《李传》中，斯为谬矣。"今《李传》并无其书，且陵书为齐梁拟作，迁亦何从逆睹之乎？其最甚者，夫子谓昭公知礼，则讥其饰智矜愚，爱憎由己。称颜子殆庶，则讥其曲垂编录，不能忘私。至尧之幽囚，舜之野死，益为启所诛，太甲杀伊尹，文王杀季历，一以《汲书》为据，勇于信冢中之断简，轻于悖显行之《六经》，几盖小人之无忌惮者哉？且自云：因王充之《问孔》，广彼旧疑，增其新觉。夫充之浅妄，又何足法也。[①]

按：焦竑所言山谷所论，杨慎《升庵集》中有此论[②]。焦竑认为刘知幾对前人学术的批判"极其精核，可谓史家申、韩矣"，但其缺憾在于"多轻肆讥评，伤于苛刻"[③]。焦竑根据《史通》中《浮词篇》《人物篇》《辨识篇》《杂说篇》所载，逐篇分析刘知幾所论过于严苛。对于刘知幾看重汲冢之书，而忽视六经之文，焦竑批之为"小人之无忌惮者"。

在明代中晚期，胡应麟属于博学多才、极具识断之士，被誉为"是明代对《史通》进行理论研究的最杰出的代表"[④]。胡应麟对《史通》的研究主要在于批判其错误，表现在以下几个方面：

其一，在著述体例方面，批评刘知幾认为正史中无需《艺文志》。刘知幾认为正史中《艺文志》属于累赘，胡应麟对此论道："原夫艺文之为志也，虽义例仍乎前史，实纪述咸本当时，往代之书存没非此无以考，今代之蓄多寡非此无以征。故魏、晋迭兴，盛衰迥绝；齐、梁接踵，贮积悬殊。且前人制作世日以寡，后人著述世日以增，遍读历朝诸志，卷轴简编靡有同者，粤自晋、唐而下，懿君贤弼亡弗究心，考文大典意在斯乎？"[⑤]胡应麟认为《艺文志》对于文献考征而言有很大的价值，而"刘知幾《史通》以为附赘悬疣，雷同一律，而大讥隋史之非，此疏卤之谈，匪综核之论。即后汉一书艺文无志，

---

① 焦竑著，李剑雄点校：《焦氏笔乘》卷三《史通》，中华书局，2008年，第96-97页。

② 杨慎：《升庵集》卷四七《老泉评史通》，清文渊阁《四库全书》补配清文津阁《四库全书》本。

③ 按：焦竑在《刻子由古史序》中言"刘知幾师心妄驳，肆笔横诋，乃工于绳人而拙于用己。识者尝深非之"(《澹园续集》卷三《刻子由古史序》，中华书局，2013年，第816页)。

④ 按：王嘉川从胡应麟对刘知幾的补弊救偏、对刘知幾的批评指责、胡应麟与明代的《史通》研究热潮三个方面论析胡应麟对刘知幾的批评情况及其影响(《胡应麟论刘知幾》，《史学月刊》2006年第4期)；白云在《胡应麟的史学批评》一文中分析了胡应麟对刘知幾的指责与继承(《红河学院学报》2009年第1期)；俞宏杏《胡应麟〈史书占毕〉及其史学理论》一文论述了胡应麟对刘知幾学问的补充说明及批评指正(硕士学位论文，云南师范大学，2013年，第42-46页)。

⑤ 胡应麟：《少室山房笔丛》卷三《经籍会通三》，上海书店出版社，2001年，第38页。

而东京一代典籍茫然，他可概矣(刘《史通》论史诸体甚核，独论表、志甚疏，郑渔仲所以讥范晔也)"[①]。同样，胡应麟在批评陆深《史通会要》时，亦指出此类问题，"陆文裕深著《史通会要》，辨论甚该，独谓经籍不必志，于义未尽。经籍，朝廷之大典，累朝人主，无不究心，岂容无志？"[②]

其二，在文章史识方面，胡应麟认为刘知幾为文浅猥，为史乏识。胡应麟言"《史通》之为书，其文刘勰也而藻绘弗如；其识王充也而轻讦殆过。其所指摘虽多中昔人，然第文义之粗，体例之末，而自以穷王道揆人伦，括万殊、吞千有，然哉？"[③]胡应麟称刘知幾《史通》中出现"当惑而不惑""当疑而弗疑"的现象[④]，其因在于刘知幾"有史学无史笔，有史裁无史识也"[⑤]。

其三，在批评态度方面，胡应麟认为刘知幾肆意苛责，有违名教。刘知幾《史通》中对《汲冢书》所载舜放尧于平阳、太甲杀伊尹、文王杀季历等事，"凡此数事，语异正经。其书近出，世人多不之信也"[⑥]。胡应麟评曰："考刘《史通》前后议论，务以春秋乱臣贼子臆度前圣，故妄意文王得位亦如商臣许止之为，而不详考本书，恣其臆喙，真所谓言奸而辩，记丑而博者，其能免仲尼之诛乎？夫即刘引《纪年》卤莽不稽若此，则所谓《璅语》云云者，其足信哉？"[⑦]胡应麟认为王充《论衡》"世所共轻，而东汉晋唐之间特为贵重，蔡邕秘弗视人，葛洪赞弗容口"，而刘知幾"揄提班、马不遗余力而独尊信是书"，由此，胡应麟批判刘知幾"高其辩才，特其偏愎自是，放言不伦，稍不当心，上圣大贤咸在诃斥，至于《问孔》、《刺孟》等篇而辟邪之功不足以赎其横议之罪矣"[⑧]。胡应麟的确是以自己的价值标准评判刘知幾对前史之论析的，恰如王嘉川所言，"主要原因还是胡应麟自己的名教观念在起支配作用。随着专制集权的加强，名教观念对人们的束缚也越来越严，作为程朱理学信徒的胡应麟，自然对刘知幾非圣无礼的行为批评得更

---

① 胡应麟：《少室山房笔丛》卷三《经籍会通三》，上海书店出版社，2001年，第38页。按：胡应麟比较赞同郑樵的观点，即应该重视《艺文志》，认为"古今史籍，第详于纪传，而略于表志"，而刘知幾对《艺文志》持贬低态度，胡应麟指责刘知幾"岂知史学者哉？"(《少室山房集》卷一〇一《读隋书》)

② 胡应麟：《少室山房笔丛》卷四《经籍会通四》，上海书店出版社，2001年，第46页。

③ 胡应麟：《少室山房笔丛》卷一三《史书占毕一》，上海书店出版社，2001年，第133页。按：对于刘知幾文章与史识方面，胡应麟还论道"刘知幾之论史也，晰于史矣。吾于其论史而知其弗能史也，其文近浅猥而远驯雅，其识精琐屑而迷远大，其衷饶讦迫而乏端平。善乎，子京曰：'呵古则工而自为则拙也'"。(《少室山房笔丛》卷一三《史书占毕一》，上海书店出版社，2001年，第133页)

④ 按：胡应麟曾言："《史通》之所谓惑，若赤眉积甲，史氏弥文；文鸯飞瓦，委巷鄙说，皆非所惑者也。至《竹书》杀尹、汲冢放尧，则当惑而不惑。《史通》之所谓疑，若克明竣德，《帝典》所传；比屋可封，盛世之象，皆亡可疑者也。而《山海》诡词、《论衡》邪说，则当疑而弗疑。"(《少室山房笔丛》卷一三《史书占毕一》，上海书店出版社，2001年，第134页)

⑤ 胡应麟：《少室山房笔丛》卷一三《史书占毕一》，上海书店出版社，2001年，第134页。

⑥ 刘知幾著，浦起龙通释，王煦华整理：《史通通释》卷一三《外篇·疑古第三》，上海古籍出版社，2009年，第359页。

⑦ 胡应麟：《少室山房笔丛》卷一六《史书占毕四》，上海书店出版社，2001年，第160页。按：对于此点，胡应麟又称"刘知幾《史通》称舜囚尧、禹放舜、启诛益、太甲杀伊尹、文王杀季历、成汤伪让、仲尼饰智矜愚，斯数言者战国有之，然识者亡弗谓虚也，胡子玄骤以为实也？至谓舜、禹、汤、文同于操、懿、裕、衍，而《尚书》、《春秋》之妄过于沈约、王沈，斯名教之首诛矣"(《少室山房笔丛》卷一三《史书占毕一》，上海书店出版社，2001年，第133页)；"刘子玄辈不能详察，遽从而效之以讥诋圣人，至尧、舜、禹、汤咸弗能免，犹李斯之学荀况矣"(《少室山房笔丛》卷二八《九流绪论中》，上海书店出版社，2001年，第276页)。

⑧ 胡应麟：《少室山房笔丛》卷二八《九流绪论中》，上海书店出版社，2001年，第275页。

加厉害”[①]。

除杨慎、于慎行、焦竑、胡应麟外，明代学者对刘知幾及其《史通》亦多有论述，如陈子龙称“刘知幾作《史通》，以驳诸史，马班而下皆无完人，即使自己操笔，徒自缚耳”[②]。何乔新和郑鄤则分别从刘知幾评史之优劣方面，提出了自己的看法。何乔新称：“刘子玄著《史通》四十一篇，以商论前史之得失，自迁固而下皆讥焉。然观其书，可予者十有三四，可贬者十有五六。其讥前人之失，谓司马体失录烦，谓班固谙练该密，谓项羽不当为本纪，谓陈涉不当为世家，其论确矣。至自述作史之法，乃欲撰《都邑志》于《舆服》之上，撰《方物志》于《食货》之首，增《氏族志》于《百官》之下，增《方言志》于《艺文》之外，不亦赘乎。其言曰作史有三长，才也学也识也。《史通》一书贯穿古今，不可谓无学矣。三为史官，再入东观，不可谓无才矣。疑古惑今之类，得非识有所不足耶，有志于汗青者，宜戒焉。”[③]何乔新认为刘知幾论之当者十有三四，可贬者十有五六，其失在于缺乏史识，此点和胡应麟见解一致[④]。明末东林才子郑鄤称“刘子玄博综古今，推究体要，从来评史独推是编。然而所重在于皮毛，所忽在于心眼，辄以晚近之逆图，参比圣贤之遗踪，岂其稽古之力，是为非圣之书。即如此二篇宜已经百炼，乃李陵传无寄苏武之书，《史记》岂甘受诋。《山海经》有神帝江之号，首录何以蒙冤，其他踳乖尤难悉数。总不离乎凡近安所贵，夫阙疑将无天固限之，徒为人所笑耳。后生有知，慎无惑其覆辙九原，可作窃愿比于他山。”[⑤]郑鄤高度赞扬刘知幾《史通》评史之功，甚者称“从来评史独推是编”，但同时又指出由于刘知幾之苛求前人，导致“徒为人所笑耳”。

三　郭孔延对刘知幾及其《史通》的批评

郭孔延，字延年，撰有《史通评释》二十卷[⑥]。郭孔延在《史通评释序》中言张鼎思根据陆深校定的《史通》，再次刊刻《史通》，其中增加七百三十余字，删去六十余字。郭孔延依据张鼎思所刻《史通》，又参照家藏蜀本、吴本《史通》，“细为校定”，“循环校阅，再加芟正”，“间以己意为之评论，虽未必合作者之意，只承严命，终陆、张二先生

① 王嘉川：《胡应麟论刘知幾》，《史学月刊》2006年第4期。

② 陈子龙撰，孙启治校点：《安雅堂稿》卷三《六子诗稿序》，辽宁教育出版社，2003年，第39页。按：王志坚《史通载文篇》亦言“《史通》一书持论多有不当处，谓孔子称昭公为爱憎由己，称颜子为不能忘私，谓子长当为皋陶、伊尹、傅说、仲山甫立传，谓萧何不当称韩信为贤，此等皆可发笑。至其摘抉瑕疵令人无可置辩，真史家之争臣也”（《四六法海》卷一〇《史通载文篇》，清文渊阁《四库全书》补配清文津阁《四库全书》本）。

③ 何乔新：《椒邱文集》卷二《策府十科摘要·诸史》，文渊阁《四库全书》，第1249册，上海古籍出版社影印本，1987年，第25页。

④ 按：也许何乔新受刘知幾的影响，在其文集中专门有《史科》涉及《汉唐书列传》《诸史》《史记》三篇。

⑤ 郑鄤：《峚阳草堂诗文集》卷九《题史通》，《四库禁毁书丛刊·集部》，第126册，北京出版社，2000年，第404页。

⑥ 按：目前傅范维《明代〈史通〉学研究——以陆深、李维桢与郭孔延父子为中心》（硕士学位论文，台湾佛光大学，2009年）主要从版本学的角度对《史通评释》予以探讨。王嘉川《清前〈史通〉学研究》（社会科学文献出版社，2013年，第283-289页），又见其所撰《郭孔延〈史通评释〉编纂考》（《扬州大学学报》2007年第1期）论述了郭孔延如何撰写《史通评释》。另外，《清前〈史通〉学研究》之“郭孔延《史通评释》的内容及其学术成就”则分门别类地分析了《史通评释》的相关内容及其成就（社会科学文献出版社，2013年，第316-384页）。因研究角度所致，王嘉川未能专门系统论述郭孔延对《史通》的批评。刘海波、谢贵安《郭孔延〈史通评释〉探析》（《理论学刊》2013年第9期）论述了郭孔延编纂《史通评释》的过程、义理史学思想、史学编纂议题的探讨及《史通评释》的影响。

功耳”[①]。“约而言之，考究精核，义例严整，文词简古，议论慷慨，《史通》之长也；薄尧禹而贷操、丕，惑《春秋》信《汲冢》，诃马迁而没其长，爱王劭而忘其佞，高自标榜，前无贤哲，《史通》之短也。”“然则徐坚所云当置座右者，以义例言，良非虚誉。而宋祁所云工诃古人者，以夸诩言，亦非诬善矣。”[②]郭孔延指出其校订、评释《史通》的情况，并从宏观上指出《史通》之优劣处。

陆深《史通会要》以自己的想法对《史通》予以重新摘录、编排，王惟俭《史通训故》以注释为主，而郭孔延《史通评释》则针对《史通》的相关篇章以“评曰”或“按语”的形式逐一评论。清代黄叔琳《史通训故补·例言》中言郭孔延《史通评释》“援引踳驳，枝蔓无益，又疏于考订，每多纰缪”[③]；李慈铭称郭孔延所附诸评，“亦多佳者”[④]；王嘉川认为“郭孔延出版《史通评释》，对《史通》逐篇注释和评论，其中也有很多具有理论意义的史学评论，可惜他的评论囿于逐篇评论的评点模式，主题分散，文字不长，因而虽然有一些评论很有深度，但未能充分展开论述，结果只能是一鳞半爪、零散孤立，对每个问题的讨论都不系统”[⑤]；刘海波称《史通评释》“不惟内容详赡，而且体例严谨，在《史通》研究史上具有典范作用”[⑥]。实际上，郭孔延对《史通》不仅在版本的校勘方面颇下功夫，且对学界有关《史通》的评点也比较熟识，在《史通评释》正文前面，郭孔延征引有晁公武《晁氏史通评》、王应麟《玉海序史通》、杨慎《史通评》、于慎行《史通举正论》、张之象《史通序》等文。笔者认为生活于明代晚期的郭孔延，经受过明代学术评点之风的洗礼，在对《史通》的评点方面必然受社会风气的熏染，诸如其对《史通》每个篇章在对应部分逐一评析，这种评点的方式在万历初年凌稚隆《史记评林》与《汉书评林》中便有明显体现[⑦]，可谓评点学的一种体例，亦可谓是史学批评的一种表现。郭孔延主要针对某一主题、史实记载、论史态度等直接展开批判，虽然未能如焦竑、于慎行般提纲挈领地批评《史通》，但如果我们系统梳理这些散见于各个篇章的残金碎玉，亦可以了解郭孔延批评《史通》的特点，为进一步发窥明代的《史通》批评成就提供一定的参考。

（一）多角度批判刘知幾所论之误

郭孔延在《史通通释》中对刘知幾论史错误的批评，有的是直言其论史错误，有的是批评刘知幾论史考虑不周，有的是批评其记载错谬等。[⑧]总体而言，郭孔延批评刘知幾史论之误，主要涉及刘知幾论史态度与论史内容两个方面。

首先，在论史态度上，批评刘知幾论史过于严苛。

一般诟病刘知幾论史者，多会指出其论史过于挑剔。刘知幾论史之挑剔与其论史的

---

① 按：郭孔延在《评释凡例》中亦言：“评有总评有细评，总评列于前，细评列于事之后。”（《史通评释》，上海古籍出版社，2006年，第8页）

② 郭孔延：《史通评释序》，上海古籍出版社，2006年，第1页。

③ 刘海波、谢贵安：《郭孔延〈史通评释〉探析》，《理论学刊》2013年第9期。

④ 刘知幾著，刘占召注：《史通评注》，中央编译出版社，2010年，第475页。

⑤ 王嘉川：《清前〈史通〉学研究》，社会科学文献出版社，2013年，第451-452页。

⑥ 刘海波、谢贵安：《郭孔延〈史通评释〉探析》，《理论学刊》2013年第9期。

⑦ 参见拙文《凌稚隆〈史记评林〉探析》（《古籍整理研究学刊》2009年第4期）、《〈汉书评林〉探微》（《史学史研究》2011年第3期）。

⑧ 参见文后附表“郭孔延《史通评释》批评刘知幾的语词汇集”。

态度有一定关系，刘知幾在论述繁简、叙事、史书体例等方面多带有自己的价值偏见。郭孔延认为刘知幾“意主简笔大洁，故文稍美丽者，悉皆厌薄，此其偏见也。”[①]对于刘知幾《史通·疑古》篇中成汤放桀于南巢之事，郭孔延指出“成汤放桀于南巢，惟有惭德。曰予恐来世以台为口实。盖惭其德之不如尧舜禹，以得罪于来世圣贤之心也。子玄乃谓欲比迹尧舜，袭其高名，逆人未形之恶，加人乌有之罪，刻矣。不信仲虺之诰，而信殷祝之篇，好奇之偏，一至于此”[②]。同样，对于刘知幾所论《人形志》，郭孔延论曰：“至于《人形志》活似人相篇，此何与于治乱而谓急于天文乎，则子玄好奇之过也。”[③]郭孔延认为所论刘知幾之偏见、好奇，也许是其“眼空千载，前妄古人矣”的原因之一。[④]郭孔延进而指出刘知幾对司马迁叙述李陵之祸的评论，“责之太苛”[⑤]，对《幽通赋》的批评“几于深文”[⑥]。对于刘知幾所言“至于近代则不然，其有雕虫小技，短才小说或为集不过数卷”之说，郭孔延评曰：“梁元、姚察、刘芳各著书百卷，而诬以集不过数卷，阴铿祖鸿勋集虽不多，文名当代，而彼以短才小说，亦苛矣。夫人之文，岂必如《史记》、《太玄》而后可传耶？”[⑦]

其次，在论史内容方面，批评刘知幾观点之误。

郭孔延针对《史通》中所言之误，逐一予以辨析，如《史通》卷三《书志第八》，刘知幾言“若乃体分蒙澒，色着青苍，丹曦素魄之躔次，黄道紫宫之分野，既不预于人事，辄编之于策书”。郭孔延对此论曰：

> 古今一天，郡国代更，唐之郡国，非汉之郡国，则唐之分野非汉之分野，不一明著，岂无讹谬。考汉《天文志》，阴阳之精，其本在地，上发于天，政失于此，则变见于彼，此言人事之天象也。唐《天文志》，李淳风因《汉书》十二次度，数以唐州县配。《通典》亦云下分区域，上配星躔。此言分野之与人事也。子玄乃谓分野不预人事。愚不知其说。若谓丹曦素魄，黄道紫官，亘古如斯，不必复志。则志传所载有赤乌夹日，白虹贯日矣；有月晕黑气乍合，乍散矣；有红气垂带，白气如环矣；有失中道而东，失中道而西矣；有客星历阁道入紫宫西垣矣。诸如此类岂可无志。[⑧]

按：刘知幾言分野不关人事，郭孔延从历代郡国之变迁出发，征引相关《天文志》及《通典》批驳刘知幾所论之误，进而指出应该对相关天文现象予以记载。另外，刘知幾曾言应该废除《天文志》《艺文志》[⑨]，郭孔延言“易称悉备云有天道，杞宋无征，由文不足。子玄欲除二志，吾未见其可也。马氏《文献通考》于二志尤详。第汉人之籍入

---

① 郭孔延：《史通评释》卷一七《杂说·宋略》，上海古籍出版社，2006年，第205页。

② 郭孔延：《史通评释》卷一三《疑古》，上海古籍出版社，2006年，第169页。

③ 郭孔延：《史通评释》卷三《表历》，上海古籍出版社，2006年，第38页。

④ 郭孔延：《史通评释》卷一《六家》，上海古籍出版社，2006年，第11页。

⑤ 郭孔延：《史通评释》卷一六《杂说·史记八条》，上海古籍出版社，2006年，第195页。

⑥ 郭孔延：《史通评释》卷一六《杂说·诸汉史十条》，上海古籍出版社，2006年，第200页。

⑦ 郭孔延：《史通评释》卷一八《杂说十条》，上海古籍出版社，2006年，第220页。

⑧ 郭孔延：《史通评释》卷三《表历》，上海古籍出版社，2006年，第32页。

⑨ 刘知幾著，浦起龙释，王煦华整理：《史通通释》卷三《书志第八》，上海古籍出版社，2009年，第53-57页。又《史通通释》卷三《书志第八》言“唯艺文一体，古今是同，详求厥义，未见其可。愚谓凡撰志者，宜除此篇”(第56页)；《史通通释》卷九《核才》言“班氏《天文志》。夫天文之于汉史，实附赘之尤甚者也。必欲申以掎摭，但当锄而去之”(第231页)。

于《隋志》，唐人之书著于《宋纪》则芜矣”[①]。蔡邕曾上书建议应该继承班固《天文志》的做法，刘知幾称“伯喈于朔方上书，谓宜广班氏《天文志》。夫天文之于汉史，实附赘之尤甚者也。必欲申以掎摭，但当锄而去之，安可仍其过失，而益其芜累？亦奚异观河倾之患，而不遏以堤防，方欲疏而导之，用速怀襄之害。述史如此，将非练达者欤？”[②]郭孔延指出“伯喈旷世逸才，多识汉事，若使续成后史，当不在蔚宗下。其所作《灵纪》、十志及补传四十二篇，因李傕之乱，湮没不存。而子玄乃以不练达，彼之岂以广天文志为附赘耶？则人形志又赘之赘者，子玄不自知也。”[③]

另外，《史通》卷十三《疑古》言：“《汲冢书》云舜放尧于平阳，益为启所诛。又曰太甲杀伊尹，文王杀季历，凡此数事，语异正经，其书近出，世人多不知信也。按舜之放尧，文之杀季，无事别说足验其情，已于此篇前后言之详矣。夫惟益与伊尹受戮，并于正书，犹无其证，推而论之，如启之诛益，仍可核也，何者？舜废尧而立丹朱，禹黜舜而立商均益，手握机权，势同舜禹，而欲因循故事，坐膺天禄，其事不成，自贻伊咎。”对于此论，郭孔延驳之曰：“《史通》既以舜之放尧无别说，足验。又云舜废尧立丹朱，何自矛盾也。桓玄迁帝寻阳，改元大亨，益曾迁启邪？奈何以玄拟益也。孟子曰益相禹浅施泽未久，而启贤承禹，民自归夏。子玄奉汲冢如蓍祭，眇孟书如弁髦，妄矣。”[④]

（二）以正统观点批评《史通》

郭孔延评史，义理史学的意味较浓。[⑤]他非常赞同朱熹《资治通鉴纲目》所论[⑥]，如其评《史通·题目》时言：“史之题目当以编年为正，一年之内，主臣、华夷诸事毕载，何其简且晰也。《春秋》、《孔经》、《左传》为上，其次朱子《纲目》，纲法经，目法传。又其次司马文正《资治通鉴》，皆题目之正者。编年之体坏于子长，自兹以后滥觞逾甚，昔人谓之整齐故事，良有以也”，“即欲如《史记》体，当以《新唐书》为正”。[⑦]此段话体现了郭孔延批评的价值标准在于以正统史观为准。郭孔延在对《史通》批评的实践中，的确是以尧、舜、禹、文王、武王等先贤事迹为标杆，以《春秋》《尚书》《论语》《孟子》等著述论点为宗旨的，若刘知幾对这些有贬低意味的言辞出现时，郭孔延都会据理力争，逐条批驳。因此，郭孔延对《史通·疑古》《史通·惑经》批判较多，甚至称刘知幾“惑经尤属谬戾”[⑧]。

---

① 郭孔延：《史通评释》卷三《表历》，上海古籍出版社，2006年，第33页。

② 刘知幾著，浦起龙释，王煦华整理：《史通通释》卷九《核才》，上海古籍出版社，2009年，第231页。

③ 郭孔延：《史通评释》卷九《核才》，上海古籍出版社，2006年，第115页。按：刘知幾《史通通释》卷三曾言“既天文有志，何不为人形志乎？”(第66页)

④ 郭孔延：《史通评释》卷一三《疑古》，上海古籍出版社，2006年，第168页。

⑤ 按：刘海波、谢贵安《郭孔延〈史通评释〉探析》中分析郭孔延的“义理史学”思想表现在“注重褒贬，推崇《纲目》”、“重视探讨正统论”及“重视史论，以严格的伦理标准衡量历史人物”(《理论学刊》2013年第9期)。此文对郭孔延义理史学思想的论析颇有道理。

⑥ 按：郭孔延在《史通评释》中多次言及朱熹《资治通鉴纲目》，“《春秋》惟褒贬严也，故乱贼惧。司马迁《史记·帝纪》似法《春秋》，而亡褒贬；《朱子纲目》法《春秋》而有褒贬，而惜子玄未之见也”(卷一《六家》，第13页)；“蜀本承统，而抑为家，《通史》、《史通》、《通鉴》俱属未通，《纲目》帝蜀，其名始正”(卷二《世家》，第26页)；“君子而史也，是谓无暇之口，鉴空衡平，毕照忠佞……左、马而下，若温公之《通鉴》，朱子之《纲目》，其庶几君子矣”(卷一八《杂说十条》，第219页)。

⑦ 郭孔延：《史通评释》卷四《题目》，上海古籍出版社，2006年，第46页。

⑧ 郭孔延：《史通评释》卷一四《惑经》，上海古籍出版社，2006年，第179页。

刘知幾《史通·疑古》中对《尚书》《论语》《孟子》多有批评，针对刘知幾所论，郭孔延评之曰：

> 汉景、魏文并论已是不伦，而并丕于孟，共目为曩贤……况汤有惭德，武未尽善。夫子之立论婉而章，而子玄以为芟夷不存。《春秋》、《论语》为尊亲讳，夫子之著书曲而中，而子玄以为饰智，惊愚妄矣，何者？殷，吾祖也；周，吾君也。而鲁，父母之邦也。子玄上鄙武、韦，目为母娼，下鄙士大夫，不长载削，而何足以知此义乎，其不及于祸，幸也。①
>
> 《史通》轻《尚书》、《孟子》而独信《史记》，至诬尧时善恶无分，贤愚共贯，妄矣。②
>
> 子玄轻孟信迁，必以陟方为苍梧之野，以南巡为文命之志，不独诬舜，且以诬禹。③
>
> 弃洙泗之删书，信汲冢之琐语，是蝉翼为重，千镒为轻。由叔季之奸雄，方帝王之禅授，是以小人心度君子腹。子玄之失奚止后六经进奸雄已哉。④
>
> 《论语》称至德者二，文王至德，以服事殷也；泰伯至德，非以天下让季历也，示终其身臣殷也，犹文王意也。阳以遵父之命，阴以成己志，孝之大，忠之极。故曰至德。而非子玄所能与知也。⑤
>
> 《管晏列传》不取本书，太史公之略也。至撰《孔子世家》不采《论语》，则安所采。谓《论语》可除，则《孔子世家》亦可除矣。矢口轻诋，几于侮圣。⑥

按：当刘知幾把孟子与曹丕并称，信《史记》而轻《尚书》《论语》《孟子》时，郭孔延便批评刘知幾为“诬”、为“妄”、为无知，甚至称其“矢口轻诋，几于侮圣”。

《孟子》卷六《滕文公章句下》言“孔子成《春秋》，而乱臣贼子惧。”《春秋》所载成为理学家评判历史事件、人物的标准，被传统史家奉为经典。郭孔延更是《春秋》学问的维护者，当《史通》中出现与《春秋》不和谐的声音时，郭孔延便不遗余力地予以批驳。

《史通》卷十四《惑经》载“按晋自鲁闵公已前未通于上国，至僖二年灭下阳已降，渐见于《春秋》。盖始命行人自达于鲁也。而《琐语晋春秋》载鲁国闵公时事言之甚详，斯则闻事必书，无假相赴者也。盖当时国史它皆仿此，至于夫子所修也则不然。凡书异国皆取来告苟，有所告虽小必书，如无其告虽大亦阙……夫子既撰不刊之书为后王之则，岂可仍其过失而不中规矩乎？”对于刘知幾所言《琐语晋春秋》所载事要详于孔子所修之《春秋》，郭孔延评曰：“《琐语春秋》，即晋《汲冢》、《竹书》中所称《琐语》十一篇也。晋史言鲁国甚详，岂有鲁史不能纪晋事乎？第经孔子笔削，或书或否，自有深意存焉。据子玄之驳，是谓晋《琐语》贤于孔子《春秋》，妄亦甚矣。问孔之取不亦宜乎？”⑦《史通》卷十四《惑经》言“《春秋》之文虽有成例，或事同书异，理殊书一”，然后征引司

---

① 郭孔延：《史通评释》卷一三《疑古》，上海古籍出版社，2006年，第165页。
② 郭孔延：《史通评释》卷一三《疑古》，上海古籍出版社，2006年，第166页。
③ 郭孔延：《史通评释》卷一三《疑古》，上海古籍出版社，2006年，第168页。
④ 郭孔延：《史通评释》卷一三《疑古》，上海古籍出版社，2006年，第167页。
⑤ 郭孔延：《史通评释》卷一三《疑古》，上海古籍出版社，2006年，第170页。
⑥ 郭孔延：《史通评释》卷一六《杂说·史记八条》，上海古籍出版社，2006年，第195页。
⑦ 郭孔延：《史通评释》卷一四《惑经》，上海古籍出版社，2006年，第176页。

马迁、孔子之言，最后归结《春秋》之“虚美”。对刘知幾此论，郭孔延称“故谓子玄精于史则可，精于《春秋》则不可”①。

(三) 赞同刘知幾之论

郭孔延在《史通评释序》中言“考究精核，义例严整，文词简古，议论慷慨，《史通》之长也”②。在《史通通释》中，郭孔延对自己认为刘知幾所论正确的，亦是不吝赞誉，直陈自己的观点，如其所言“子玄之论，正矣”③；“子玄之驳，是矣”④；“子玄驳之，是矣”⑤；“子玄驳之，诚是”⑥；“子玄驳之，良是”⑦；“子玄此驳，大是”⑧。寥寥数字，言简意赅，精简的评语之下，尽显郭孔延对刘知幾的褒扬之意。

对于刘知幾读史之认真，评史之精当，郭孔延论之较多。对于刘知幾批判《史记》《汉书》《三国志》编次之失当，郭孔延称“子玄之读史精矣”⑨。刘知幾对《汉书·公孙弘传》的评判，郭孔延认为“《史通》驳之甚是，而其读史亦精矣”⑩。对刘知幾《史通·浮词》所论，郭孔延评曰：“故作史者当以子玄为准”⑪；刘知幾《史通·惑经》言“盖左氏之义有三长，而二传之义有五短”的论述，郭孔延称“子玄叙左之长，揭公谷之短如分苍素矣。至于《春秋》之幽得传而显，则上之抒仲尼之委婉者，左也。《史记》、《新序》之缪得传而证，则下之开万古之瞽聋者，左也。而非子玄之精炼，亦无以析其义而彰其功。昔人谓杜元凯为左氏忠臣，子玄申左之功不在杜下”⑫。

郭孔延不仅针对《史通》中相关论点予以赞誉，对《史通》中的相关篇章亦非常看好⑬。对《史通·品藻》篇，郭孔延称“《史通》此篇大是确论，而拟议如斯，信品藻为难”⑭；对《史通·模拟》篇，郭孔延指出“模拟一篇，考究精详，议论确当”⑮。

(四) 从论史之优劣两方面评析刘知幾之论

郭孔延对《史通》的批评并非专指其瑕或专褒其美，如其《史通评释序》所言，既明晓《史通》之长，又知《史通》之短，即辩证地判析《史通》所载。如郭孔延称“《史通》以桓文作霸为事，以缪公诫誓为言，则不易之论也。另立制册章表书为目甚新，为体亦异。第云以类区别，又似一部类书文选，不似史体。故数千年来无遵此目，不若仍

① 郭孔延：《史通评释》卷一四《惑经》，上海古籍出版社，2006年，第178页。

② 郭孔延：《史通评释序》，上海古籍出版社，2006年，第1页。

③ 郭孔延：《史通评释》卷一六《杂说·史记八条》，上海古籍出版社，2006年，第197页。

④ 郭孔延：《史通评释》卷一八《杂史·诸史六条》，上海古籍出版社，2006年，第213页。

⑤ 郭孔延：《史通评释》卷一九《汉书五行志》，上海古籍出版社，2006年，第229页。

⑥ 郭孔延：《史通评释》卷七《探绩》，上海古籍出版社，2006年，第99页。

⑦ 郭孔延：《史通评释》卷七《鉴识》，上海古籍出版社，2006年，第96页。

⑧ 郭孔延：《史通评释》卷一九《汉书五行志》，上海古籍出版社，2006年，第223页。

⑨ 郭孔延：《史通评释》卷四《编次》，上海古籍出版社，2006年，第52页。

⑩ 郭孔延：《史通评释》卷一八《杂史·诸史六条》，上海古籍出版社，2006年，第212页。

⑪ 郭孔延：《史通评释》卷六《浮词》，上海古籍出版社，2006年，第78页。

⑫ 郭孔延：《史通评释》卷一四《惑经》，上海古籍出版社，2006年，第183页。

⑬ 按：郭孔延对《史通》的分析比较注重从宏观方面把握相关篇章的主旨，如《史通评释》卷五《采撰》言“采撰当博，踳驳当择，是此篇大旨，故自丘明、孟坚而下，子玄无取焉”(第56页)。

⑭ 郭孔延：《史通评释》卷七《品藻》，上海古籍出版社，2006年，第88页。

⑮ 郭孔延：《史通评释》卷八《模拟》，上海古籍出版社，2006年，第103页。

旧王言入纪，臣言入传，三章之约，载之《高纪》。反骚之文编之《雄传》，更为安焉。”[①]刘知幾认为项羽不当列入本纪、陈胜不应称世家，郭孔延称其为“确论”，同时，指出“惟益本汉主而訾为伪，蜀本承统，而抑为家，《通史》、《史通》、《通鉴》俱属未通，《纲目》帝蜀，其名始正，羽胜即不得为世家，不曰秦民汤武乎，概目为盗，子玄过矣”[②]。对于《史通》中关于本纪、世家、列传的论述，郭孔延指出“子玄分别纪传，如辨皂素，别渑淄，作史之楷模也。……子玄本纪、世家、列传三篇尤羽黜胜，皆本彪贤，然不序及二子，猥以己意排击，贪天之功，掠人之美”[③]。

另外，有关《汉书·五行志》中哀公十三年冬十一月有星孛于东方，董仲舒、刘向以为“周之十一月夏九月日在氐出东方者轸角亢也，或曰角亢大国之象为齐晋也”。刘知幾对此予以批驳，称“汉代学者只读二传不观左氏，故事有不周，言多脱略。且春秋之后，战国之时，史官阙书，年祀难记，而学者遂疑篡齐分晋时，与鲁史相邻，故轻引灾祥，用相符会，白圭之玷，何其甚欤！”[④]郭孔延经过例证，指出“师古注已明驳其非，又何必于子玄之疑乎？子玄驳班之谬是，而掠师古之美非”[⑤]。

郭孔延对《史通》的评点，并非四库馆臣批评明人论说时所言，多为漫无义例、肆意抨击之流。郭孔延在评注中征引有刘勰《文心雕龙》，苏轼《东坡志林》，颜师古的注释，杨慎、陈霆、陆深等人的观点，他对《史通》的批评是建立在熟悉各种《史通》刊本的基础上，诸如陆深、张之象、张鼎思刊本，然后予以评析，卷五新增《因习》《补注》两篇，言其校书之难[⑥]。郭孔延在对《史通》评点时，遇到自己无法确定的问题时，常常以存疑的形式予以揭示，诸如“岂子玄别有所据邪”[⑦]“皆有关史事，而《史通》未详载，当别有所考”[⑧]“或另有据”[⑨]。但郭孔延在评点《史通》有些内容时，过多地把自己的义理史学价值观渗透其中，其论说自然不免有牵强之处，这也许是理想中的每位史家皆欲摆脱自我去论史，而实际中还是或多或少会带着自己的标签去评点的真实写照。整体而言，郭孔延对《史通》的评点仍有很多可取之处。诚如王嘉川所言：“虽其观点有不可取甚至错误之处，但正确者、有创见者、对后世史学发展有很大启发者更多。而其书本身在《史通》流传和研究史上也有着开创意义，是第一部对《史通》进行全书注释和评论的著作，这既为后人阅读和研究《史通》提供了极大便利，也对后人全面认识、解读、评价和研究《史通》的史学理论，有着重要的参考价值。”[⑩]

结　语

明代中叶以后，随着学术评点之风的兴盛，以批评他人著述见长的刘知幾，因其见

---

① 郭孔延：《史通评释》卷二《载言》，上海古籍出版社，2006年，第23-24页。
② 郭孔延：《史通评释》卷二《世家》，上海古籍出版社，2006年，第26页。
③ 郭孔延：《史通评释》卷二《列传》，上海古籍出版社，2006年，第27页。
④ 刘知幾：《史通》卷一九《五行志杂驳第十一》，上海古籍出版社，2009年。
⑤ 郭孔延：《史通评释》卷一九《汉书五行志》，上海古籍出版社，2006年，第233页。
⑥ 郭孔延：《史通评释》卷五《因习》，上海古籍出版社，2006年，第71页。
⑦ 郭孔延：《史通评释》卷一二《古今正史》，上海古籍出版社，2006年，第150页。
⑧ 郭孔延：《史通评释》卷一二《后魏书》，上海古籍出版社，2006年，第156页。
⑨ 郭孔延：《史通评释》卷一八《杂说·别传》，上海古籍出版社，2006年，第215页。
⑩ 王嘉川：《清前〈史通〉学研究》，社会科学文献出版社，2013年，第526页。

解独特，观点犀利，亦成为明代学人批评的对象。类似郭孔延《史通评释》逐篇对《史通》予以批判的著述较少，明代学者对《史通》的批评较少形成系统的专门论述，主要表现在一些专门论文或相关序跋中。明代学者对《史通》的批评，可谓是其众多批评对象中的一个，通过研读形成批判，同时，通过批判亦能加深认识，更好地推动相关的研究。在研究、批评《史通》的过程中，明代学者逐渐以《史通》中所载论点，对相关史书展开批评，譬如关照史书编纂、史书体例、史书叙事、史文繁简、史家素养等①。《史通·杂说》中涉及对《史记》《汉书》等历代正史的批评，受其影响，明代中晚期出现一股评析历代正史的风气，如胡应麟《少室山房集》卷一〇一有《读后汉书》《读三国志》《读三国蜀志》《读晋书》《读晋书司马宣王本纪》《读三国志裴注》《读宋书》《读北齐后周书》《读魏书》《读隋书》《读南北史》《读新旧唐书》《读宋辽金三史及宋史新编》《读宋史李全传》等文；黄凤翔《田亭草》中有对历代正史的批评②；朱荃宰所著《文通》卷二《史系》亦对历代正史皆有批评。

附表　郭孔延《史通评释》批评刘知幾的语词汇集③

<table>
<tr><th>《史通评释》卷数</th><th>批评刘知幾的语词</th><th>备　注</th></tr>
<tr><td>卷一</td><td>子玄又谓君懋《隋书》似《孔氏家语》，《家语》亦《论语》之亚，何子玄轻以予劭也？(第 11 页)</td><td rowspan="9">按：郭孔延在《史通评释》中对刘知幾是以批判为主的，根据其所用语词可见，多是直接表达自己的好恶。有直接言刘知幾之误的，如“何子玄轻……”“则又过矣”“子玄过矣”“好奇之过”等；有鉴于刘知幾史才之叹息的，如“惜子玄……”“非子玄所能……”；有高度评价刘知幾之论的，如“子玄知言”“读史精矣”“良是”“诚是”等。</td></tr>
<tr><td>卷一</td><td>疑孔子而信汲冢，孔子恶佞，子玄好劭，此二者，《史通》之病根，故首为之论著焉。(第 12 页)</td></tr>
<tr><td>卷一</td><td>惜子玄未之见也。(第 13 页)</td></tr>
<tr><td>卷一</td><td>子玄知言哉。(第 17 页)</td></tr>
<tr><td>卷一</td><td>延寿修史显庆，子玄著书景龙，相去甚近，岂其未见，特未加标驳耳。(第 19 页)</td></tr>
<tr><td>卷二</td><td>但《史通》以桓文作霸为事，以缪公诫誓为言，则不易之论也。(第 23 页)</td></tr>
<tr><td>卷二</td><td>太史公立纪诫过，而子玄抑同群盗，则又过矣。(第 24 页)</td></tr>
<tr><td>卷二</td><td>羽胜即不得为世家，不曰秦民汤武乎，概目为盗，子玄过矣。(第 26 页)</td></tr>
<tr><td>卷二</td><td>子玄分别纪传，如辨皂素，别渑淄，作史之楷模也。……子玄本纪、世家、列传三篇尤羽黜胜，皆本彪贤，然不序及二子，猥以己意排击，贪天之功，掠人之美。(第 27 页)</td></tr>
</table>

① 按：杨艳秋论及《史通》在明代的影响时指出何良俊、詹景凤、袁黄、胡应麟及朱明镐的著述中，都有模仿《史通》风格撰写相关评史的文章(《明代史学探研》，人民出版社，2005 年，第 99 页)。

② 笔者另有拙文《瑕瑜不掩，纵评众史：黄凤翔史学批评研究》，见《2017 年史学理论与史学史学术研讨会论文集》(上册)，北京师范大学，第 505-527 页。

③ 按：此表据郭孔延《史通评释》(上海古籍出版社，2006 年)整理所得。

续表

《史通评释》卷数	批评刘知幾的语词	备　注
卷三	子玄欲除二志，吾未见其可也。(第 33 页)	
卷三	若旅獒宛马，前史以为戒，未可夸示后世，至于人形志活似人相篇，此何与于治乱而谓急于天文乎，则子玄好奇之过也。(第 38 页)	
卷四	子玄之读史精矣。(第 52 页)	
卷五	子玄拘邑里之例，失豺獭之义，过矣。(第 68 页)	
卷五	子玄失言矣。(第 74 页)	
卷六	作史者当以子玄为准。(第 78 页)	
卷六	特子玄未之见耳。(第 85 页)	
卷七	子玄驳之，良是。(第 96 页)	
卷七	此说子玄当另有据。(第 99 页)	
卷七	李德林论陈寿党蜀抑魏，子玄驳之，诚是。(第 99 页)	
卷八	模拟一篇，考究精详，议论确当。(第 103 页)	
卷八	子玄责之当矣。(第 111 页)	
卷九	则人形志又赘之赘者，子玄不自知也。(第 115 页)	
卷一二	岂子玄别有所据邪？(第 150 页)	
卷一二	皆有关史事，而《史通》未详载，当别有所考。(第 156 页)	
卷一三	何足以知此义乎？(第 165 页)	
卷一三	《史通》轻《尚书》、《孟子》而独信《史记》，至诬尧时善恶无分，贤愚共贯，妄矣。(第 166 页)	
卷一三	子玄之失奚止后六经进奸雄已哉。(第 167 页)	
卷一三	子玄奉汲冢如蓍祭，眇孟书如弁髦，妄矣。(第 168 页)	
卷一三	不信仲虺之诰，而信殷祝之篇，好奇之偏，一至于此。(第 169 页)	
卷一三	阳以遵父之命，阴以成己志，孝之大，忠之极。故曰至德。而非子玄所能与知也。(第 170 页)	
卷一四	《春秋》责备贤者，非楚国郑驷齐人比也。子玄安得以此例乎？(第 173 页)	
卷一四	子玄未之考耳。(第 176 页)	

续表

《史通评释》卷数	批评刘知幾的语词	备　注
卷一四	据子玄之驳，是谓晋《琐语》贤于孔子《春秋》，妄亦甚矣。(第 176 页)	
卷一四	故谓子玄精于史则可，精于《春秋》则不可。(第 178 页)	
卷一四	子玄惑经尤属谬戾。(第 179 页)	
卷一五	子玄勇攻古失，终年阁笔竟不成史，正恐后人复来点繁耳。(第 186 页)	
卷一六	子玄此驳，以辞害志。(第 193 页)	
卷一六	矢口轻诋，几于侮圣。(第 195 页)	
卷一六	太史公自叙李陵之祸甚晰，子玄责之太苛。(第 195 页)	
卷一六	不该不审，抑子玄自谓邪？(第 196 页)	
卷一六	子玄之论，正矣。(第 197 页)	
卷一六	福善祸淫之说亦不相悖，而子玄责之，几于深文(第 200 页)	
卷一七	世人贵耳贱目，是古非今，不谓子玄亦蹈此弊。(第 210 页)	
卷一八	《史通》驳之甚是，而其读史亦精矣。(第 212 页)	
卷一八	子玄之驳，是矣。(第 213 页)	
卷一九	子玄摘去籍谈归以语叔向七字，恰似叔向同籍谈使周，此子玄点烦之过也。(第 222 页)	
卷一九	子玄此驳，大是。(第 223 页)	
卷一九	近有窃人议论而不显人姓名者，其失又在孟坚下。(第 228 页)	
卷一九	按山崩二十九所不止七山，志亦无七国象之释，何子玄之厚诬孟坚也。(第 229 页)	
卷一九	子玄驳之，是矣。(第 229 页)	
卷一九	子玄驳班之谬是，而掠师古之美非。(第 233 页)	
卷二〇	未详全文，漫加抨击。(第 236 页)	

明王鸿儒《掾曹名臣录》的编纂特色与影响

华中科技大学 朱 治

摘要：明中期思想家王鸿儒编写《掾曹名臣录》一书，结集本朝掾吏晋升名臣的先进事迹，教育吏员志向圣贤。该书为古代胥吏教育的经典之作，具有一定的史料价值，并拓展了名臣传记书写的种类。其是明中期重视边缘群体教化之思想趋势的写照，对明清乃至近现代的吏治理论亦有深远影响。

关键词：王鸿儒；《掾曹名臣录》；胥吏教育；陈宏谋；《在官法戒录》

传记类史书《掾曹名臣录》一卷，由明中期河东理学的代表人物王鸿儒(1459—1519)编写。该书选取明初十三位掾吏传记结集而成，其在明代名臣传记传统中颇为独特，对后世的地方治理和吏员教育思想有深远影响。本文考察《掾曹名臣录》的作者、内容特色，并重点阐明该书的价值和影响。

《掾曹名臣录》一书的作者，清修《四库全书》等作明中期名臣王琼(1459—1532)撰。[①]《掾曹名臣录》书前正德九年(1514)自序署名为“王凝斋”，“凝斋”为官至南京户部尚书的王鸿儒(1459—1519)之别号，可证其误。序言称：

> 正德癸酉(八年)，予承乏南京户部侍郎抵任，未几，大司徒胡公(胡富)即有乞身之请，累月在告。予骤摄印章而治财赋，阴观诸司掾吏，有知琴书可教诲者，因录我朝名士出于掾曹至显官者数人为一卷以示，皆有勃然兴起之色，乃知人性果不相远，一脱故习，至君子不难矣。有教无类，不其然乎？[②]

王琼曾于正德初任户部侍郎，正德八年升户部尚书，这是《四库全书》误作其撰的可能原因。而王琼、王鸿儒二人实际颇有关联，值得申述。两人师承都出自河东之学，学问风格相近。王琼之父，学于薛瑄(1389—1464)之门，王琼“幼承家学，事践履实用，不饰枝言”[③]。王鸿儒从学段坚(1419—1484)，是河东学派第四代学者，为学特点以穷理致用、精思实践为宗。王琼、王鸿儒两人在政治上亦相互声援：武宗北巡，礼部议建储居守，王鸿儒支持王琼反对建储之议；平定宁王朱宸濠之乱，时任兵部尚书的王琼命王鸿儒督理军饷。[④]

《掾曹名臣录》的撰写缘起，是王鸿儒任职南京户部期间为教育吏员而作。掾曹为“府史胥徒，庶人之在官者也”[⑤]，其为数众多，职责重大，顾炎武称“是所谓百官者虚名，而柄国者吏胥而已”[⑥]。掾曹群体的整体质量，对地方治理和行政实践有直接影响。王鸿儒辑《掾曹名臣录》一书，旨在用本朝吏员晋升名臣的先例激励、劝勉掾吏，阐明其“有教无类”的吏治理念，遂成胥吏教育书籍的经典之作。王氏撰写此书，与其博古通今、取法经史的学问趋向有关，乃其致知实践之学的体现。

《掾曹名臣录》选取明初十三位人物传记，分别为刘敏、李友直、徐晞、杨时习、况钟、平思忠、胡鼎、王堂、曾仍、刘本道、王恺、单安仁、李质。书中传记的史源多不可考。书前先列十三位“掾曹名臣”的籍贯及日后官位，证实无论是出身南北，还是无名小吏皆可经由努力跻身名臣之列。所选人物生平际遇有别，然皆志向高远、勤恳务实。就所选人物而言，符合明初(尤其是洪武、永乐两朝)吏员选官途径畅通的政治背景。[⑦]

---

① 《掾曹名臣录》作者的考证，参单锦珩：《〈掾曹名臣录〉著者考》，《文献》1988年第4期，第280-281页。

② 王鸿儒：《掾曹名臣录》，《明代传记丛刊》，第60册，明文书局影印本，1991年，第31-32页。

③ 霍韬：《赠少保兼太子太保吏部尚书谥恭襄前少师王公神道碑铭》，《渭厓文集》卷六，广西师范大学出版社，2015年，第1303页。

④ 霍韬：《赠少保兼太子太保吏部尚书谥恭襄前少师王公神道碑铭》，《渭厓文集》卷六，广西师范大学出版社，2015年，第1306-1308页。

⑤ 马端临：《文献通考》卷三十五，文渊阁《四库全书》，第610册，上海古籍出版社影印本，1987年，第764页。

⑥ 顾炎武：《原抄本日知录》卷十一“吏胥”条，平平出版社，1975年，第238页。

⑦ 参王雪华：《明代吏员选官者的居官表现》，《东岳论丛》2010年第11期，第111-116页；王雪华：《明朝洪武时期胥吏任官状况论述》，《北京联合大学学报(人文社会科学版)》，第8卷第2期，2010年，第24-30页；孟甫：《明代胥吏的历史考察》，硕士学位论文，青海师范大学，2015年，第23-27页。

《掾曹名臣录》拓展了名臣传记书写的类别和内容。[①]历史上的名臣传，南宋有朱熹、李幼武《宋名臣言行录》，入明有杨廉《皇明理学名臣言行录》、徐咸《皇明近代名臣录》、徐紘《明名臣琬琰录》、郑晓《皇明名臣记》等多种。《掾曹名臣录》一书补充了由边缘小吏晋升名臣的传记系列。《掾曹名臣录》所选人物除况钟外，少见于《明史》等记载，因此该书兼具史料价值。明末清初潘柽章(1626—1663)编辑《松陵文献》时，就引《掾曹名臣录》中平思忠传记，以证他书之误。[②]

《掾曹名臣录》所见教育胥吏的理念在明中期思想史中颇具典型性。宋儒理学讲求“万物一体之仁”，明中期理学实践中更出现了重视边缘群体的教化，相信人人皆可通过教育成圣达贤的思想动向。[③]经世学者丘濬(1421—1495)即称：“秉彝好德之良心，人人所同有也。天地生人，初不以其人之所处而异其所禀。”[④]这尤其体现在《掾曹名臣录》中，王鸿儒秉持“有教无类”的教育理念，勉励诸掾吏自重自省，效法本朝可鉴的掾曹事迹。

《掾曹名臣录》对后世的吏治理论有重要影响。清中叶陈宏谋(1696—1771)著名的《五种遗规》之《在官法戒录》，即深受《掾曹名臣录》内容及旨意的启发。[⑤]《在官法戒录》一书分《法录》和《戒录》两类，顾名思义，“见善者而以为法，见不善而以为戒”。[⑥]《法录》取汉至清的廉吏传记，《戒录》则取汉至清的恶吏事迹。《在官法戒录・总论》几乎全部转引《掾曹名臣录》王鸿儒序言，其《法录》亦节选《掾曹名臣录》十三篇人物传记并逐段附以陈宏谋个人评论。[⑦]

具体而言，王鸿儒指出胥吏可经教育脱离旧习成为君子，陈宏谋对此甚为认可。《在官法戒录・总论》一节，陈宏谋引用王鸿儒《掾曹名臣录》自序之论说，并进而指明，胥吏虽易受日常习性的累积影响，却更具备受教育的基础，然而古今却鲜有对胥吏进行教育者，故其对王鸿儒撰作《掾曹名臣录》评价甚高。《法录》中，陈宏谋在评述胡鼎、曾仍这两位《掾曹名臣录》中的人物时，皆以圣贤期之，他称赞曾仍为“圣贤一路人”，“吾儒有弗及”。[⑧]

王鸿儒亦对官、吏之间的互动关系有所反思，他提出官员对待胥吏的态度是关键，如果官员以歧视、机诈的姿态与胥吏交往，会致使胥吏自暴自弃、心生苟且，反之亦然。陈宏谋详述王鸿儒本人经历为证，王鸿儒在府史时期就曾得益于知府段坚的悉心培养，“是其一生之学问渊源，功名际会，皆由史胥中阅历得来，故言之亲切而有味也”[⑨]；而王氏任官后又以培养、教化胥吏为任，撰写《掾曹名臣录》等书，故“凝斋之心，亦即段公(坚)之志耳”。[⑩]陈宏谋《法录》中进一步分析官、吏阶层的动态关系，“吏，畏官者

① 参杨艳秋：《明代史学探研》，人民出版社，2005 年，第 208-216 页；谢贵安：《中国史学史》，武汉大学出版社，2012 年，第 373-383 页。

② 潘柽章：《松陵文献》卷三，《续修四库全书・史部》，第 541 册，上海古籍出版社，1995 年。

③ 参吴兆丰：《“化宦”：明中期士大夫对宦官的新认知与行动》，《汉学研究》第 34 卷第 2 期，2016 年，第 37-69 页。

④ 丘濬：《世史正纲》卷九，《四库全书存目丛书・史部》，第 6 册，庄严文化事业有限公司，1996 年，第 269 页。

⑤ 对于陈宏谋的研究，参罗威廉著，陈乃宣等译：《救世——陈宏谋与十八世纪中国的精英意识》，中国人民大学出版社，2013 年。

⑥ 陈宏谋辑：《在官法戒》，《五种遗规》，线装书局，2015 年，第 438 页。

⑦ 陈宏谋辑：《在官法戒》，《五种遗规》，线装书局，2015 年，第 445-446、506-515 页。

⑧ 陈宏谋辑：《在官法戒》，《五种遗规》，线装书局，2015 年，第 515 页。

⑨ 陈宏谋辑：《在官法戒》，《五种遗规》，线装书局，2015 年，第 446 页。

⑩ 陈宏谋辑：《在官法戒》，《五种遗规》，线装书局，2015 年，第 446 页。

也。苟能正直无私，则官反畏吏。以是知公道在人，不以势位殊也”[①]。同时官、吏之间并非两途，刘本道、王鸿儒等人皆由小吏而位跻卿贰、名垂史册，而王鸿儒“志行卓卓，何尝以佣书稍为贬损哉”[②]。

王鸿儒认识到晋升途径受阻是胥吏贪腐之源，故其专选明初掾吏晋升成功的正面事迹，并在传记中突出传主的早年志向与德行风尚，激励众吏员向其学习，自重自期。陈宏谋《法录》全引《掾曹名臣录》中的传记，提揭这十三位胥吏的德行和才学乃是其跻身通显的原因。陈宏谋的胥吏教育思想亦有特点，他强调中国传统“报”的观念。[③]单安仁能以功名善终，“固由其忠谨所孚，亦向日洗冤泽物之报也”[④]。王堂虽然未及大用，仍以胥吏而终，“而后嗣贵显，名列清华，所谓不于其身，必于其子孙者耶”[⑤]。而在陈宏谋《戒录》中，“报”的理念则应用得更加广泛，他引祝期颠倒是非、诋毁正人，晚年则自刺其舌、血枯而死的事情，阐明“相报亦云巧矣，可畏哉”的道理[⑥]，令胥吏警戒；又引张瑞昌、曹璘等胥吏之失银事件，称“观此知取非其所有，殃祸立至也。前生所欠，丝毫必偿也。人间暧昧之事，官虽不知，神则鉴察也”，加入了神异色彩的报偿观念，劝诫胥吏“欺人之事弗为，而妄取之心可息矣”。[⑦]

总之，明中期河东理学代表人物王鸿儒编纂《掾曹名臣录》，贯彻“有教无类”的教化理念，期望胥吏群体以本朝“掾曹名臣”为楷模，从而臻于圣贤。王鸿儒的吏员教育思想，后经清中叶著名官员陈宏谋进一步阐发，在清代中国及近现代东亚社会传播、影响广泛。[⑧]

（本文为国家社科基金青年项目“《四书五经性理大全》与元明儒学传承研究”(13CZS016)阶段性成果。）

① 陈宏谋辑：《在官法戒》，《五种遗规》，线装书局，2015年，第514页。
② 陈宏谋辑：《在官法戒》，《五种遗规》，线装书局，2015年，第519页。
③ 参杨联陞：《中国文化中“报”、“保”、“包”之意义》，中华书局，2016年。
④ 陈宏谋辑：《在官法戒》，《五种遗规》，线装书局，2015年，第507页。
⑤ 陈宏谋辑：《在官法戒》，《五种遗规》，线装书局，2015年，第508页。
⑥ 陈宏谋辑：《在官法戒》，《五种遗规》，线装书局，2015年，第552页。
⑦ 陈宏谋辑：《在官法戒》，《五种遗规》，线装书局，2015年，第554页。
⑧ 陈宏谋辑：《五种遗规》卷首，“出版说明”，线装书局，2015年。

北京故宫博物院图书馆藏《中鉴录》的版本问题

武汉大学　吴兆丰

摘要： 明末心学家王畿撰作的《中鉴录》，是一部以宦官为题材和预设读者的教化类书籍。日本内阁文库与北京故宫博物院均藏有此书。故宫本与内阁文库本同版，然前者是直接在后者基础上涂抹剜删、剪接版页的『改装本』，而非『剜改后重印本』。故宫本将《中鉴录》作者信息、刊书跋文及明代宦官传记悉数剜除，并在书首、书末加盖仿造的宋徽宗收藏印『宣龢』印章，当非明人所为，盖是书商作伪，冒充宋本，以为射利之资。

关键词： 王畿；《中鉴录》；版本作伪

王畿(1498—1583)，字汝中，号龙溪，浙江山阴人，明代心学家王阳明(1472—1529)得意弟子。《中鉴录》是王畿根据明神宗(1563—1620，1572—1620年在位)幼年即位的政情背景而编纂的一部旨在感化宦官来作养君德的宦官教化书。是书以王阳明致良知之说为指导思想、以宦官为题材和预设读者，借对古今宦官传记选录、分类以及极具鲜明的评论，劝惩宦官去恶向善，使其自信于辅养圣德，进而补救政治。

日本学者荒木见悟在20世纪60年代简要介绍并概述日本内阁文库藏《中鉴录》的结构、内容和旨趣。[①]彭国翔始以《中鉴录》可能亡佚，依据王畿书信资料勾勒此书概况，借此揭示晚明儒者在林下讲学的同时并未放弃“得君行道”的上行路线。[②]彭氏近来注意到内阁文库藏《中鉴录》，除进一步补述该书体例外，又从研究中国宦官史的角度探析此书价值。[③]笔者对《中鉴录》流传影响、版本问题、内容特色及其在万历年间两次刊行经过与背景做过较为深入的研讨。[④]

近检得周保明《〈中鉴录〉的编辑、刊布与存藏》文[⑤]，可谓有志同者在。然该文尚有待斟酌之处。该文除将刘成印章“读书中秘”误作“读书中秋”乃属技术问题外，如认为张居正(1525—1582)等编纂《帝鉴图说》对《中鉴录》编纂产生直接影响，张世则(万历二年进士)《貂珰史鉴》在晚明同类书中影响最大，均无论据；对于史料中出现的“《忠鉴录》”是否为“《中鉴录》”一书，亦未见辨析。又如该文指出万历三十九年（1611）刻本《中鉴录》刊者刘成其后参与“梃击案”而被处死，实乃张冠李戴，此刘成非彼刘成也；至于推测故宫本相关信息之所以被剜改与刘成被杀有关，自然也不能成立。[⑥]此外，该文又指出故宫博物院图书馆藏《中鉴录》是剜改内阁文库本后的重印本，称其“版片配补痕迹明显”，且“断定剜改是明朝本朝人所为”。笔者博士论文对此亦作比较讨论，推测“专门为感化宦官而作的《中鉴录》，即便有人要改删它，也一定是明人所为无疑”[⑦]，但并不认为故宫本为剜改后的重印本。笔者近来经进一步研思认为，故宫本所以“篡改”，应是书商作伪，冒充宋本，以为射利之资。为此，笔者将旧文重订，论析如下。

见存《中鉴录》有三种。日本内阁文库(今日本国立公文图书馆)所藏，乃万历三十九年重刻本，七卷，一函五册，四边双栏，单鱼尾，黑口。正文每半页九行，行二十字。每卷第一行顶格题《中鉴录》及卷次，次行空白。首页有“日本政府图书”“佐伯毛利高标字培松藏书画之印”“浅草文库”等印。全书朱笔句批，天头时有读者之心得。[⑧]书前

---

① 荒木见悟：《王龙溪の〈中鉴录〉について》，《九州中国学会报》第13卷，1967年，第14-23页。

② 彭国翔：《王龙溪的〈中鉴录〉及其思想史意义——有关明代儒学基调的转换》，《汉学研究》第19卷第2期，2001年，第59-81页。《中鉴录》出现以前，明中期士人教化宦官的理念与实践之探讨，见吴兆丰：《“化宦”：明中期士大夫对宦官的新认知与行动》，《汉学研究》第34卷第2期，2016年，第37-71页。

③ 彭国翔：《日本内阁文库藏善本明刊〈中鉴录〉及其价值和意义》，《近世儒学史的辨正与钩沉》，允晨文化公司，2013年，第234-250页。

④ 吴兆丰：《“有教无类”：中晚明士大夫对宦官态度的转变及其行动的意义》(博士学位论文，香港中文大学，2012年)第五章，第173-240页；笔者近期将其修订发表，见吴兆丰：《明儒王畿〈中鉴录〉的流传、编刊与内容特色》，《明代研究》第二十九期，2017年，第97-137页。

⑤ 周保明：《〈中鉴录〉的编辑、刊布与存藏》，《文献》2016年第1期。

⑥ 相关讨论，见前揭笔者博士论文及《明儒王畿〈中鉴录〉的流传、编刊与内容特色》一文，在此不赘。

⑦ 吴兆丰：《“有教无类”：中晚明士大夫对宦官态度的转变及其行动的意义》，博士学位论文，香港中文大学，2012年，第187页。

⑧ 如引《玉篇》等字书释音读、某字误某字，及所疑倒乙处等；人名于右侧加画，国名、朝代加两画；又字之四角常有圈，疑为圈声。

《中鉴录序》末题“山阴王畿识”。书末《跋》文为万历三十九年重梓者刘成撰，有阳文“刘成之印”、阴文“读书中秘”篆书方印(见图 1)。全书卷一为《中鉴答问》和《古今沿革》，其余六卷收录春秋以下至明代共 91 位宦官传记，分为 12 类。明以前宦官传略之后大多有“外史氏曰”的评论；每类之后又皆有“外史氏总曰”的总括性评说意见。日本尊经阁文库也藏有一部《中鉴录》，注明为“七卷，明王畿(撰)，万历版，共三册”[①]，其与内阁文库本均为万历三十九年重刊本。[②]

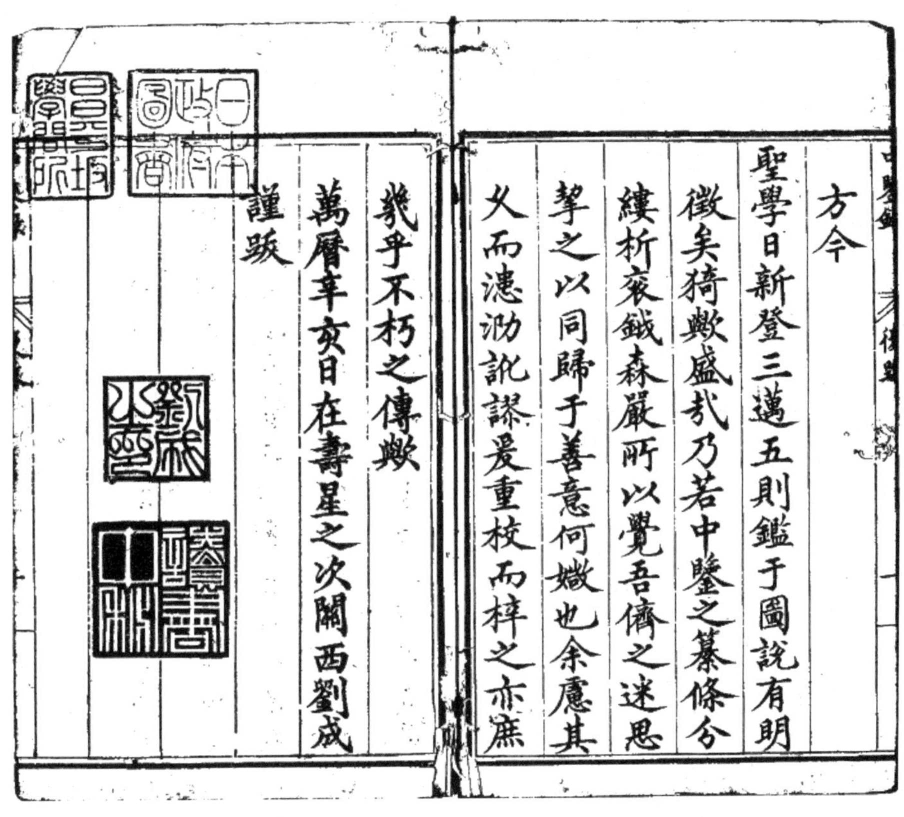
方今
聖學日新登三邁五則鑑于圖說有明
徵矣猗歟盛哉乃若中鑒之纂條分
縷析袞鉞森嚴所以覺吾儕之迷思
挐之以同歸于善意何嬍也余慮其
久而湮沕訛謬爰重校而梓之亦庶
幾乎不朽之傳歟
萬曆辛亥日在壽星之次關西劉成
謹跋

图 1　内阁文库本《中鉴录》跋文

除此之外，北京故宫博物院图书馆亦藏有《中鉴录》一部[③]，七卷，一函八册，四边双栏，单鱼尾，黑口，正文每半页九行，行二十字。目录页有“宣龢”“于仁永示”“玉堂制氏图书”三印；卷七末亦有“宣龢”“于仁永示”等四印。检故宫本字体、版式等都与日本内阁文库本一一吻合，显属同一传刻系统。但两者也存在明显差异。第一，故宫本《中鉴录序》末无“山阴王畿识”五字。第二，内阁文库本《中鉴录》收录 12 位明代宦官传，故宫本未收。第三，内阁文库本有万历三十九年刻者刘成跋文，故宫本目录显示书后有“跋”文一则，但书后却未见。简言之，故宫本将撰作、刊行《中鉴录》相关信息掩不示人，对明代宦官传记隐而不提(详见表 1)。

① 尊经阁文库编：《尊经阁文库汉籍分类目录》，尊经阁文库，1935 年，第 185 页。

② 严绍璗：《日藏汉籍善本书录》“史部职官类”，中华书局，2007 年，第 654 页。

③ 中国古籍善本书目编辑委员会编：《中国古籍善本书目》“史部”，上海古籍出版社，1991 年，第 410 页。北京故宫博物院藏《中鉴录》近年影印面世，见《故宫珍本丛刊》“史部”，第 61 册，海南出版社，2001 年。

表1 内阁文库本与故宫本内容差异简表(故宫本无黑体加横线部分)

卷首	中鉴录序**(序末署“山阴王畿识”)**		
卷一	中鉴答问 古今沿革		
卷二	忠类	13	晋寺人披 晋吴阍 东汉吕强 附丁肃五人 后魏赵黑 北齐田敬宗 唐张承业 (唐)杨复光 (唐)刘贞亮
		2	**明怀恩 (明)张永**
卷三	贤类	1	宋张居翰
		4	**明金英、兴安 (明)覃吉 (明)陈准**
	让类	7	汉良贺 后汉郑众 后汉杔巖 (后汉)栾巴 唐马存亮 附严遵美 宋刘承规
	劳类	6	唐杨思勖 (唐)刘景宣 (唐)西门重遂 宋窦神宝 (宋)阎承翰 (宋)秦翰
卷四	能类	5	汉李延年 (汉)李巡 (汉)吴伉 后汉蔡伦 北齐田敬宣
		1	**明阿丑**
	准类	5	汉孙程 唐高力士 (唐)俱文珍 (唐)吐突承璀 宋王继恩
卷五	逆类	14	宋伊戾 秦赵高 汉曹节、王甫 汉张让、赵忠 后魏宗爱 唐仇士良 唐李辅国 唐王守澄 唐刘克明 唐刘季述 唐杨复恭 宋任守忠
		1	**明曹吉祥**
卷六	乱类	6	齐寺人貂 齐宿沙卫 唐韩全诲、张彦弘 唐田令孜 宋周怀政
		1	**明王振**
	奸类	3	宋寺人柳 汉石显 宋梁师成
		1	**明梁芳**
卷七	横类	6	汉侯览 唐鱼朝恩 唐窦文场、霍仙鸣 唐程元振 宋童贯
		2	**明汪直 (明)刘瑾**
	贪类	10	后汉李刚 后魏李坚 唐牛仙童 (唐)甫璆琳 (唐)邵光超 (唐)朱如内 (唐)朱超晏、王志忠 (唐)刘希光 (唐)王践言
	残类	3	汉单超 宋杨戬 宋李彦
卷末	**跋**		

笔者有幸亲往故宫博物院图书馆检其所藏《中鉴录》原本，发现故宫本实际上是在内阁文库本基础上进行涂抹剜删、剪接版页、重新装订的结果。首先，内阁文库本序末“山阴王畿识”处，故宫本空白，然上下均有剪划之痕，纸张色泽亦与周围不同，显为重新剪接空白版页所致。其次，故宫本目录明代宦官之处均为空白，应遭人为涂抹，乃至还残存未被涂抹掉的粗淡不均黑点(见图2和图3)。复次，故宫本书后当有刘成跋文，亦遭人抽走。除此之外，书中凡是原与明代宦官传记内容前后相接的版页，在故宫本中皆有为剜删其内容而留下的剪裁、拼接痕迹可寻。统计来看，共有以下7处。

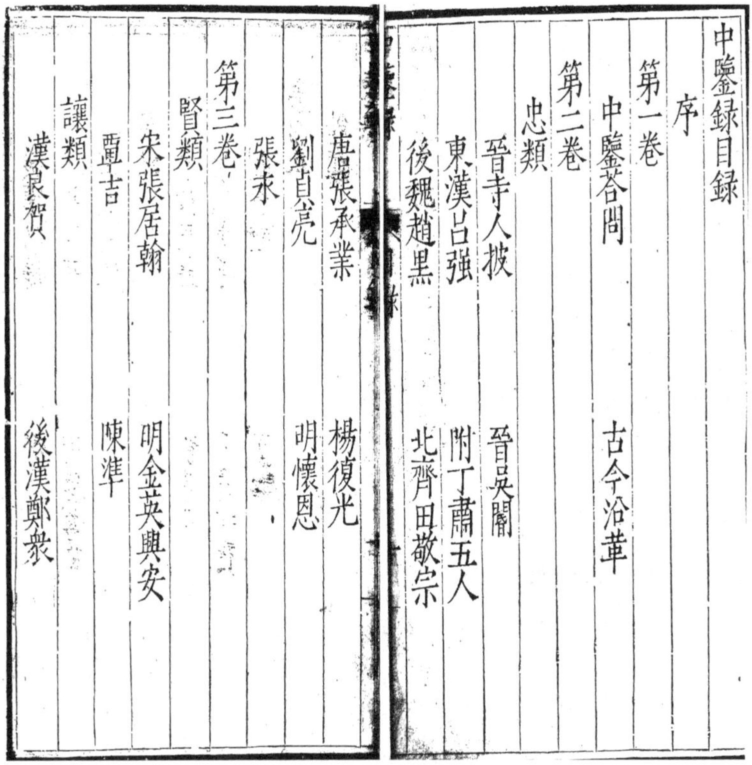

中鑒録目録
序
第一卷
中鑒荅問　古今沿革
第二卷
忠類
晉寺人披　晉呉閽
東漢呂强　附丁肅五人
後魏趙黒　北齊田敬宗
中鑒録　目録　一
唐張承業　楊復光
劉貞亮　明懷恩
張永
第三卷
賢類
宋張居翰　明金英興安
覃吉　陳準
讓類
漢良賀　後漢鄭衆

图 2　内阁文库本《中鉴录》目录首页

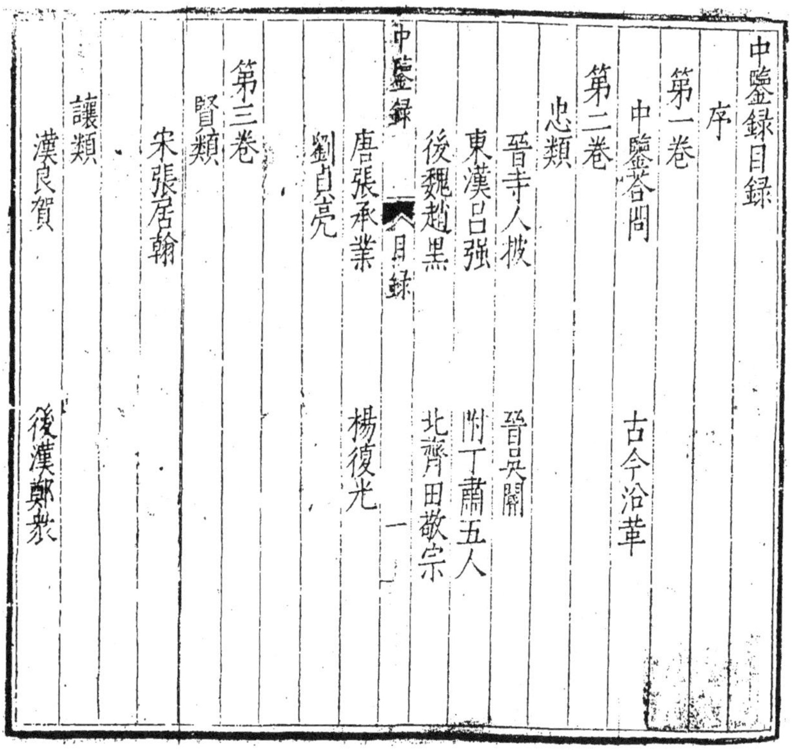

中鑒録目録
序
第一卷
中鑒荅問　古今沿革
第二卷
忠類
晉寺人披　晉呉閽
東漢呂强　附丁肅五人
後魏趙黒　北齊田敬宗
中鑒録　目録　一
唐張承業　楊復光
劉貞亮
第三卷
賢類
宋張居翰
讓類
漢良賀　後漢鄭衆

图 3　故宫本《中鉴录》目录首页

(1) 故宫本卷二页 14b 第五行、第六行间有切割痕迹，且前五行与后四行纸张色泽明显不同。可见，这应是将内阁文库本怀恩和张永传记内容直接剪裁去掉、重新粘合空白版页所致。

(2) 故宫本卷三页 2a 第一行(即“贤类”宋张居翰传后“外史氏曰”最后一句“让而有礼，可谓全节矣”)，被剪接到了卷三页 4a 第一行，与卷三“让类”宦官“良贺”传记排在同页，从而成功地将卷三“贤类”四位明代宦官(金英、兴安、覃吉和陈准)传记内容去掉(见图 4 和图 5)。《故宫珍本丛刊》编者不知个中原委，以为故宫本卷三缺页 2、3。为拼接版页而出现的切割痕迹也颇为明显，见于故宫本卷三页 4a 第一与第二行之间，及第六与第七行之间。因剪接粘合得不是太好，以至卷三页 4a 下方边栏出现不平整现象。又为掩盖，在切割拼接处加盖模糊不清藏书印章若干。

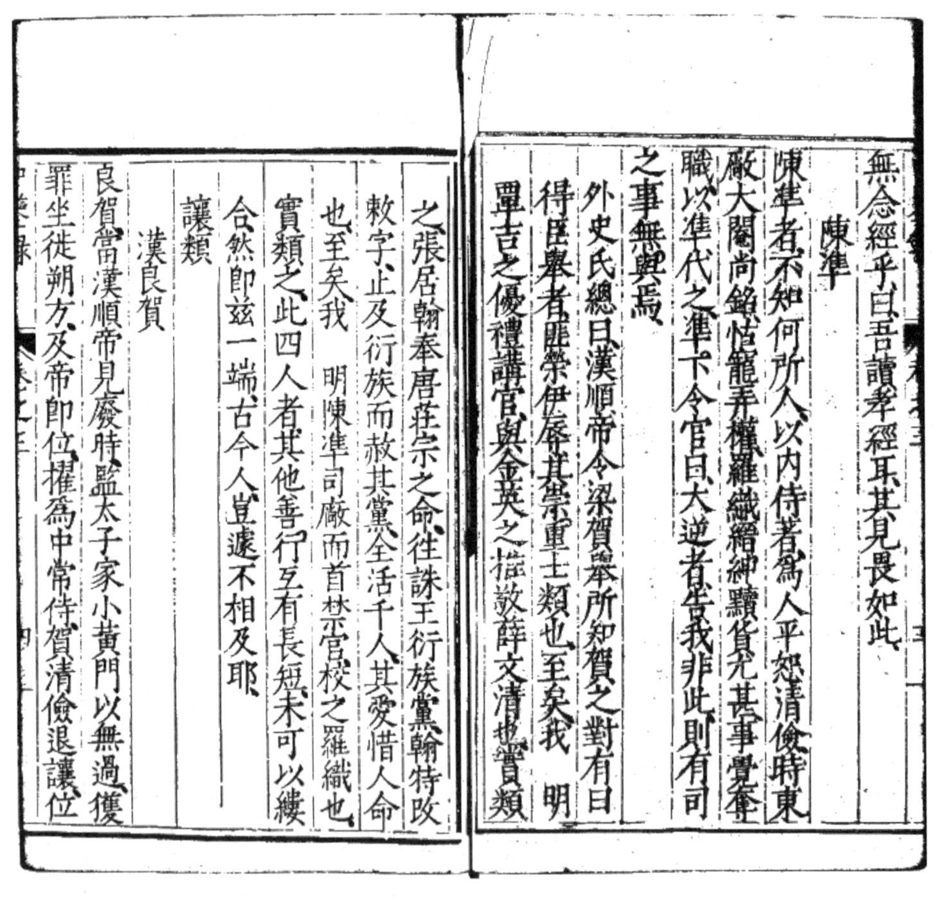

無念經乎曰吾讀孝經耳其見畏如此
陳準
陳準者不知何所人以内侍著爲人平恕清儉時東
廠大閹尚銘怙寵弄權羅織縉紳黷貨尤甚事覺奪
職以準代之準下令官曰大逆者告我非此則有司
之事無與焉
外史氏總曰漢順帝令梁賀舉所知賀之對有曰
得臣舉者匪榮伊辱其崇重士類也至矣我 明
覃吉之優禮講官與金英之揔敎辭文清也實類
之張居翰奉唐莊宗之命往誅王衍族黨翰特改
敕字止及衍族而赦其黨全活千人其愛惜人命
也至矣我 明陳準司廠而首禁官校之羅織也
實類之此四人者其他善行互有長短未可以縷
合然卽兹一端古今人豈遽不相及耶
讓類
漢良賀
良賀當漢順帝見廢時監太子家小黄門以無過獲
罪坐徙朔方及帝卽位擢爲中常侍賀清儉退讓位

图 4 内阁文库本《中鉴录》

(3) 与第二种情况相似，为剜删卷四“能类”明代宦官阿丑传记，故宫本将卷四页 3a 田敬宣传记三行文字，直接剪接到页 4a，与“准类”宦官“后汉孙程”列在同页。《故宫珍本丛刊》编者误以为原书卷四缺页 3。故宫本卷四页 4a 第三、第四行之间有切割痕迹，导致页 4a 上下边栏亦不平整。

(4) 与第一种情况相似，为剜删卷五“逆类”明代宦官曹吉祥传记，故宫本卷五页 42a 第四行(亦即任守忠传记后“外史氏曰”最后一行文字)，与第五行之间有明显切割痕迹。需要留意的是，《故宫珍本丛刊》漏印了故宫本页 42a。

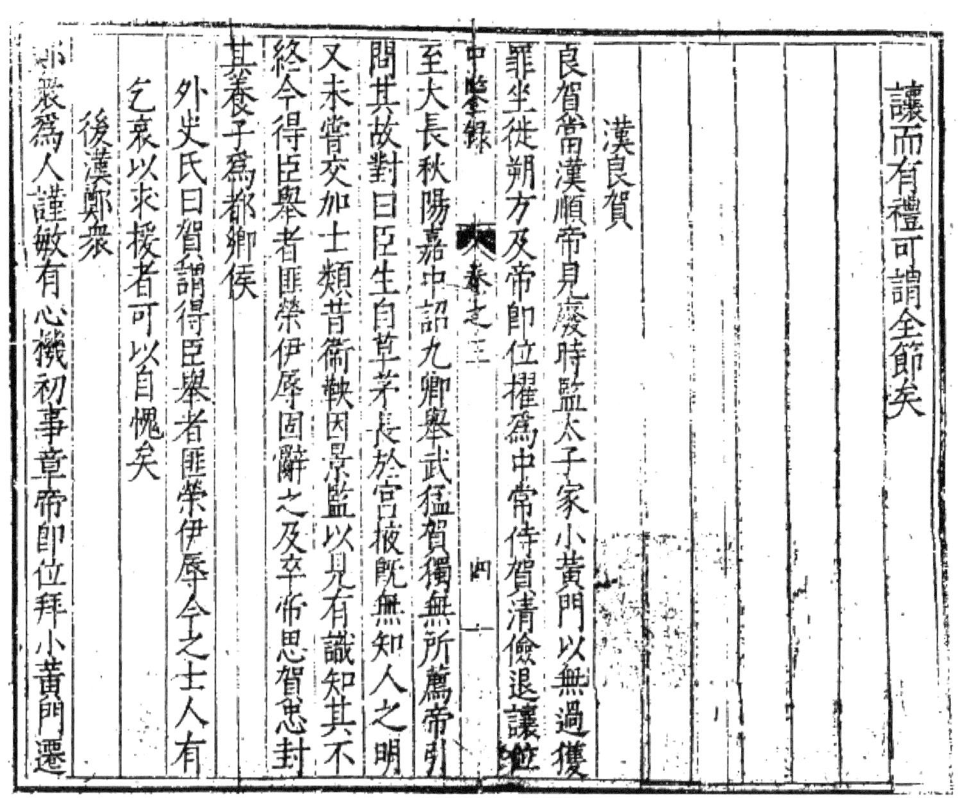

讓而有禮可謂全節矣

漢良賀

良賀當漢順帝見廢時監太子家小黃門以無過獲
罪坐徙朔方及帝即位擢爲中常侍賀清儉退讓延

中鑒錄　卷之三　四

至大長秋陽嘉中詔九卿舉武猛賀獨無所薦帝引
問其故對曰臣生自草茅長於宮掖既無知人之明
又未嘗交加士類昔衛鞅因景監以見有識知其不
終今得臣舉者匪榮伊辱固辭之及卒帝思賀忠封
其養子爲都鄉侯

外史氏曰賀謂得臣舉者匪榮伊辱今之士人有
乞哀以求援者可以自愧矣

後漢鄭衆

鄭衆爲人謹敏有心機初事章帝即位拜小黃門遷

图 5　故宫本《中鉴录》

(5) 与第二种情况相似，为剜删卷六“乱类”明代宦官王振传记，故宫本将卷六页 21a 前两行文字(“乱类”宋周怀政传末“外史氏曰”)，剪接到页“二十□”a；又将页 26b 后八行文字(“奸类”宋寺人柳传记内容)，剪接到页“二十□”b。《故宫珍本丛刊》编者对此并不知情，故误以为页“二十□”即页“二十一”，又以为此页之后缺页 22 至页 26。毫无例外，页“二十□”a 第二、第三行之间，及页“二十□”b 第一、第二行之间，都有切割痕迹，相应之页上下边栏，亦殊失平整。

(6) 与第一种情况相似，为剜删卷六“奸类”明代宦官梁芳传记，故宫本页 32b 第五、第六行之间出现切割痕迹。页 32b 原有九行，因人为剪裁之故，只有八行，且第六至第八行空白页上下边栏也与此页明显不合。

(7) 与第二种情况相似，为剜删卷七“横类”明代宦官汪直和刘瑾传记，故宫本将卷七页 23b 后三行(“贪类”宦官李刚传记部分)剪裁至页 15b，与“横类”宋童贯传记后“外史氏曰”列在同页。原书页 15b 第四、第五行之间也有割裂痕迹。《故宫珍本丛刊》编者亦不知情，误以为原书卷七页 15 之后缺页 16 至页 23。

总之，故宫本是在内阁文库本基础上直接“改装”而成的，剪接痕迹明显，剪接处上下边栏扭曲不平，并为掩饰而在剪接处加盖模糊不清的藏书印章。故其断非剜改内阁文库版后的重印本，也非明人所为，盖乃书商作伪，冒充宋本射利而已。毕竟书中作者王畿信息、万历三十九年刊书跋文及明代宦官传记，被悉数剜除，而该书余下宦官传记最晚的是北宋末年宋徽宗时期的梁师成、童贯、杨戬、李彦等人，已然具备冒充宋本的“条件”。射利书商甚至在故宫本目录页及书末不厌其烦地加盖仿造的宋徽宗收藏印“宣

稣”印章，以此加强其为“宋本”的说服力，却反倒将其冒充宋本的企图暴露无遗。

（本文为“中央高校基本科研业务费专项资金”武汉大学自主科研项目“明代宦官著述研究”阶段性成果。北京故宫博物院赵中男研究员在资料查阅上给予笔者莫大帮助，敬致谢忱。）

《四库全书》的分类问题

上海社会科学院　司马朝军

编者按：《四库全书》是中国文化的一个伟大工程，站在这样一部浩瀚的典籍面前，我们不禁要问：谁是这个工程背后的功臣？以往学界有诸多讨论，并且形成了某些共识，但事实真的是这样吗？

《四库全书》的四库分类法不仅仅是一个图书分类法，更是中国传统文化的知识结构和知识体系，但自近代以来，受到西方学术的冲击，四库体系被任意肢解，那么在文化复兴的今日，我们能否提出一个新的分类体系？

针对这些问题，湖南大学中国四库学研究中心特邀武汉大学四库学研究中心主任司马朝军教授做客千年学府岳麓书院，主讲明伦堂讲会第205期，分享其20年来的研究心得。

主讲人：司马朝军(武汉大学珞珈特聘教授，武汉大学四库学研究中心主任)

主持人：邓洪波(湖南大学岳麓书院教授，湖南大学中国四库学研究中心主任)

参加者：岳麓书院教授、副院长吴仰湘先生，湖南大学校内外师生

整理者：张洪志

邓洪波：各位老师，各位同学，早上好！我们今天迎来了明伦堂第205期讲座，也是岳麓书院2016年最后一期学术讲座。今天我们有幸请到了武汉大学的司马朝军老师，给我们做一个有关《四库全书》分类问题的讲座。司马朝军先生是武汉大学珞珈特聘教授，现任武汉大学中国传统文化研究中心专职研究员、武汉大学四库学研究中心主任，兼任武汉大学国学院、历史学院教授，是经学、专门史、文献学方向的博士生导师。在四库学方面已经出版《四库全书总目研究》《四库全书总目编纂考》《四库全书总目精华录》《四库全书与中国文化》《续修四库全书杂家类提要》等书。在国学、文献学等方面也出版了《经解入门整理与研究》《汉志诸子略通考》《文献学概论》等多种论著，主编的“文献辨伪书系”也将于近期问世。今天我们特邀司马教授为我们带来他的最新研究成果。

司马朝军：各位先生，各位同学，大家上午好！非常高兴又一次来到岳麓书院。这个题目虽然考虑了很久，但是到现在为止，还不太成熟。《四库全书》的分类问题，不仅仅是一个四库学的问题，也是一个中国文化的大问题。

我今天要讲四个方面，第一是对已有的《四库全书》分类体系做一个简单的概述，第二就是谈它的主要缺陷，第三谈我的调整方案，最后是提出一个新的分类方法。

首先，我们简要地回顾一下《四库全书》的分类体系问题。在谈分类体系之前，我先简要地介绍一下《四库全书》的概况。

第一，关于《四库全书》的简况。它是中国古代最大的一部丛书，也是中国文化史上的一个浩大的工程，它的内容很丰富，分类也很复杂。

《四库全书》是一部综合性的丛书。众所周知，中国的图书按照类型大致可以分为类书型和丛书型。从先秦到汉代是中国文化典籍的一个原创期；到了汉代以后，从中古魏晋开始就出现了类书，历经隋、唐、宋、元，一直到明代，类书就达到顶峰状态；到清代初期，类书已经非常成熟。类书的最初出现，从功能上来讲的话，它是为了便于写文章。丛书起源稍晚一些，大概是宋代开始兴起，到了明代中后期就比较发达了，到了清代中期，特别是到编纂《四库全书》的时期达到了鼎盛。

从总体上来讲，《四库全书》是一部综合性的丛书，它的内容很丰富，分成经、史、子、集四大块。《四库全书》抄写了七部，每一部的数量都不一样，在编纂的过程中，情况比较复杂，每一部书都是在不同时间由不同的人员编纂抄写的，结果就出现了“一娘生九子，九子各不同”的情形。我们现存的三部半基本上是不相同的，它们的总数也不同，文字的内容也有不少的出入，但是总体上来讲，它是囊括了我国18世纪以前的主要著作。

任继愈先生认为，清代乾隆时期编纂的《四库全书》，是一项史无前例的文化工程，是传统文化之总汇、古代典籍的渊薮，和长城、京杭大运河并列为中国古代三大工程之一。过去，在很长一段时间里，我们对《四库全书》持否定态度，这主要是因为晚清以来要革清朝的命，所以《四库全书》也在被批判、否定之列。像章太炎以及他的学生鲁迅那一派，对清朝和《四库全书》批评得非常厉害，他们认为乾隆编纂《四库全书》是和文字狱联系在一起的。

第二，关于《四库全书》的编纂。为了编修《四库全书》，动员了 360 多位编纂官。我们正在量化统计文渊阁、文津阁、文溯阁等阁本的分纂、抄写、校对的人员，从目前我们已有的资料来看，恐怕要重新认识《四库全书》的编纂过程。关于《四库全书》的编纂问题，原来郭伯恭有《四库全书纂修考》，黄爱平教授在郭伯恭的基础上，根据档案材料，做了部分补充，但是她在写博士论文的时候，还看不到任何一部《四库全书》，所以她的工作还没有深入到《四库全书》里面来，还无法解决到底有多少人，做了多少工作的问题。从我们目前做的工作来看，以往的那些研究恐怕都要重新审视。比如说一般认为总纂等(皇子)都是挂名而已，其实不然。从清高宗到正副总裁都参与了编纂的过程。清高宗是通读了《四库全书》的，他说除了他之外，没有人通读过《四库全书》。其中相当一部分单本书，他还题了诗或御批，并且把诗放到最前面，《永乐大典》本是《四库全书》里面的精华，他差不多每一种都题了一首诗。正副总裁的审阅、整理、把关等工作都可以进行量化统计，可以确定到底哪些书是他们最后看过的。原来我们没有和《四库全书》结合起来，以为《四库全书》的编纂就像我们现在的一个省长编一部《省志》，省长或书记挂个名，但是根本不会看。清代不像现在有高校、科研院所和专职研究人员，那时候的官员基本上是通过科举考试出来的清一色的学者，类能读书，大多是官僚型学者。

在《四库全书》编纂的过程中，从正副总裁一直到抄写人员，都对《四库全书》的编纂做出了巨大贡献。像以前的研究者认为正副总裁都是挂名的，我现在认为这种观点是根本站不住脚的，与《四库全书》编纂的实际情况相去甚远。

有些人的作用则被夸大了，这个里面传得最多的大概是五征君。其中最有名的是戴震，他在四库馆里的作用是被夸大了的。戴震在同时代其实没有那么大的影响。戴学的形成有一个过程。他在科考的路上，不能算是一个成功者。他的古学功底比较好，古文写得比较好，但是八股文、策论被认为空洞无物，无法成为进士，最后他因为编纂四库有功，赐了一个同进士出身。但是他对科举看得很重，所以这始终成为他的一个心病，就连纪晓岚都说他是一个痴人。原来认为戴震主持经部，现在看来这个说法是有问题的，我们现在能够找到的与戴震有关的东西都很少，大概只有几条材料能证明。包括邵晋涵主持史部，周永年主持子部，现在我们经过详细的考察之后，发现这些情况都很难落实。

五征君中，邵晋涵既是一位史学家，也是一位经学家，他是钱大昕的学生，又是浙东人，故对浙东学派的文献很熟悉，他和同时代的章学诚是老乡，关系很密切，他的功绩主要是靠章学诚的表扬。我们现在发现章学诚的表彰也有一些过头的地方，章学诚当年没有进到四库馆这个主流文化圈，只是一个边缘人物。现在关于邵晋涵的材料保留了一部分，他在辑佚《永乐大典》和编纂正式的提要稿方面是有贡献的，但是至于对史部的其他贡献，现在也没有材料证明。于敏中在当时也是一个有影响的人物。

周永年和“儒藏说”有关系，他明确提出了要编纂《儒藏》。陈垣先生有一个推测，认为释家类的提要很可能是周永年负责的，但我们现在也没办法证实。周永年可能是读书比较多的，自己藏的书也有很多，但是没有什么著作流传。关于他的说法也是靠章学诚的著作来讲的，但是我们从现在已掌握的材料来看，章学诚的这些说法也很难证实。五征君中名气最小的就是杨昌龄，有关杨昌龄的材料很少，他也基本上没什么东西流传

下来，现在仅仅只是从编纂档案里面找到了两条材料。

通常讲的总纂官有三位，就是纪昀(即纪晓岚)、陆锡熊、孙士毅，纪昀、陆锡熊是最早进去的，从开馆开始，他们就在里面。孙士毅是一位诗人，也是一位将军，文武双全，他进去得较晚一些。其实另外还有一位，就是王太岳，我们现在只是看到《四库全书考证》署了他的名。从我们掌握的材料来看，他也当过总纂官。

陆锡熊与《四库全书》的关系是很密切的，我们曾经做过这方面的研究，但是现在又发现了一些新的材料。根据我个人的看法，陆锡熊和纪晓岚应该是并驾齐驱的。现在很多人只是突出纪晓岚一个人的贡献，这是很不公平的。陆锡熊是上海人，王昶也是他同时代的一个上海人，是乾嘉时期的一个学者、诗人，他对陆锡熊的评价很高。

前面是对《四库全书》一个简要的回顾。下面我们来讲讲《四库全书》的分类体系。

《四库全书》的分类体系根据清高宗的圣谕采取四分法。中国图书的分类，最初是从刘向、刘歆父子采取六分法开始的，所谓的《七略》，实际上前面是总论的部分，后面分成六艺略、诸子略等六个部分。到了中古以后采用四分法，先是按照甲、乙、丙、丁，后来分为经、史、子、集，到《隋书·艺文志》时基本定型。从汉迄今，图书分类一直都处于调整之中。在《四库全书》编纂的时候，清高宗下令要按照经、史、子、集为纲目，采用部、类、属三级分类的体系，经部下面分成易类、书类，一直到小学类，刚好是十类。史部是从正史、编年到目录、史评等，共十五类。子部分成儒家、兵家、法家，一直到道家、释家，共十四类。集部分类是楚辞类、别集类、总集类、诗文评类和词曲类。四部共四十四类。有的类下面还有属，如小学类下面分成训诂、字书、韵书等，诏令奏议类下面分诏令、奏议二属。但不是所有的类下面都分属，像正史类下面都没有属。

这大致就是四库已有的分类体系，在《总目》以前，从《汉志》到《隋书》，基本上是在理论上分类探讨。而到编纂《四库全书》的时候就不一样了，是理论和实际相结合的，把所有的书都编入四库之中，这一万多种书的很大一部分，收摄到四库里相应的类别下面，问题都不大。但是也有相当一部分书会出现问题，因为从分类史的角度看，有的类、有的书，在不同的时代，可以归到不同类别下面，到了《四库全书》编纂的时候，就要花很大的工夫来解决这些看起来琐碎的疑难问题。

从分类史的角度来看，四库分类是从汉代到清代中期的一个总结，把传统的四分法推向了一个顶峰的状态。但它也还是存在一些问题，自它问世以后，不少人提出了很多不同的看法，特别是近代西学传入以后，分类搞得更加复杂。有人受到西学的影响，对传统分类采取了否定态度。采用西学的框架，然后把四库的四部进行肢解，往西学的框架里面套，搞出了很多分类，最有名的就是所谓的“中图法”。很多专家也都提出了自己的分类法，比如我们武汉大学以前的一位著名教授皮高品先生就提出过“皮氏分类法”。

“中图法”采用的是一个西学的框架。虽然从传统的图书分类来看，“中图法”是有问题的。但现在回过头来看，我个人对四库的框架也是有异议的，它有一些致命的弱点。一个是丛书的问题，我们讲整个《四库全书》就是一部大丛书，丛书是可以把《四库全书》包起来的，所谓的经、史、子、集，要归到丛书类，也就是说丛书的概念是更高一位的。但在四库的体系里面，它却被摄到子部的杂家类杂编之属。把一个比经、史、子、集更大的东西，设到下面的属中去，这明显是不合适的。另一个是没有解决类书的问题，类书是分类史上的一个难题，属于哪一部历来没有解决好。

我现在提出的分类法在解决这些问题上做了一个尝试，我首先把图书分为两门，一个丛书门，一个类书门。按照现在的标准来看，丛书是比较原创的；类书不是原创的，它是按照“天—地—人—事—物”的框架体系，把已有的一些内容重新切好之后，再往里面填，重新编纂出一个东西，是经过编纂方式的改变，提供一种新的类型。这个新的类型又分成两大类，一个是综合性的，无所不包；还有一个是专门性的，有经书类的类书，也有史书类的类书，也有子书类和集部类的类书。

还有一个问题，即经、史、子、集没有解决易类的问题。《周易》可以说是中国文化的根。如果把中国文化比作是一棵大树的话，那么《周易》就是这棵大树的根部；如果比作是一支军队的话，那么《周易》应该是一个司令部。在四库里它只是作为经部的一类。易类经过几千年的积累以后，数量特别大(据不完全统计，已经有 3000 多种了，从数量上来讲，它的规模已经和《四库全书》接近)。它的数量特别大，地位也特别重要，所以应该独立出来。

关于易的含义，最初有三层意思。现代学者对《周易》的解读很多，我们归纳了一下，大概有十多种。我最近准备提出一个新的观点——“易者，化也”。为什么易类要独立？首先在于它与经部的关系，《易》和《诗》《书》《礼》《春秋》是相通的，可以说是“《易》为经之源”；《易》和诸子的关系，可以说是“《易》衍诸子”，它和儒、道、兵、法、农、天文、艺术、小说、杂家等类都相通。和史的关系也是相通的，司马迁写《史记》和《周易》也有很大的关联，司马迁既是一位史学大家，也是一位易学家。《易》和文的关系就更多了，和诗歌、寓言、散文、戏剧都存在着密切的关系。它可以说是最古老的二言诗歌。中国社科院外国文学研究所研究员赵一凡先生曾经写过一篇文章，认为钱锺书的著名小说《围城》一书的结构是按照《渐卦》来安排的。我认为赵一凡对《围城》的解读是比较有道理的。

我把易类小结一下，大概有这么几句话。《周易》是中国文化的第一元典。我校著名文化史大家冯天瑜先生最早提出“原典”，用的就是这两个字，后来他有一个学生，建议他改成元首的元，改成“元典”，表示是一个元首的意思，实际上《周易》应该是这个“元典”，中国文化的“元典”假如只有一本书的话，就是《周易》。《周易》是六经之源，我个人认为《周易》是中国最早的原始宗教的源头。从文化的发生来看，“《易》历三古”，是从远古文化发展到殷周之际的一个产物。从结构来看，它分为《易经》《易传》。从学术影响划分来看，它通四部。《易》统三才、通万象、摄群经、衍诸子、通文史。我主张将它独立为部，从原来的“群经之首”上升到“群书之首”，和经部并驾齐驱。

所以我们的调整，首先第一个是调整丛书和类书，第二个大的调整就是将易类升为易部。然后经部还要有小的调整：其一是取消乐类，六经里面原来有乐，但是后来消亡了，所以它实际上应该放到艺术类里面去。其二，把《孝经》类、四书类这些东西撤出，放到宗教部的儒教类经典之属。其三，将小学类放到工具部里面，原来认为小学是经学的附庸，后来章太炎将小学类发展了起来，小学类成为语言文字之学，实际上现代的语言文字之学与小学类已经不是一回事了。

关于史部的调整。第一条就是将正史类与别史类合并为纪传类，别史类实际上也是纪传类，将传记类、职官类、政书类、目录类这些原来放在史部的类别移到工具部；四库里面的时令类是很少的，实际上它和子部的农家关系很密切，所以主张把它放到农家类里面；剩下的地理类，我原来是想把它放到工具部里面的，后来认为它和历史的关系还是很密切的，所以将它仍旧保留在史部，作为历史的附庸。经过调整之后，史部就剩

下八类——纪传类、编年类、纪事本末类、杂史类、诏令奏议类、载记类、史评类和地理类。

第三个调整的是子部，只保留下儒家类、道家类、释家类、兵家类、法家类、杂家类、杂学类和小说家类，其他的要么调整到技艺部，要么调整到工具部，或者调整到宗教部。

第四个是集部的调整，除了把总集类分出去之外，楚辞类、别集类、诗歌评类和诗文词曲类仍保留着。总集在我们现在看来，也是作为工具加以利用的。

此外，我们增加了宗教部。原来宗教在四库里面是放在子部的。关于儒教是不是宗教的问题，前些年在学术界争论得很厉害，赞成者有之，反对者亦不乏其人。赞成的代表性人物就是任继愈先生，任公"儒家是教"的这个观点，我们是很赞同的。借用中图法的合理部分，我们将儒教细分为经典、戒谏、家训、妇女、蒙学、劝学和俗训等小类。另外增加了技艺部，这一块原来是放在子部的。前面的调整中，子部保留了学说、思想上的东西，关于技术性、技艺类的著作则独立出来，像农家类、医家类、天文历法类、艺术类、工艺类、数术类和格致类这些。当然不能说它们完全没有思想，但是总体来讲，它们的思想性、论辩性色彩还是比较少、比较淡的，它们主要表现出来的还是技艺性的东西。我们把形而上的东西保留在子部，把形而下的区分出来。我们前面讲了农家，保留农家以后，把农家类扩大，原来四库里面的农家类比较少，现在农家类的东西还是比较多的，并且将草木、鸟兽、虫鱼也放到了农家类之中。

医家类的调整也比较大，在四库里面的医家类是按时代为序的，显然这种混编形式就不符合现在分类的原理，我们参考了中医图书的两个目录，将其分为十二类。四库里面虽然收了很多医家类的著作，就现在中医文献的数据库来看，四库里面的中医图书还是比较少的。近现代对中医的反对之声也很多，甚至有人主张废除中医。医易同源，中医的哲学基础就是《周易》，它也是有思想的，它不仅仅是技术性的问题，否定中医，在某种意义上就是否定植根于《周易》的中国传统文化。

艺术类在四库中分成了书画、琴谱、篆刻和杂技，我们主张保留原有的书画，增加游艺、观赏和杂品，改造琴谱，把它与经部的乐类合并；将篆刻之属撤销，划在工具部谱录类下面的印谱之属。通过调整之后，艺术类分为书画、音乐、游艺、观赏、杂品等小类。我们还主张增设工艺类。工艺类和艺术类不一样，它原来分为文房器物、食品制造、格致，我们主张将格致之属升格为格致类。工艺类保留日用器物、文房器物、食品制造这三点，日用器物又分为陶瓷、饮具、家具、锦绣、衣服、香、游具、船、琉璃、鬆饰、雕刻等小类；文房器物分为笔、墨、纸、砚、装璜等小类；食品制造分为盐、糖、酒三个小类。这是参考了现代分类的成果。

数术类有争议，按照现代的标准来讲，它是一个迷信的大本营。方术在以前是大传统，后来一落千丈，从大传统沦为小传统，甚至沦落到民间。数术类比较复杂，不能简单地全盘否定，从研究的角度来讲，也可以发掘出一些有用的东西来。

另外，我们主张增设工具部。原来工具是分散在四部之中的，比如经部的小学类，史部的目录、政书、职官这些类别，我们现在主张将这一块独立出来。它们有一个共同的属性——工具性，这些书对于一般的人来说都只是作为工具来加以使用的。像传统小学长期以来是作为解经的工具而存在的。当然随着现代的学术演进，传统小学演变成了语言文字学，脱离了经学的大本营，但是语言文字的工具性质到现在为止还是没有办法改变的。其他的像目录、职官，也是工具性的东西。

中国传统的目录学，从《汉志》到四库之前最重要的两部书，一个是《汉志》，一个是《隋书》，《汉志》是目录学的一个源，在它之前，刘向、刘歆父子的《别录》《七略》亡佚了，辑佚下来的只是一些片断，不是完整的东西。班固将刘氏父子的东西经过改正加工之后，收到《汉书》里面去了。历来传统的读书人对《汉志》是非常重视的，也很熟悉，因为它是了解汉代以前中国文化典籍的入门工具书，历来对《汉志》的研究也比较充分，出的成果比较多。我们最近把《汉志》做一个“通考”性质的整理与研究，先从《诸子略》开始。目前关于诸子，我们已经做了一个七八十万字的东西了，其他的几略现在也正在做，我们现在先做出来一个“汉志通考”，然后在“汉志通考”的基础上，做一个“通诠”，这是我们中国古典目录学的源头；四库是后面一个垫后的，我们把一头一尾抓住以后，就可以把古典目录学贯通了。

古典目录学和现代目录学是不同性质的东西，对现代目录学，我从整体上是持否定态度的，在我看来，它就是简单比附西学的框架，不符合中国古代文献的实际，那套东西不管它是什么法，在我们看来，现在都不得其法。传统的古学是讲究法和理的，如果法都有问题，那就是不得其门而入的。所以，古人把这个入门的目录看得很重。

综上所述，丛书和类书升格为两门，易类独立为部，调整经、史、子、集四部，增加工具部、艺术部、宗教部三部，以及综合类书部、专科类书部，最后形成一个两门十部的太极图书分类体系。归结起来，这种分类法和原来分类法的最大不同首先是丛书从原来一个杂家类下面的杂编之属升格为丛书门。其次是类书独立出来。类书原来是子部的类书类，在四库内它非经、非史、非子、非集，无类可归，既然无类可归，正好把它独立出来。

与这个相关的，附带地讲一下关于新的中国学术史的分期问题。我们最近有一个新的想法，将中国学术史分为四个时代，第一个是三易时代，第二个是五经时代，第三个是诸子时代，第四个是杂家时代，杂家时代又分为一期、二期、三期。所以我有一个总的观点，就是在后轴心时代，中国文化发展的一个总体方向就是杂家化。

邓洪波：我们的四库学专家在充分研究四库学的基础之上，用太极相生的理论提出了一个两门十部的图书分类法。四部分类法确实从《七略》开始一直都有很多变化，最后到乾隆时期，《四库全书总目》出来后，传统目录学或者说四库分类法走向一个巅峰，中国学术的所有东西，都按照这个部类放进去。西学进来之后有了七科分类法，但无论是四部还是七科，总还是有些书或学问不知道该放在哪个位置，以致现在中西之间还在纠结、碰撞。针对这些问题，刚才司马教授提出了一个全新的观点，算是一个融汇中西的尝试。下面请大家提问。

吴仰湘：谢谢司马老师。我有一个问题，就是为什么要把《孝经》四书类调到新目录的宗教里面去，有何特殊的考虑？

司马朝军：原来孝经类、四书类在经部里面都是独立的。其实孝经类也好，四书类也好，它和儒教的关系很密切，都是被作为儒教的经典来看待的，现在不是降低它的地位，而是凸显了它在儒教中的经典地位。四书，主要是因为朱子而在文化史上产生重要影响，“五四”打倒孔家店实际上是打倒朱子店。可以说从宋末到清代，甚至可以说一直到“五四”前，它都是处于主流地位，是被定为官方哲学的，到明代或者是到明清时期，科举考试的命题都是依据朱子的四书而来的，因此把它放到儒教类的经典中来讲。

邓洪波：其实我也有一些疑问。第一，中国一两千年来，从汉代到清代，形成了四库 44 类 66 属这样一个实践和理论相结合的分类体系，把一万多种书放进去。你现在提出把丛书和类书这两个本来很低的类抬到很高的地位，连升几级，我觉得这是一个难度蛮大的动作，它能不能升得这么高？我们以前的目录学也处理这样的问题，但都是在比较窄的范围、比较低的规格内的变化，而现在这样突然变化这么大，这个能否成立？第二，经史是中国文化的根基，但是根据你刚才对经部的调整，实际上动了六经、五经、九经、十三经以来一两千年来形成的整个学问的根基和系统。其实无论是两门十部，还是我们讲的四部 44 类 66 属，都有一个辨章学术的功能。四库不仅是一个工具的目录学，更重要的是一个学术的目录学，辨章学术、考镜源流是它最经典的一个部分，也就是说它是我们传统文化的一个知识体系，一个知识结构。这一个传统，因为有各种不适应，所以我们要给它做调整，历史上我们也一直在变化，但是这个变化和调整是否能那么大？

司马朝军：非常感谢，我是基于这么两点来调整的。首先，这个模型是基于《周易》的太极思维，我认为中国文化有一个太极思维的存在，所以从中国传统来追根，追到《周易》的太极思维。其次，之所以敢这么做，分为丛书和类书，也受马克思《资本论》的启发，《资本论》重点就是讲再生产理论，再生产的东西，它不是原始的。丛书和类书其实就相当于一个是原创，一个是再生产。我们的图书从这个角度来讲，丛书是生产性的，是原创性的；而像类书则是根据已有的东西进行重新组织、编纂的，可以被看成是一种再生产的东西。另外，就是分类要按照分类逻辑，从大概念一级一级往下走，我认为传统的分类是在层次方面出了错。丛书的类别出现得比较晚，宋代以后才出现丛书，到清代张之洞之时，他主张把丛书变成一部，变成经、史、子、集之外的第五部，和经、史、子、集并列。实际上从概念来讲，丛书的概念更大。四库编写的时候，对原来的丛书进行了肢解，它只保留了丛书的名。按理说，大丛书下面不能套小丛书，但是在《总目》里面，它保留了一个杂编之属，将宋、明时期的丛书，保留了名目，说这个书在历史上有功劳，实际上将那些丛书里面收录的东西进行肢解，分到《四库全书》里面去，当然在杂家里面，也可以保留一个小的、狭义的丛书。但是，最广义的丛书概念确实比经、史、子、集的概念更大一些。

邓洪波：在你来看，图书先分成丛书和类书，在丛书和类书的基础上再分，这里就产生了这样的问题，比如像《吴仰湘文集》只有一本书，那就可能既进不了丛书，也进不了类书，这个怎么办？再比如说《司马朝军丛集》究竟是进丛书还是进类书？我觉得丛书也包括不了，类书也包括不了。你开始讲的，把易部从总摄群经上升到总摄群书，我觉得有道理，包括一些局部的调整我也赞同。现在实际上是八部、两个类书(综合类书和专科类书)，但是这个丛书和类书能不能包括所有的书，我觉得还是有一点问题的。我觉得我们的大部分书，既不能进丛书，也不能进类书。比如很多单本的书难以进丛书和类书系统。

司马朝军：分类的问题确实很复杂，我这个还只是草案。原来长期是把分类看成目录学的一部分，我们主张将分类独立出来。我在写博士论文的时候，就已经考虑到这个问题了，现在准备写一本图书分类史。我曾经跟冯天瑜先生简要地谈过，他说很好，刚好搞了个“专门史文库”，命我也搞一本《中国图籍分类史》。我们要写《图书分类史》，也可以写《图书分类学》，当然西学的图书分类学有很多，但是针对中国古籍的分类学现在仍然滞后，应该说从老一代学者里面，搞史学的学者里面，白寿彝先生生前是比较强调历史文献的分类的，其他很少有历史学家把历史文献的分类提到很高的地位。

我原来长期在图书馆学界求学、任教，图书馆学界的分类是以西学为主导的，现在的门派也很多，基本上都是在西学的基础上再加以调整。他们从态度上来讲，就很轻视中国传统文化。中国近代以来，被西方打开国门之后，一度失掉了民族自信心。而我们现在要谈文化，要恢复文化自信，就要从我们自身的文献出发，从我们的传统出发来构建自己的分类体系。

我在博士论文《四库全书总目研究》里面谈到了这个问题，后来在写《文献学概论》的时候已经突破四库分类法的体系了，但当时的动作没有今天这么大，当时准备分成七部，基本上是对四库的微调，后来总感觉没有完全说通类书和丛书的问题。我也同时回应一下邓老师的问题，实际上我的分类体系在具体的分类中，基本上还是要参考四库分类的，四库只是不合理，我们把四库里面的书打包进去，不存在有许多书既进不到类书也进不到丛书的情况。

我刚才也讲了，这个分类还只是一个粗浅的探索。说实在的，每一次改变，每一次动这个“奶酪”，都是一次极其痛苦的过程，表面上看上去好像很简单，但是它的动作确实比较大。四库到现在为止，形成了“四库法”，现在“四库法”在我们各大图书馆的历史文献部还是居于统治地位的，所以现在要搞大的动作还很难。

“四库法”受到皇家的影响，在皇家的倡导下一统江山。但在它出来以后，学界又出现了各种不同形式的分类，实际上这都可以看成是一种挑战。对那些探索者、那些前辈，我们都应该表示极大的敬意。因为我做了这些工作之后，发现那些调整都不能简单地被看成是对前人的挑战。这个分类的过程，是对中国文化体系的调整过程，是对中国的知识版图不断重塑的过程，有的调整幅度大一些，有的调整幅度小一些。要做出大的格局调整，就我个人来讲，那绝对是一个非常痛苦的过程，我从开始弄分类到现在已经将近 20 个年头了。当年我在武汉大学与吴仰湘老师初次见面的时候，你们还可以看到我的头发是很茂密的，现在开始脱发了，可以说其中有相当大一块都是在为文献分类的问题伤脑筋。具体问题，后面会以一本书的形式表述，书里面没办法交代的，还要以一些专题论文的形式来做系统的阐述。

邓洪波：好的，谢谢！刚才司马老师讲了，他 20 年来进入到一个大体系中，孜孜以求，做了很多痛苦并快乐着的工作。他面对的是有皇家的支持而且也比较精致的中国传统学术体系，确实是不太容易的。但这个体系确实有不太协调、不太和谐的地方，总觉得应该要动一动，这就是我们做学问的一个动力所在。所以刚才司马老师讲，这么多年来一直都在考虑这样一个问题，只要有这种精神，学术就能够前进，至于说这个学说现阶段能不能很精致，那是另外的问题。究竟哪个更好，需要我们一代一代人去探索，司马老师就给我们做了一个很好的典范，“两门十部”是他这些年来在痛苦中形成的一种思想，而且还在成型之中。最后，再次感谢司马教授与我们分享他的最新成果。

（本文为作者于 2016 年 12 月 30 日在岳麓书院明伦堂讲会第 205 期所做的演讲内容。作者已于 2017 年调到上海社会科学院历史研究所工作。）

章学诚：辨章学术，考镜源流

华中科技大学　雷家宏

摘要：章学诚生在浙东，他继承和发展了浙东学派的学风，做学问讲究经世致用，无论是梳理古代史学的发展，还是总结方志学的理论和实践，都求其实用。他的《文史通义》虽然不为时所重，但由于观点新奇，仍然被不少人所关注。

关键词：章学诚；学术史

在中国古代历史学领域，有一位史学大家，他终生贫困潦倒，却治学不辍；屡屡为人作嫁，却留下名山之作；学识无人欣赏，反而被视为怪物异类。他，就是中国史学史上杰出的史学评论家、目录学家、方志学家章学诚。

章学诚，浙江会稽(今绍兴)人，生于乾隆三年(1738)，卒于嘉庆六年(1801)。他的家庭属于中小地主家庭，父亲考中进士后，一直在家乡教书，后来到湖北应城任知县。由于为人正直，为官清廉，不容于时，几年后被免职罢官。那时，家中贫困，没有回家的盘缠，只得侨居应城，最后客死应城。章学诚年幼时，体弱多病，没有显露出读书做学问的资质，尤其不喜欢诵读经书。但酷爱历史方面的书籍，只要过目，就像久已攻读过的一样，烂熟于胸，而且书中的利病得失，“随口能举，举而辄当”。

章学诚生活的“乾嘉盛世”，乃中国古代鼎盛时期，可谓生逢其时。但在中国学术史上，那是一个极为特殊的时代。那时，重视考据的学风臻于极盛，“家家许、郑，人人贾、马，东汉学烂然如日中天”。加上统治者着意倡导，考据成为学问的目的和全部，甚至仕途捷径。另一方面，不少学者崇尚空谈心性义理，沉溺于字词章句之间。章学诚既反对脱离社会实际的考据学风，又不耻于空谈义理，这样一来，他的学问除了得到少数朋友的欣赏外，常被人视作怪物、异类，更谈不上为时所重了。自知学问主张不合时宜的章学诚在艰难中举、中进士后最终放弃了步入仕途的打算。为了养家糊口，他不得不四处奔波谋生，或讲学书院，或应聘修志，或充当幕僚，过着颠沛流离的动荡生活。正像他自己所悲叹的那样：“三十年来，苦饥谋食，辄藉笔墨为生，往往为人撰述状志谱牒，辄叹寒女代人作嫁衣裳，而自身不获一试时服。”有一年他到河南谋生，途中遭遇盗贼，平生著作和携带的行李被抢一空，精神上受到沉重打击。后依靠朋友抄存，才得以保存部分内容。

章学诚的际遇是不幸的，但有幸的是他在如此恶劣的环境里，仍孜孜以求，潜心学问，不随波逐流，始终走自己的路，保持自己的学术特色，终于为后世留下了《文史通义》和《校雠通义》两部重要学术著作和辉煌的史学遗产。

有人说中国古代史学缺乏理性思维，这是片面的。早在先秦、秦汉时期，史学家的著述已经有了明确的史学意识，如《左传》、《春秋》和《史记》等。魏晋南北朝隋唐时期，随着《文心雕龙·史传篇》、《隋书·经籍志》和《史通》的问世，史学的理性思维已经有了系统的方法和理论，经过宋元时期的发展和繁荣，至明清时期中国古代史学批评臻于极盛，其主要标志就是中国古代最大的史学理论家章学诚的出现。

在中国学术发展过程中，“史”是逐步从“经”中分离出来的。在很早的时候，史是经的附庸，《诗》《书》《易》等“六经”被统治者捧得很高。后来不少学者逐步提出“六经皆史”的命题，但都没有进行深入的阐述。章学诚指出，经和史同源无别，从来源说，先有史而后有经，夏商周三代甚至“知有史而不知有经”。“六经”不过是三代先王治理国家的事迹和各种典章制度的记录并经过孔子删定整理而已。事实上六经皆史，“天地间，凡涉著作之林，皆是史学”。章学诚对“六经皆史”的系统论述，于当时的学术界无异于一声惊雷，使六经的本来面目得以复原，笼罩在六经头上的光环不再神圣。“六经皆史”的命题，不仅大大拓展了史学研究、史料搜集的范围以及研究视野，而且它是针对乾嘉时期空谈义理性命的“宋学”和讲求考据的“汉学”两种不良学风提出来的，具有强烈的针砭意识。“六经”所载本来都是实实在在的史，孔子对它们加以整理，就是希望后人从中获得治国平天下的经验教训，而不是把它当作圣经而敬奉！基于这种认识，章学诚大声疾呼："史学所以经世！"空谈义理、为考据而考据的学风于国于民都是没有益处的。

作为一名史学家，究竟应该具备什么样的修养，唐朝刘知幾提出了才、学、识"三长"的理论。章学诚认为"三长"是必需的条件，但还不够全面，治史者必须要有"史德"。所谓史德，就是"著书者之心术"，就是史学家在撰著历史时能否尽量做到尊重客观史实，做到公正地褒善贬恶，不掺杂主观偏见，更不以自己的喜怒好恶为指导思想。心术不正的著史者，即使有流畅的文笔、渊博的知识、新颖的观点，也写不出尊重历史事实的信史。因为史学家写史时，总会自觉不自觉地揉进自己的思想感情，对同一个问题的看法，不同的人也会得出不一样的结论。真实历史本身与史学家主观意识之间这一对矛盾的客观存在，要求史学家重视培养史德，端正心术，以达到主观意识与客观实际一致的崇高境界。章学诚关于史德的分析，把中国史学关于史学家自身修养的理论推到了一个新的高度。

南宋史学家袁枢编撰《通鉴纪事本末》，形成了中国史学著作的一种新的体裁——纪事本末体。这种体裁以事件始末为中心，因事而立篇目，避免了编年体史书的支离破碎和纪传体史书的前后重复矛盾。至此，中国古代史书共有纪传、编年、纪事本末三种体例。章学诚认为这三种体裁各有千秋，但都算不上完善。他提出一种新的史体，来记述丰富多彩、发展变化的历史。这种新的史体沿袭纪传体的形式，兼采纪事本末体的长处，即"仍纪传之体而参本末之法"。它主要由本纪、纪事本末和图表组成。本纪为全书的总纲，按年编排大事纲要；纪事本末则"因事命篇，以纬本纪"，按照事件和类别写成专题；图表记载不便于文字叙述的器物和人事等内容。章学诚认为这种新体裁兼备纪传、编年的优点，却克服了它们的缺点，真正做到了"文省而事明，例简而义精"。这种新史体为中国史学著作的编写开辟了新的途径。近代著名学者章太炎认为采用这种新史体是大势所趋，并参照这一原则来设想《中国通史》的体例。

唐朝刘知幾曾将史籍分为记录史料和根据史料撰写的著作两类。章学诚在此基础上，更深入地阐述了这一论点。章学诚以经世致用为着眼点，将史籍区分为"记注"和"撰述"两大类。记注是史料的汇集、汇编和整理，以免史实被遗漏和散佚；撰述是史学家根据各种史料写出来的历史著作，以学者的视野和意识去评说历史，启发后人。因此，撰述是比记注高一个台阶的学问。但记注是史学不可缺少的环节，需要用适当的体例，容纳丰富的资料。章学诚关于记注与撰述的分析，对于人们正确认识和把握史学规律具有重要意义。

学术研究离不开文献资料，文献资料丰富之后，需要加以整理和分类，以便为学术研究指明路径。这样的学问被称为目录学。中国古代目录学自西汉刘向父子创立以来，经过一千八百多年的发展，积累了不少的经验。章学诚著《校雠通义》一书，对其进行了理论概括和总结。他说目录学的根本任务和目的，就是通过完美的分类、言简意赅的类序和精辟的书目提要弄清楚学术源流，明晰学问传承关系，从而反映学术兴衰过程，即"辨章学术，考镜源流"。这八个字由章学诚首先提出，并成为文史研究领域里的至理名言。为了解决文献归类的难题，章学诚创造性地提出了"互著"与"别裁"的方法，即把一种书登录在两个不同的目录中，或把一种书登录在某个目录中，而把该书中的部分内容单独立目登录在相关目录中。前者可以方便读者"即类求书，因书究学"，后者即今日的分析著录法，便于人们穷究原委。

章学诚在探索目录学的过程中，还提出了编制书目索引作为工具书的主张，便于学

者校雠古籍和进行学术研究。由章学诚首先提倡的这种索引现今已广泛应用。章学诚曾经亲手编纂了一部史学书目——《史籍考》，分制度、纪传、编年、史学、稗史、星历、谱牒、地理、故事、目录、传记、小说十二部类，每部类下又分若干类别。这是一部多达325卷的鸿篇巨制，断断续续编纂了多年，到去世时尚未全部完成，大部分手稿散失，现在可以见到的只有《史籍考总目》、《史释考例》和《论史籍考要略》等篇章。

章学诚把他的史学理论运用到修方志的实践之中，创立了方志学，使修地方志成为一项专门的学问。章学诚认为"志为史体"，方志是地方史书，而不是地理书。地理书只考辨地理沿革，方志的范围则要广泛得多。他把方志的地位提到国史、正史的高度，其作用和价值也等同于正史和国史。方志作为地方信史，应该为国史储备资料。既属信史，就应秉笔直书，写出真实的历史。各州县应该设立志科，专门掌握搜集乡邦文献，为后人修史提供便利条件。方志在体例和内容上应包括三个部分：即类似纪传正史的"志"，需要经过史学家加工撰成；类似档案文献资料的"掌故"和"文征"，用来保存史料。鉴于其在方志学上的巨大贡献，近代著名学者梁启超推称他为"方志之祖""方志之圣"。

章学诚的方志学理论既是他的史学理论的具体运用，也是他修纂志书的实践经验的总结。他先后纂修过《和州志》《永清县志》《永定河志》《亳州志》《湖北通志》《常德府志》《荆州府志》等，可惜的是，大多没有流传下来。今存《湖北通志检存稿》犹可窥见章学诚方志学理论的主旨。

章学诚是一位善于和敢于独立思考的学者，也是一位生命不息、著作不止的学者。在去世的前一年，章学诚不幸双目失明，但他仍然坚持著书立说，不能亲自动笔，就口述文章而由他人代书。虽然生不得志，死后却声誉日隆。他的《文史通义》和唐朝刘知幾的《史通》被人们誉为中国古代史学批评的双璧。梁启超称他为中国古代史学的集大成者，是世界上最早讲历史哲学的人。

章学诚生在浙东，他继承和发展了浙东学派的学风，做学问讲究经世致用，无论是梳理古代史学的发展，还是总结方志学的理论和实践，都求其实用。他的《文史通义》虽然不为时所重，但由于观点新奇，仍然被不少人所关注。尤其到了清末，不少人争相阅读章学诚留下的文字。梁启超在《清代学术概论》中指出，章学诚所著《文史通义》，"实为乾嘉后思想解放之源泉"。这个评价是有一定的道理的。

《汉志诸子略通考》序

暨南大学　高华平

摘要：司马朝军教授，体察学者搜寻之苦，思欲有以解之，撰成《汉志诸子略通考》一书。是书所考论虽仅《汉志》之《诸子》一『略』，然有功于学界研究《汉志》及先秦学术者实巨。

《汉书·艺文志》一书，对于治学之重要性，前人多已言之。张舜徽先生曾说："余平生诱诲新进及所以自励，恒谓读汉人书，必须精熟数种以为之纲。一曰《太史公记》，二曰《淮南王书》，三曰《汉书·艺文志》。……又必以《汉书·艺文志》溯学术之流派，明簿录之体例。……如能反复温寻而有所得，以之为学，则必有如荀卿所云：'若挈裘领，诎五指而顿之，顺者不可胜数也。'"为先秦及秦汉之学术者，可不勉哉！

只是《汉志》成书年代于今既久，载籍流传中淆乱亡佚亦多，故后人欲借此而寻绎先秦学术源流，多有不便。故历代考证、注释《汉志》之作，继踵而出，成果累累。然此类著作数量既多，分布亦广，且尚有大量考证及论述文字并非以《汉志》考论专书形式出现，而是以读书笔记等形式夹杂于学者的其他著述之间，故研究先秦文史者，如若取资参考，实不容易。今有武汉大学司马朝军教授，体察学者搜寻之苦，思欲有以解之，撰成《汉志诸子略通考》一书。是书所考论虽仅《汉志》之《诸子》一"略"，然有功于学界研究《汉志》及先秦学术者实巨。我有幸先得《汉志诸子略通考》书稿而读之，觉得是书在以下几方面的成就和特点尤其突出：

其一，发凡起例，创新"通考"。对先秦诸子进行"通考"，前代之最著名者，当推孙德谦和蒋伯潜二氏之《诸子通考》。孙氏之书，并不依《汉志》体例而叙先秦诸子，而分诸子为儒、道、法、名、墨、杂、兵七家，有总论与专论两大部分，用中国传统学术方法梳理诸子流变。蒋氏之书之所考论，初看亦似并不限于《汉志·诸子略》；然以实际言之，则亦未能涵盖《汉志·诸子略》全部，而仅为其中之著名人物与著作。今司马教授《汉志诸子略通考》则不然。是书对《汉志·诸子略》所著录全部著作，不论其存佚主次，皆详加考论，固已超逸孙、蒋二氏之《诸子通考》矣。更为重要的是，《汉志诸子略通考》凡考论诸子一书，必从"存佚著录""学派归属""真伪考辨""校雠源流""作者情况""学术大旨"等诸方面详加考辨，以探明其著作流传、学术渊源及思想宗旨。这一体例，诚较孙、蒋二氏《诸子通考》更为全面，更为清晰，逻辑分明。

其二，于历代《汉志·诸子略》之论述，广搜博采，颇显文献甄别之功。对《汉志·诸子略》之考论，见于前人《汉志》注疏或考证专书者，固不难取证；但于散见前人笔记及文集者，则非博览群书，留心搜集，不能知其出处。今司马教授《汉志诸子略通考》则正以此见长。其中除将古代各种知名或罕见笔记、文集中的材料尽行收集之外，著者对最新发现之出土文献成果亦多予著录。这就不仅使是书征引文献臻于全面和丰富，更可以保证其学术的前沿性。

其三，著者在是书之《通考》部分，在尽量吸收前人研究成果的基础上，对先秦诸子各家各派的学术特点、源流及演变进行总结，力争提出自己新的观点和看法。如著者在经过梳理杂家发展历史之后，提出了"杂家三期说"，认为在经过前轴心时代之原典创制、轴心时代之诸子百家争鸣之后，直到两汉，此为杂家第一期。自汉末佛教传入中国，直到明清之际，为杂家第二期。随着西学东渐，中、西、印在更大的范围、更高的层面展开新的碰撞融合，仍是杂家路线，则为杂家第三期。故他认为"在后轴心时代，中国文化发展的总体方向就是杂家化。"著者的这种看法，虽未必能为学界所广为认同，然固不失为一家之言矣。

我与司马朝军教授相知多年，对他为学的勤奋和认真以及他在四库学方面的成就，十分钦佩。一日接司马教授电话，告知近来完成《汉志诸子略通考》一书，嘱我为其作序。我自知才疏学浅，不足以充此任。且本人出版之书，基本都是无《序》的(博士论文出版时，出版社必须有导师作序者除外)，甚至连《自序》也没有。所以，我除了曾被迫为自己指导的几位博士生出版其博士论文作过《序》之外，从没有过这方面的经验。但司马教授并不以此为嫌。大概因为我出过《先秦诸子与楚国诸子学》等几本相关之书，非要我作此命题作文。我不好再作推辞，便写下了以上这番话。

因为是作序，在推介一书时未免要对该书做出一定的评价，如果只有赞扬，则可能有吹捧之嫌。如果这样的话，那我是否可以建议著者，在吸收前人成果时，更多征引一些现代以来研究先秦诸子之大家，如罗根泽等人的著作和他们的观点呢？对于这一点，不知司马教授以为然否？

是为序。

2016 年 12 月 6 日于武昌华大家园

从生活细处发现历史
——《中国古代的乡里生活》评介

华中科技大学　王燕捷

摘要：该书的意义从历史学角度来说，作者目光下移，将对以往帝王将相的关注引向更为广大的人民群众，从基层社会窥视整个古代中国，是一部比较系统和全面的介绍和研究中国古代乡里生活的学术著作，为史学发展提供了新的视角和思路。

商务印书馆“中国古代生活丛书”致力于剖析古代社会生活，包括各个时代、民族、地区、阶层和群体的生活，作为丛书的一册，《中国古代的乡里生活》研究对象新颖独特，旨在讨论中国古代底层人民的日常生活面貌，他们的政治活动、经济活动和精神活动的真实情况，他们之间与同外界联系和交往的方式，以及他们的思想、情绪和要求是如何通过乡里生活反映出来，并对中国历史的发展产生影响的。

作者雷家宏先生在民俗文化方向的研究浸淫数十年，该书实乃其秉承科学严谨的精神，苦心经营、心血所聚的诚意之作。该书篇幅精炼，却一气呵成，畅快耐读，将复杂难寻的乡间小史融于浩渺史料的精心梳理之中，浑然自成，不露斤斧，穿插其间的几笔精当点评更具画龙点睛之功，体现了作者深湛的学术功底和文字驾驭能力。具体来说，该书有如下特色：

(1) 组织内容新颖而丰富。寻常百姓的生活问题牵涉繁多，如何处理较为复杂，而作者在这个问题的目录分类上可谓一次创举，此书编写条理有序，结构清晰，而且每一部分都饱满充实。第一章是乡里结构及其行政组织的基本介绍，明确古代村落深刻的家族和血缘关系的烙印，指出家族组织及其族权在乡里基层统治秩序方面的核心作用，是全书的基石。第二章至第五章是乡里日常生活的具体运作，包括结拜结社、互助互救、争讼械斗、互保防卫；第六章至第八章偏重乡民精神层面的建设，包括教化教育、信仰迷信、文艺活动。这两部分是对乡里社会生活多角度、多层次地展开和解读，是该书在对乡里组织的物质联系、精神纽带方面的精彩回答。其中相较于前版，此次再版拓展了大量的乡里文艺活动的内容，更加巧妙地利用了戏曲、竹枝词等资料，将蘸祭、斗草、旱船、秧歌等活动叙述得活灵活现，令人印象极其深刻。另外，该书内容上虽然专业性很强，但是深入浅出，联系生活实际，给读者以共鸣，如“临时集资互助”的行为、“争讼不扰官府”的观念，今天仍然影响着中国广大地区的人民的生活。

(2) 援引史料有力而详实。该书主要参考65种书目，配有97幅四方搜寻的图片，史据注释约1700条。传统正史、官志自不必说，其他材料的收集需要做大量的工作，非广阅群书者所不能，以下略作说明：

其一，近代大家的亲身回忆。如梁启超对家乡广东新会县茶坑村的回忆，为中国古代村落的“乡治”提供了极为鲜活的素材；又如鲁迅曾经详细记述了清末乡间春赛社戏的情景，为社祭文艺活动的内容提供了细节性的补充。

其二，海内外成果的学术洞悉。该书深怀对徐扬杰等诸位先生的致敬之意，对以往家族制度史的研究作了深入的展开和扩充，丰富了乡里生活的精神内核。不仅如此，作者对海外尤其是日本的研究给予了相当的关注，日本近代以来精心搜集了中国东南沿海一带乡村的资料，在具体个案研究上相比国内学者有先进独到之处，作者的海外视野有利于研究的全面而深入。

其三，古人的文集、诗歌，这是最能生动形象反映社会生活的直观资料。该书所引文集大多为士大夫走访乡间的所见所闻，真实性和具体性都颇为可观，如白居易在文集中描绘的“朱陈村”就是典型的封闭式的聚族而居的村落，这些素材都有利于进一步提升对乡里生活的认识。书中还多次出现竹枝词的资料，它语言上通俗易懂，内容上涉及风土习俗，贴近地方生活，具有重要的社会史价值。

其四，地方官府的方志、书判、契约文书，家族的乡约、族规等。这些资料不仅能帮助读者了解一个地方的民风、名物、治理，还能了解一个地方的价值取向和精神追求，以及官府要求与家族事物之间的实际情况，其中有一致性，也有实际处理中的出入性。

其五，戏曲、小说、图集。传统史书对市井生活的描写具有抽象性和概括性，难以给读者清晰而深刻的印象，鉴于这种情况，作者在通过严密的逻辑分析和事实论证归纳之后，辅以经典小说、图册唱本等民间艺术的情节，加深印证了相关民俗的考察。

(3) 思想观念精微而深刻。该书的价值观不是平铺式的答案，而是流露于平实而有力的内容之中，引发读者的思考。例如对乡村“迷信”的理解和同情，其固然有局限和愚昧的一面，但“说到底是沉重的自然和社会力量压迫所致”，它是“中国古代一个地区、一个村落人们之间的一种共同的心理素质、一种精神上的纽带”。又比如作者认为乡族械斗盛行不息的原因，其中一个就是“官断”，有的官府不问不究，有的是非不分，有的隐瞒不报，甚至有的纵容挑动、从中牟利……这些解读处处都透露着作者深深的人文情怀。

通过该书的阅读，让人不禁思考，传统的乡里运作模式虽然也曾发挥积极作用，其优秀的一面值得深刻认识和弘扬，但是随着中国历史的发展和社会生活的进步，稳固的基层社会的惰性越发明显，其排外、等级、血缘、压迫等因素越发难以服务于现代化社会。该书的意义从历史学角度来说，作者目光下移，将对以往帝王将相的关注引向更为广大的人民群众，从基层社会窥视整个古代中国，是一部比较系统和全面的介绍和研究中国古代乡里生活的学术著作，为史学发展提供了新的视角和思路。而从中国发展来说，该书启示我们，应该以平等尊重的现代化精神取代以往的血缘关系为纽带的宗法精神，以不断深入发展的社区建设取代过去的家族制度，从而达到作者“丰富我们的社会生活，促进健康文明的精神生活”的初衷和愿望。

走向生动鲜活的社会生活史
——《中国古代的乡里生活》读后

华中科技大学　马子舒

摘要：本书无论是从写作结构、内容形式、取材例证还是写作角度来看，都无愧为中国古代社会史研究的重要著作，向读者生动灵活地展现了中国古代底层人民丰富多彩的生活状况，同时又弘扬了中国的传统文化，启示和指导了我们应如何正确地对待和继承传统文化。

雷家宏教授的《中国古代的乡里生活》一书是“中国古代生活”丛书中的一种，也是中国古代社会史研究的新著作，该书通过对中国古代乡里结构、行政组织的介绍，以及对社会风俗图文并茂的讲解，为我们生动地展现了一幅中国古代乡里生活的画卷。

书中开卷即提及：“乡里生活是古代人们最基础的社会生活，是当时人民社会生活的重心。”本句已经点明了对中国古代乡里生活进行深入剖析和研究的重要性，中国古代的普通百姓给后人留下的文本记载不如帝王将相那么丰富，但他们同时又是历史进程中不可或缺的重要角色，因此了解中国古代最底层人民的生活方式和生活细节，对于我们理解中国的国情和文化内涵都是大有裨益的。

本书有如下几个特点：

(1) 结构紧密，内容丰富。以本书首章为例。本书首章讲述的是“乡里结构及其行政组织”，这一章同时也是本书描绘古代乡里生活的基础。作者首先讲述中国古代聚族而居的村落结构，指出由于自给自足的农耕经济模式，村落在政治上也呈现出封闭的特点；然后进一步指出历代统治者为了加强对村落的控制而推行的“乡统里，里临民”的乡里建制，并对中国古代中后期的基层行政制度即保甲制度也做了一番梳理介绍；再后提出中国古代的乡里政权组织有着与家族组织合一的特点，家族组织往往在政府和人民之间起到镇压和调和之作用。

在首章论述的基础上，后文以乡里的“结拜和结社”“互助与互救”“争讼与械斗”“自保和防卫”“教育”“信仰与迷信”“文艺活动”等七个主题为经纬进行描绘，涵盖了中国古代普通民众生活的方方面面。作者用家族组织烙印这一特点串联和解释了一系列的社会现象，提出许多鞭辟入里的观点，解答了很多中国约定俗成的“国情”背后的渊源。

(2) 取材广泛，例证充分。中国古代留下的典籍浩如烟海，但是其中关于底层人民生活面貌的记载却十分有限，作者从数量庞大的史籍和著述中选取了60余本作为参考书目，书目涉及家族制度、帮会、戏曲、契约、碑刻资料、刑案、方志等方面，从中摘取了与反映底层人民文化生活有关的部分，为本书的写作提供了翔实的史料。

另外，本书几乎随处可见丰富的历史例证和引文，一方面体现作者对于史料的把握和运用自如，另一方面给予了读者直观的阅读体验，为本书对古代乡民生活的记载提供了有力的证据。本书虽然记载和引用了大量历史例证，但是并不局限于展现这些事件，而是在吸收他人成果、分析事件的基础上，根据事实推理出自己的看法和观点，观点新颖，有理有据。

(3) 图文并茂，具有现实意义。本书此次重新出版，比之旧版的一大突破就是书中附有近百张反映乡民生活的插图，其有地图、画作、书影、文物照片等，不一而足。虽然作者的文字已经生动地为我们展示了古代人民生活的轮廓，但毕竟我们与古人之间相隔甚远，借助丰富的图画展示，读者能够更好地领会作者想要传递的观念和想法。

另外，该书写的是中国古代的乡里生活，但是不难发现，其中有很多文化、风俗流传至今，对现在的中国社会仍然有着深刻的影响。比如“结拜和结社”一章中提到的内容，如今仍然有着为新生儿查五行、认“干爹”或者“干妈”的风俗；比如“互助与互救”一章中提到的借贷与典当，也见于今天生活之中；再如“文艺活动”一章中提到的元宵赛灯舞狮、端午赛龙舟，都是我们今天生活中仍十分重视的传统节日活动。以上的例证充分说明，了解古代乡民的政治活动、经济活动和精神活动是怎样开展的，对我们正确认识中国传统文化在现今的延续和发展有重要的现实意义。

当然，对古代乡民生活中的一些糟粕，作者毫不犹豫地表达了自己的反对意见，抨击了社会风俗中迷信、落后的方面，能够在尊重历史事实的同时，引导读者正确地认识古代的社会风俗。

(4) 角度独特，观察细致。本书立足于古代乡里民众的角度，以乡里生活为切入点，分析了乡里基层社会的样貌、成因及其影响，其与其他史学书的不同之处也正在于此。以往的史书，多是站在宏观的角度，以帝王将相、政治制度、经济改革、军事行动等宏大叙事为切入点看待历史，本书则是从不易觉察的微观处入手，为我们揭开了历史的另一角。

作者认为，中国古代乡里经济模式的独立闭塞、组织结构的稳固，对中国古代封建制度的长期稳定发展造成了深刻的影响。作者的这一观点为我们重新审视历史提供了全新的视角和思考的余地，以往认为普通民众对历史的影响和推动作用体现在农民起义是一种较为局限的看法，实际上，底层人民虽然在社会食物链的最底端，但对于中国历史的发展仍然产生着不可忽视的影响。如作者所言，乡和里作为最基本的行政单位，由于最初是由血缘家族关系缔结而成，而且在不断的发展中有了共同或者类似的精神纽带，因此“尽管政治上不断改朝换代，战乱频仍，它们都几百年甚至上千年地沿袭下来”，可以说，它们的顽强生命力为古代中国王朝打下了坚实的根基。

总之，本书无论是从写作结构、内容形式、取材例证还是写作角度来看，都无愧为中国古代社会史研究的重要著作，向读者生动灵活地展现了中国古代底层人民丰富多彩的生活状况，同时又弘扬了中国传统文化，启示和指导了我们如何正确地对待和继承传统文化。当然，因篇幅有限，本书也有一些未尽之处，比如在风俗文化的展现方面，虽然内容丰富、涉及面广，但似仍嫌未成体系。

征稿启事

《华中国学》是华中科技大学国学研究院编辑出版的大型学术辑刊，每年春秋各出一卷。现面向海内外征稿，敬请各位专家学者惠赐佳作。欢迎以下各方面的稿件：

1. 国学通论
2. 中国史研究
3. 中国哲学史、思想史、学术史研究
4. 中国古典文献研究
5. 中国古代文学研究
6. 语言文字学研究
7. 历史人物研究

本刊只接受电子稿；编者可酌情对来稿进行编辑甚至删改，若有特殊要求，请在来稿中注明。

来稿一经录用，即表明作者将文章的出版权、网络传播权、复制权和汇编权授予本辑刊；本辑刊已加入中国知网，作者著作权使用费与本刊稿酬一次性给付。

作者向本辑刊提交文章发表的行为视为同意我刊上述声明。如作者不同意将该文章编入该数据库，请在来稿时说明，本刊将做适当处理。

为编辑方便，文稿在技术上请遵行以下约定：

1. 请在正文之前冠以500字以内的摘要及关键词。

2. 除不宜简化的人名、地名和古文字学、汉语史研究中必须使用的繁体字外，全书应使用规范汉字。

3. 文稿一律采用脚注，每页单独编号；行文格式（特别是脚注）请参照《〈中国史研究〉文稿技术规范》。

4. 文责自负，请务必仔细核对引文，以保障文稿质量。

5. 请附作者工作单位、学位、职称、研究方向等简介信息及 E-mail、电话等联系方式。

联系人：夏增民

邮箱：zmxia@mail.hust.edu.cn

华中科技大学国学研究院

《华中国学》编辑委员会